老人學概論
基礎、應用與未來發展

黃旐濤、王俊賢、林義學、邱素琚、胡小玫、洪瑞英、許莉芬、
陳淑美、陳碩菲、陳燕禎、詹　貌、劉淑惠、賴添福、謝國聖
編著

全華圖書股份有限公司

推薦序

　　人口老化已成爲當今世界一個突出的社會問題。退休人口數量增加、人類壽命延長及少子女化現象的加速惡化，已使得勞動力短缺，也加重了勞動人口與整個社會的負擔。以歐盟爲例，2000 年底，歐盟國家 73％的勞動力需養活 27％的退休者，而到 2050 年，更可能發生需由 47％的勞動力養活 53％ 65 歲以上的退休老人。因此，老人或銀髮族產業的發展及相關學術研究，已逐年成爲一項社會談論的顯學。

　　基於此，育達科技大學健康照顧社會工作系黃旐濤博士邀集校內外專家學者，共同編撰「老人學概論—基礎、應用與未來發展」一書。書中匯集老人的生理、心理特徵、社會參與等基本知識；老人福利與保護、教育成長、財務規劃、家庭與人際關係經營、老人服務機構管理等服務管理措施及老人服務的創新、智慧型空間與住宅設計、銀髮產業及服務制度的未來發展趨勢等知識。希望藉由這些議題激發及提供國內參與及關懷高齡社會工作及產業發展人士的深入瞭解。

　　本書內容能提供初學者由基本知識建構至老人社會面、知識面、制度面、產業面、生活面與科技面等領域的瞭解。對一般銀髮人士更能瞭解其生活機能的服務面與供需面的需求標的。對一般社會工作者能提供簡潔、扼要的知識寶典。對一般人士亦能使其更瞭解居家老人的各項需求與心理特徵，從家庭相處乃至人際關係的經營均能有所依循。

　　黃旐濤博士常年從事於社會福利與老人服務方面之研究。亦爲育達科技大學健康照顧社會工作系創系主任，其間不僅積極作育英才，培植社會發展需求的骨幹，更於授課之餘，獲邀參與各項社會健康照顧等工作的推動不遺餘力。育達科技大學因健康照顧社

會工作系的成立，讓我們的教育目標加重「社會關懷」的工作使命，也因黃旋濤博士的奠基，促使育達科技大學健康照顧社會工作系得以發展。

今日黃旋濤博士彙集研究精華，編撰「老人學概論─基礎、應用與未來發展」一書，本人很榮幸得以對老人社會的發展瞭解一二，茲爲序文以表對黃旋濤博士的感謝之意。

廣亞學校財團法人育達科技大學 董事長

王育文 博士

苗栗縣造橋鄉

自序

　　隨著經濟的發展和公共衛生的發達，臺灣的國民平均餘命，也逐漸延長。1993 年臺灣 65 歲以上的老年人口占全人口的比例，正式突破 7% 的門檻，成為「高齡化社會」，到了 2014 年，已來到 12%，預估最慢在 2025 年，臺灣的老人將跨越 20%，成為不折不扣的高齡社會。在開發國家地區中，臺灣是人口老化最快速的地方，面對如此重大的變局，不禁要自問：我們準備好了嗎？

　　國內大學有鑒於此，紛紛於近年內增設老人服務、老人照顧、健康管理等相關系所，希望能及時提供臺灣在人口高齡化以後所需要的人才，其中「老人學」一科，乃是這些系所的必修科目，其重要性可想而知，然而坊間相關教科書，或係歐美著作翻譯，缺乏本土經驗佐證；或純為升學參考用書，難應用於實務工作，致學者備覺艱澀，教學亦憑添枯燥，深感有必要另覓一本專為技職體系及業界，以即學即用為目標之老人學課本。

　　本書之寫作架構，分為老人學「基礎」、「應用」與「發展」三大部分，在基礎部份介紹老人學的相關理論，如「生理」、「心理」及「社會參與」。應用部份包括「福利」、「服務」、「保護」、「休閒」、「人際關係」以及「終身學習」、「財務管理」..等。在發展方面，則介紹一些近幾年新興的老人議題，如「銀髮產業」、「輔助用具」、「居住空間」以及「長宿選擇」。作者群則囊括國立、私立的大學、科大教授，以及業界主管。試圖以跨域整合的方式，提供學者更多元的老人學視野。

　　寫作伊始，即因身體不適住院，手術後元氣大傷，多次動念放棄，幸賴全華圖書余麗卿總編輯，再三鼓勵打氣，使得本書在延宕一年後終告底成。顏采容小姐仔細校對，協助找尋相關圖檔，並以緊迫盯人方式追稿，則是最辛苦的一位。由於本書的作者均是利用公餘之暇寫作，疏漏在所難免，尚請各位讀者先進不吝指教。謝謝。

黃旐濤 謹識於育達科大社工系

目錄

本書架構索引

學習目標
條列各章的重點，
讓讀者對本章有概
略的了解。

故事真理

胡老太太拎著簡單的包袱，坐在車站的候車椅上已經一個多小時了，就是拿不定主意：到底要買前下的車票呢？還是北上的。

住在臺北的老大，小的時候很會讀書，所以夫妻倆做牛做馬供他繳學費。念完大學還到美國留學，回台以後在大學教書，所以在三兄弟中間是情況最好的，但是老大似乎不大領父母的情，老是認為能有今天的成就是靠自己的努力，所以對胡老太太也冷淡得很，連帶老大全家對胡老太太就如同空氣一般，得不到絲毫的尊重。

老二住在臺中，由於老大的光芒太亮，老二從小就悶悶不樂了，退伍以後跑到東勢山上種葡萄子。辛苦勤奮打拼也有了一些成果。老二全家對胡老太太很尊重，吃晚飯時一定是要給老奶奶動動筷子才敢開動。可胡老太太覺得總欠老大一輩子，老二越是禮遇老奶奶，老奶奶心中那愧疚感就越是越重。三兄弟中最疼愛的就屬老三了，由於是么子，從小就被胡老先生寵慣了，退伍以後也不出去工作，靠在家裡讀著茶來伸手飯來張口的日子，等到胡老先生過世，家中經濟每況愈下，老三就向胡老太太要錢，要不到錢就惡言相向，甚至動手動腳。

今天早上，老三又向老母親要錢，胡老太太把退個月的敬老津貼 3000 元全給了他，但老三仍嫌不夠，要母親把房子賣了，不然就放火燒掉。

這樣的家，怎麼住得下去？

動動腦
針對主題設計練習題，並
將答案卷置於書末，沿虛
線撕下，可供教師批閱。

動動腦

各國老人教育特色接龍賽
同學進行分組，比較臺灣、法國、日本及大陸，在老人教育的施行有哪些相同或差異處？完成下列的表格。【請連到課本第頁 P23】

國家	臺灣	法國	日本
教育特點			
相同點			
相異點			

第六章　老人的教育與成長　　　　　得　分

動動腦
6-1　高齡教育成長在各國的發展　　班級：　　　學號：
姓名：
課本第134頁
各國老人教育特色接龍賽
同學進行分組，比較臺灣、法國、日本及大陸，在老人教育的施行有哪些相同或差異處？完成下列的表格。

國家	臺灣	法國	日本	中國大陸
教育特點				
相同點				
相異點				

藉由樂齡學習資源中心的成立，募集社區教師及志工，更邀請社區銀髮族一同學習及擔任志工，提供以銀髮族為對象之藝術教育、旅遊學習、醫療保健、消費安全、休閒學習、家庭人際關係……等多元學習課程內容，整合鄉鎮市區銀髮族學習資源（含：老人文康中心、社會福利單位、社區大學、高齡學習中心及民間團體等），提供銀髮族便利的學習資訊連結網絡，讓銀髮族可以透過社區管道學習新的知識，並同時拓展人際關係，讓生活更快樂。（圖5-9）

鼓勵銀髮族不要只從事一個人的休閒活

知識充電站

樂齡

「樂齡」一詞是引自新加坡對於銀髮族之稱呼（樂齡族），為鼓勵銀髮族快樂學習而忘記年齡，因此以「樂齡」一詞作為學習資源中心之名稱，整合銀髮族教育學習資源。提供銀髮族學習場所，落實在地化、社區化之學習模式、鼓勵銀髮族終身學習及社會參與，促進銀髮族身心健康、結合地方資源，營造無年齡歧視之社區文化。

知識充電站
收錄專有名詞、相關資訊等，提供讀者重要觀念。

積，按收容老人人數計算，平均每人應有16.5平方公尺以上。每一寢室至多設6床。設日間照顧設施者，應設有多功能活動室、餐廳、廚房、盥洗衛生設備及午休設施，其樓地板面積，平均每人應有10平方公尺以上。

（二）養護型機構

養護型機構之規模以收容老人人數50人以上、50人以上為原則，其收容人數為5…未滿50人者為小型機構（圖14-…）…設體檢西服床或樂齡椅老人做…並適合其使用。養護站應有準…工作臺、治療車、護理紀錄櫃、藥…器材存放櫃及急救設施；小型養護…護理站應設具護理紀錄櫃、急救配…樓地板面積，按收容老人人數計算…應有16.5平方公尺以上。每一寢室…床。

圖14-2 長照型機構多數行動比較不便或長期臥床之住民

圖14-3 養護型機構收容輔助之住民

智護照顧型機構

照顧型機構之規模以收容老人人…以上、200人以下為原則，並應採…模式，每一單元服務人數為6至…原則，不得超過16人（圖14-4）。…器具有療養床、工作臺、治療床…櫃、藥品與醫療器材存放櫃及急救…設施，其樓地板面積，平均每位老人應有16.5平方公尺以上，每一寢室至多設4床為原則，其中4人寢床數不得逾單元總床數二分之一。

圖14-4 單元照護是失智照顧的新趨勢

不同的人格理論協助我們從各種角度了解人格的發展階段與特質，加上個體特有因素如道德、環境、教育、健康等因素影響，形成各自獨特的人格類型。當查理、利佛森及彼得生，S. Reichard, F. Livson 及 P. G. Peterson 曾以87位55歲至84歲白人男性為研究對象，探究其晚年的適應能力與人格特質，把老人區分為以下人格類型（圖3-4）。

成熟型　搖椅型　武裝型　憤怒型　自責自艾型

圖3-4 五種老人人格類型（成熟型、搖椅型、武裝型、憤怒型、自責自艾型）

版面活潑
全書穿插情境式的插圖，以提高讀者的學習興趣。

本章摘要（Summary）

1. 心理健康意指生理、心理與社會的安寧與良好狀態。
2. 評估心理健康的參考指標包括對自我的正向態度、成長發展及自我實現，人格安定、自律性、對外界環境正確的認知及適應改善能力。
3. 老化雖有年齡個體差異存在，但仍具認知可塑性與潛能的發展能力。
4. 短期記憶受到老化影響呈現衰退情形。
5. 給予老人適當提示及記憶策略訓練可減少知覺退速度。
6. 老年時晶體智力可補充流質智力的減失，使老人表現不輸年輕人。
7. 個體人格至老年時期不會有太大變化，但有可能因生理衰退及疾病受到影響而改變外顯行為。
8. 老人常有失落感、孤寂感、無價值感、悲傷感、恐懼感等消極情緒。
9. 老年失智症、憂鬱症及自殺是老年時期常見的心理疾病，可學習對老年的相關技巧。
10. 早期老年失智症是可透過量表來自我檢測，適時尋求協助，以延緩退化程度。

本章重點
整理各章的重點，讓讀者易於複習。

得 分　　　課後評量：　　　　　　　　　　　　班級／　　　　　學號／
老人學概論－基礎、應用與未來發展　　姓名／
第一章　總論

1. 何謂高齡化社會、高齡社會、超高齡社會？（25分）

2. 比較美、法、德、日、臺灣及大陸等先進國家，他們從高齡化社會邁入高齡社會，以及高齡社會進入超高齡社會，各花了幾年的時間？（25分）

課後評量
讀者可自我檢測，並可自行撕取，提供老師批閱之用。

Chapter 1

緒論

學習目標

1. 認識老人學的意義及內涵
2. 知道老人學探討的範圍
3. 瞭解老人學相關名詞的意涵

故事真理

　　老陳是一所大學的教授，由於工作的關係，成天和二十出頭的學生為伍，所以生活習性、思考模式都和大學生相仿，日常出門穿牛仔褲，吃麥當勞，也常熬夜，根本就不知道老之將至。可是這一陣子出現了一連串奇怪的現象，首先是夜裏起床小便好幾次，然後發現上樓梯，膝蓋漸不聽使喚，經常忘東忘西的。更奇怪的是，感覺上課時學生愈來愈吵，讓他快受不了。今天下班時，人事  室傳了一封 mail 過來，說他已經滿 60 歲了，快要退休，所以今年開始不必參加教師評鑑了。

　　人的老化乃是一種自然的現象，不管是佛家所說的「成—住—壞—空」或是孔老夫子所謂的「逝者如斯夫不捨晝夜」，流年就在不知不覺中暗中偷換。以往由於公共衛生不發達，國民營養不足，大部分人都活不到 65 歲（如臺灣在 1952 年之平均餘命為男 57.41 歲，女 60.26 歲）。因此老人問題尚不嚴重，然而由於醫藥的進步，人民的壽命越來越長，臺灣在 2014 年之國民平均餘命，已到達男性 78 歲、女性 83 歲，大部分人都可以活過 65 歲，而且越活越老，占總人口的比例，也越來越高，1993 年臺灣老人之比率首次突破 7％，迄今 2015 年已到達 12.5％，預估到了 2025 年這個數字將上升到 20％，確確實實邁入「老人國」的行列。因此老人以及其相關議題，就成為全民不得不嚴肅面對的議題了。

01

1-1　老人學的意義及內涵

最早創立「老人學」一詞，是俄國學者麥奇尼科夫（Elie Metchnikoff）在 1903 年創立此名詞。美國於 1944 年成立「老人學學會（The Gerontology Society）」，將此學科固定下來，更於 1974 年成立「老人學高等教育協會（Association for Gerontology in Higher Education）」，老人學之研究，開始蓬勃發展。

老人學是研究老化和老人議題的學科，由於時代的變遷，老人相關議題不斷增加，老人學的研究範圍也不斷的擴大。時至今日，廣義的老人學可定義爲「研究人類個體與集體的高齡化過程，以及所衍生之問題的學科」。質言之，老人學具有下列之特性：

1. 研究之個體爲人類的高齡化現象及其過程。
2. 研究之對象不只是老人個體，尚包括老人群體，有時還包括其他相關人（如家人、照顧者）。
3. 研究之性質包括靜態之當前現象以外，還涵蓋了動態的變動軌跡及發展趨勢。
4. 研究之趨勢爲走向科際整合（multidisciplinary）。

1-2　老人學的範圍

人類老化的過程，大致呈現下列的變化：

一、生理老化（physical aging）

（一）感官功能方面

1. 視域減小，視力變差。
2. 無法分辨混合聲音。
3. 視力喪失定向感。
4. 觸覺功能遲鈍。
5. 遠距離無法判斷。
6. 痛覺功能遲鈍。
7. 畏懼炫光刺眼。

8. 溫度感覺遲鈍。

9. 色感降低。

10. 溫度調節功能衰退。

11. 無法察覺高頻率聲音。

12. 味覺喪失敏銳性。

（二）運動機能方面

1. 步伐狹窄。

2. 腰酸背痛。

3. 足部損壞。

4. 手掌手肘之扭轉與握力減弱。

5. 關節僵硬。

6. 容易骨折。

7. 肌肉失去彈性。

8. 平衡感喪失。

9. 抬腳角度減小。

10. 突發性痙攣抽搐。

（三）循環呼吸機能方面

1. 容易休克虛脫。

2. 突發性心悸。

3. 胸部常有壓迫感。

4. 呼吸急促困難。

5. 心臟負荷量小。

（四）消化機能方面

1. 牙齒脫落。

2. 排泄次數增加。

3. 頻尿、夜尿。

4. 大小便失禁

圖1-1　常常運動能夠減緩老人生理的老化

二、心理老化（psychological aging）

1. 記憶力衰退：熟人的名子老是想不起來，或常常記不起隨手放的東西。

2. 想像力衰退：理想逐漸喪失，幻想越來越少；對新鮮事物缺乏好奇心。

3. 思維能力衰退：不容易集中注意力思考問題；學習新事物，感到吃力。

4. 情感變得不穩定：較易動感情，經常有莫名其妙的焦慮感。

5. 意志衰退：做事缺乏毅力，缺乏強烈的探索精神。

6. 能力下降：動作不如從前靈活。

圖1-2　常常參加社交活動，有助於老人的社會、心理長保年輕

三、社會老化（social aging）

1. 性格變得暴躁、易怒、情緒低落、憂鬱、孤僻、古怪，甚至不近人情。

2. 敏感多疑，常把聽錯、看錯的事以為是對他的傷害而感到傷心不已。

3. 易產生孤獨感：他們的性格由外向轉為內向，深居簡出，懶得交際。

4. 容易自卑，主要是感到自己老了，不中用了，自卑情緒也就隨之而來。

5. 頑固：長年累月導致老年人的習慣難改變。

四、老人的社會問題

　　老人群體的大量增加，也帶來一些社會問題，如：老人照護、安療養措施、福利供給、訊息輸送、老人社會工作、娛樂休閒、高齡教育、老人居住、社會參與、再就業等社會政策的推動與執行。

　　研究生理老化的為老人生理學，研究心裡老化的為老人心理學，研究社會老化的為社會老人學，這些共同構成老人學的三大核心領域。但是隨著老人的人數、比例越來越高，老人社會問題的相關研究有越來越多元之趨勢。

以臺灣而言，越來越多的大學、科技大學，開設老人相關科系，並開設相關課程。如以國內 8 所老人（照顧）相關科系開設之老人學相關科目來分析，則發現呈現五花八門之狀況，試加以分類如下：

1. 綜論類：老人服務事業概論、老人學（概論）、高齡學（概論）、老人福利機構（經營）（管理）、銀髮事業發展、銀髮事業行銷、老人照顧倫理、老人照護改革（法律）。

2. 生理類：老人生理學、老人照顧（概論）（實務）、長期照顧、老年護理學、老人健康評估、高齡照護技巧、老人健康促進、老人復健與輔具運用、用藥常識、失智照護、慢性病與照護、膳食療養與餐飲實作、銀髮養生保健、健康照護體系、老人流行病、輔具研發與行銷。

3. 心理類：老人心理學、心理衛生、老人心理諮商、生死學、臨終關懷、情緒管理、老人關懷與溝通技巧、藝術輔療、音樂治療、休閒療養、老人心理健康專題、老人安寧療養。

4. 社會參與及其他類：退休規劃、高等社會學、老人休閒與管理、老人活動設計、老人住宅與環境規劃、老人教育、老人生活設計、老人長宿活動、高齡美儀照顧、銀髮經濟學、社會老年學、高齡者財務規劃與信託、銀髮族導遊領隊實務。

圖1-3　老人社區照顧，將是未來長期照顧服務發展的趨勢

1-3　相關名詞的解釋

在老人學的研究上，有幾個相關的專業名詞，會出現在本書各章節中，茲就其內涵和操作定義、略析如下：

1. 老化（aging）：人自出生以後，不僅年歲增加，而且生理、心理、社會參與方面，也會產生改變，這種隨時時間推移而產生變化的過程，之謂老化。

01

2. 平均餘命（life expectancy）：所謂平均餘命是指某一年出生的某一個人口群的成員，平均能再存活的時間，如表1-1依照內政部的推估：2014年出生之0歲組，其平均餘命為男性76.72歲，女性83.19歲，但當年80歲之平均壽命則為男性8.66歲，女性10.26歲，亦即到達X歲以後，平均可期待生存之年歲。

表1-1　2014年臺閩地區簡易生命表—平均壽命

兩性平均	男性	女性
79.84 歲	76.72 歲	83.19 歲

資料來源：內政部

3. 老人比率（proportion aged）：為老人人口總數占全體國民總數之百分比，通常65歲以上人口占全體人口之7%時，被稱為高齡化社會（aging society），此比率到達14%時則為高齡社會（aged society），超過20%時，則為超高齡社會（superaged society），如臺灣從高齡化社會進入高齡社會，花了24年（圖1-4）。但從高齡社會進入超高齡社會，則只花了14年，甚至比日本還快。

4. 老化指數（aging index）：即65歲以上人口總數/14歲以下小孩人口總數×100。（表1-2）

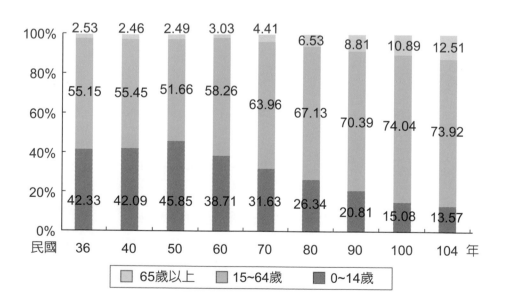

圖1-4　臺閩地區歷年年底人口數三階段年齡表（資料來源：內政部）

表1-2　臺灣歷年老年人口依賴比，老化指數及扶養比　　　　　　　單位：人；%

年別	老年人口依賴比 (扶老比)	老幼人口比 (老化指數)	扶養比
2001	12.51	42.33	42
2002	12.78	44.17	42
2003	13.02	46.58	41
2004	13.31	49.02	40
2005	13.60	52.05	40
2006	13.91	55.17	39
2007	14.13	58.13	38
2008	14.36	61.51	38
2009	14.56	65.05	37
2010	14.59	68.64	36
2011	14.70	72.20	35
2012	15.03	76.21	35
2013	15.55	80.51	35
2014	16.19	85.70	35
2015	16.92	92.18	35

資料來源：內政部

5. 扶養比（dependency ratios）：指依賴人口（指不具工作能力的人，如65歲以上老人，及14歲以下小孩）相對有工作能力的人口比例，其計算公式為
依賴人口（14歲以下小孩 +65歲以上老人）/ 工作人口（15～64歲具生產力人口）×100。

6. 壽命（life span）：指個體自出生至死亡的經歷的時間。

7. 世代（cohort）：指出生時間接近，且有共同生活理念的一群人，如：1946～1964年間出生的「戰後嬰兒潮（baby boomer）」。

8. 老人（elder）：依我國老人福利法之規定，年滿65歲之國民是謂老人。在本書中為求行文順暢，間或使用「高齡者」、「銀髮族」等相近意涵之名詞。

動動腦

1. 進入內政部網站，尋找台閩地區今年的總人口數、老人人口數、65 歲以上比率、幼年人口數、14 歲以下比率、工作人口數（15 ～ 64 歲）、比率、以及今年出生人口之平均餘命。

2. 承上題，計算老化指數、撫養比。

3. 比較 1949、1961 以及 2010 這三年，臺灣的老人比率和撫養比，發生了什麼變化？為什麼？

4. 試著與自己的爺爺奶奶、鄰居老人或安療機構的老人聊天，詢問他們這輩子最得意的事是什麼事，最難過的呢？最遺憾的呢？並嘗試著打聽他們目前日常生活有無困難（生理、心理、社會參與等等），並思考可以怎樣幫助他們。【請填寫在書末附頁 P1 ～ 2】

1-4　老人服務相關法規

　　在民主的時代裡，一切講究「依法行政」，所有的行政措施，均需要有法源依據。在老人服務方面也不例外。在臺灣，老人服務的主要法源，厥非「老人福利法」莫屬。此外，立法院在 2015 年通過的「長期照顧服務法」則將於 2017 年生效施行，影響更大。本節就這兩個基本法規，作扼要的介紹。

一、老人福利法

　　老人福利法制定於 1979 年，1980 年元月 26 日總統令頒實施，經多次修正成現行的 55 條，主要架構分為總則、經濟安全、服務措施、福利機構、保護措施、罰則、附則等七章，主要規定如下：

（一）總則

1. 明定老人之定義為年滿65歲以上之人（第2條）。

2. 主管機關中央為內政部，地方為縣市政府，並規範各目的事業主管機關（第3條）。

3. 規範中央、地方主管機關之掌理事項（第4、5條）。

4. 規定老人福利事務並有專責人員辦理（第6條）。

5. 對老人提供之服務及照顧，得結合民間資源，以補助、委託或其他方式為之（第7條）。

（二）經濟安全

1. 老人經濟安全保障，採生活津貼、特別照顧津貼、年金保險制度方式（第11、12條）以及補助（第15條）。

2. 規定監護或輔助宣告程序（第13條）。

3. 規定財產交付信託（第14條）。

（三）服務措施

1. 規定老人照顧服務應依全人照顧，在地老化及多元連續服務原則（第16條）。

2. 說明居家式服務、社區式服務、機構式服務之內涵（第17、18、19條）。

3. 規定老人健檢相關事項（第21、22條）。

4. 老人搭乘大眾交通運輸工具應予半價優待（第25條）。

5. 規範老人教育、休閒、志願服務（第26、27、28條）。

6. 明定雇主對於老人員工不得予以就業歧視（第29條）。

7. 對家庭照顧者之協助（第31條）。

8. 老人居住之相關規定（第32、33條）。

（四）福利機構

1. 將老人福利機構分為長期照顧機構、安養機構、其他機構三類（第34條）。

2. 規範老人老人福利機構申設之程序（第35、36條）。

3. 明定老人福利機構為非營利（第37條）。

4. 規範機構入住者權益及安全之保障（第38、39條）。

（五）保護措施

1. 規範老人保護之範圍、對象及程序（第41條）。

2. 正面表列責任通報人之類別（第43條）。

3. 地方政府應建立老人保護體系（第44條）。

二、長期照顧服務法

本法於 2015 年 6 月公布，但於公布後二年施行，全文共分總則、長期服務及長照體系、長照人員之管理、接受長照服務者之權益保障、罰則、附則等共七章 66 條，其主要內容如下：

（一）總則

1. 主管機關中央爲衛生福利部，地方爲縣市政府（第2條）。
2. 解釋長期照顧、身心失能者等名詞之定義（第3條）。
3. 規定中央主管機關、地方主管機關、中央目的事業主管機關之權責區分（第4、5、6條）。
4. 規範長照諮商體制（第7條）。

（二）長照服務及長照體系

1. 規定長照服務之範圍及申請程序（第8條）。
2. 規定長照服務之提供方式及其內涵（第9、10、11、12、13條）。
3. 規定長照服務網絡（第14條）。
4. 設置120億元之長照服務發展基金（第15條）。

（三）長照人員之管理

1. 長照人員之服務項目訓練、教育、管理（第18、19條）。
2. 長照人員應負保密義務（第20條）。

（四）長照機構之管理

1. 將機構分爲居家式、社區式、機構住宿式、綜合式、其他五類（第21條）。
2. 機構有住宿式服務者應以財團法人或社團法人設立（第22條）。
3. 規範長照機構之設立或停業規定（第23、24、25、26、27、28條）。
4. 建立長照體系、醫療體系及社會福利服務體系間之連結機制（第32條）。
5. 規定長照機構之運作規範（第29、30、31、34、35、36、37條等）。

（五）接受長照服務者之權益保障

1. 定型化契約範本（第42條）。
2. 對服務使用者之肖像權、隱私權之保障（第43條）。
3. 對服務使用者之人身及自由、權益保障（第44條）。

（六）附則

1. 原有之長照服務人員資格認定有施行後二年之緩衝期（第61條）。
2. 原有之長照服務有關機構，應於施行後五年內依本法之規定申請或換發設立許可（第62條）。
3. 退除役官兵輔導會體系長照機構之許可、核定不適用本法（第63條）。
4. 個人看護者應接受指定之訓練；外國人從事家庭看護工作者，應受補充訓練（第64條）。

1-5　本書章節架構

　　本書的整體架構，大致分成「基礎知識」、「老人服務應用」與「發展趨勢」三大部分，每一部分又再分為 4～5 章，每章再分為 3～5 節。讀者可任選一個章節閱讀，或以篇為單元閱讀。如果時間允許，強烈建議可依章節排列順序，依次閱讀，則可收到事半功倍之效。

1. 第一篇老人學基礎知識：本篇旨在塑造閱讀本書所需之相關基礎知識，除了第一章「諸論」外，第二、三、四章分別就老人之生理、心理及社會參與特徵做說明。
2. 第二篇老人福利與服務：第六～十章就目前常見之老人服務方式，如老人福利、老人照顧、老人保護、教育成長，退休規劃以及老人服務機構等，逐一專章說明，以供讀者對老人相關的需求及供需有一概略的認識。
3. 第三篇發展趨勢：第十一～十四章就老人服務未來可行之發展方向，如服務創新、智慧住宅、居住選擇、銀髮產業未來發展以及整體老人服務的未來趨勢做一介紹。也希望讀者能夠舉一反三，對照目前科技資訊走勢，預想未來老人服務的發展。

01

本章摘要　|Summary

1. 65歲以上人口占總人口之7%時，爲「高齡化社會」，14%時爲「高齡社會」。

2. 人類的老化，大致在生理、心理、社會等多面向同時進行。

3. 老人學的三大核心爲老人生理學、老人心理學、社會老人學。

4. 平均餘命是指某一年出生的某一人口群成員，平均能再存活的時間。

5. 老化指數＝65歲以上人口數/14歲以下人口數×100

6. 扶養比＝（65歲以上人口數＋14歲以下人口數）/15-64歲工作人口×100

Chapter 2
老人的生理特徵

學習目標

1. 了解老人正常的生理變化
2. 了解老化理論的意涵
3. 熟悉老人常見的疾病型態及預防之道

故事真理

　　夏日炎炎的午後，8 歲的男孩胖胖對著後頭催促著：「爺爺快一點快一點，我要吃冰淇淋啦！」，只見後頭一位年約 70 的白髮爺爺拖著蹣跚的步履，虛弱的回應著：「乖孫，你等等爺爺，別跑這麼快」。

　　好不容易到了便利商店跟店員點了支霜淇淋，結帳時，只見爺爺緩慢的從口袋中掏出硬幣，微瞇著眼困難的數著，此舉引發胖胖的好奇，「爺爺，你看不清楚嗎？為什麼找不到錢錢呢？爺爺你慢慢找我先去吃冰淇淋囉！」，說完便逕自走到便利商店的一角愉悅的舔食著霜淇淋。爺爺看著胖胖滿足的樣子，嘴角泛起一絲憐愛的笑容，挨坐在胖胖身旁摸著胖胖的頭問說：「好吃嗎？」；胖胖揚起沾著冰淇淋的臉說：「爺爺買的當然好吃囉！」；「爺爺，我問你喔，爸比說大人走路都比小孩快，但是爺爺為什麼走路比我慢呢？」爺爺笑笑的回答說：「因為爺爺老了啊！」，胖胖一臉疑狐的說：「什麼是老啊？」爺爺回答說：「老啊～～就是年紀很大了，頭髮白白的、走路慢慢的、眼睛看不清楚囉、也記不住東西啦！還有啊～～」，「爺爺你不要再說啦，我覺得不喜歡，老一點也不好，我以後一定不要變老」，只見胖胖嘟著嘴打斷爺爺的話語。聽到胖胖的童言童語，爺爺不禁莞爾一笑說：「老是人一定要經歷的過程，爺爺雖然老了，但是胖胖還是很愛爺爺啊！等你到爺爺這年紀就會了解啦！走啦！該回家囉」，只見胖胖一把牽起爺爺的手說：「爺爺，你老了，胖胖照顧你，走吧，我們回家。」

　　夏日的黃昏裡，只見一老一小牽著手充滿歡笑的漫步在歸途。

2-1　生理變化

老化是人生必經且不可逆的過程，當人體的器官生長發育到達成熟的巔峰階段後，器官的功能便會慢慢的逐漸退化，此一生理功能的變化便是一種生理老化，生理機能的老化是無法避免的，就像機器或物品用久了一定會有所損耗的現象；本節將逐一介紹身體各個系統老化的所產生的各種變化。

一、皮膚系統

皮膚是人體最大的器官也是老化最早最容易觀察到的器官，皮膚具有調節體溫、新陳代謝、保護皮下組織、維持體液與電解質平衡以及感覺痛覺、觸覺、壓力、溫度及震動等生理功能。

（一）皮膚（Skin）

皮膚由表皮（Epidermis）、真皮（Dermis）及皮下組織（Hypodermis）所組成（圖2-1）；表皮內無血管和神經纖維分布，主要是由角蛋白細胞和角質層所構成。在陽光的暴露下，表皮能合成 90% 的維生素 D_3[1]，在骨質代謝與體內鈣離子之平衡中扮演重要角色。真皮位於表皮下方為強韌的結締組織和彈性纖維所構成，真皮內有血管輸送養分給

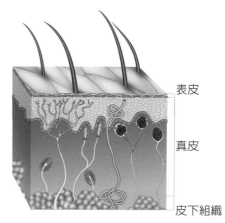

表皮

真皮

皮下組織

圖2-1　皮膚解剖圖

表皮，壓覺、觸覺與痛覺受器接受刺激，亦含有毛囊、皮脂腺與汗腺。在真皮之下的為皮下組織，內含有鬆散的結締組織、血管、神經和脂肪細胞，其中脂肪細胞具有儲存熱量、保護身體與調節體溫的功能。[2]

隨著年齡增長，皮膚細胞的彈性纖維會慢慢失去彈性，皮下脂肪與表皮下的水分會流失，表皮組織會減少、消失，真皮層的彈性組織與膠原纖維數目亦會減少且變硬，造成皮膚變薄，其厚度僅年輕時的 80%。[3] 表皮最外層的角質層（stratum

1. Yaar & Glichrist, 2001；Saxon, S.V, Etten, M. J., & Perkins, E.A., 2009/2011

2. Saxon, S.V, Etten, M. J., & Perkins, E.A., 2009/2011

3. Spirduso, 1995

corrneum），因含水量與皮下脂肪減少，真皮層的皮脂腺與汗腺的數目亦減少，造成皮脂腺分泌減少，因此老人的皮膚會較乾燥，乾燥的皮膚會因局部的黑色素細胞增生，形成黑色素沈著，即是俗稱的老人斑（aging spot）或肝斑（live spot）。

　　此外，因年齡增長使老人血液循環變差，支配汗腺的血管變少，造成汗液分泌減少，導致出汗量少，對體溫的調節功能減弱，皮膚對溫度的調節功能受到影響，對冷熱溫度皆更加敏感。[4] 因為皮膚的感覺末稍神經變得較不敏銳，老人對溫度、壓力、碰觸、震動、疼痛的敏感度與感受力會降低，且同時造成在執行手眼協調的動作更加困難。由於觸覺方面的減弱，老年人對某些危險情況的敏感度亦會降低，例如過熱的餐盤或熱水，且經常在不自覺的情形下，造成肌膚破損或瘀青。[5]

（二）毛髮（Hair）

　　毛髮是由線狀的蛋白質角化性細胞所組成（圖 2-2），灰白髮、掉髮與禿頭是老化明顯的徵兆，因為毛囊中的黑色素漸漸喪失，髮根製造的黑色素減少，導致頭髮中沒有色素，因此呈現白髮。此外，頭髮的濃密度亦因老化有所改變，而毛髮的粗細與髮量皆會減少，毛髮的直徑在年輕時達到高峰，然後隨著時間而慢慢變小。[6]

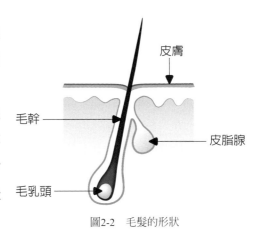

圖2-2　毛髮的形狀

（三）指甲（Nail）

　　指甲生成於表皮，由角狀細胞所構成，隨著年齡的增長，指甲生長的速度會逐漸減緩、變硬變厚、無光澤及看起來灰黃，老人腳指甲變厚變硬再加上老化所產生的視力與肌肉骨骼問題，會使老人的腳指甲照護具有一定的難度。[7]

---

4. Hooyman & Kiyak, 2010
5. Saxon, S.V, Etten, M. J., & Perkins, E.A., 2009/2011
6. Miller, 2009
7. 林麗嬋 , 2011

02

二、肌肉骨骼系統

　　肌肉骨骼系統包含肌肉、骨骼、關節、肌腱、韌帶及軟骨，為人體最大的系統。肌肉的收縮提供了支撐人體與產生動作的基本要件，因此肌肉是人體最基本的運動構造。一般所稱的肌肉大多是指骨骼肌，多數的骨骼肌是透過肌腱附著於骨骼上，在神經系統的支配下會與骨骼合力達成支撐及移動身體等動作，這些動作可經由中樞神經系統有意識地控制而產生隨意的收縮，以達到移動身體或維持姿勢之目的。骨骼肌的主要作用是進行收縮，使身體產生各種不同的動作。肌肉收縮所釋出的能量，只有少部分用於收縮作用，大多以熱釋出來維持正常體溫。[8]

　　骨骼與肌肉同為支撐身體與運動的系統，骨骼主要是由蛋白質、鈣和磷等物質所組成，蛋白質使骨骼具有一定的韌度；而鈣和磷使骨骼具有一定的硬度，所以人體的骨骼兼具了韌度和硬度兩種特性。將兩個以上骨骼連接在一起且具有一定活動功能的部位稱為關節，並透過韌帶將相鄰的骨骼固定。關節被包覆於密封的關節囊中，關節腔內的關節液能提供關節軟骨養分和潤滑作用，可減少骨骼與肌腱及韌帶之間的摩擦。

　　隨著年齡增長的正常老化情況下，會造成肌肉萎縮、肌力變小、骨質密度較為疏鬆以及身體肌肉與皮下脂肪的重新分配，因此，老人的身高會變矮且行動會較為緩慢；骨質的流失，導致老人脊椎更加彎曲，椎間盤變薄，韌帶關節的鈣化，彈性減少，因此產生頭部前傾與駝背（kyphosis）之現象。[9]關節的老化會讓關節變得僵硬，其間的軟骨會變薄，潤滑液會減少，韌帶失去彈性，關節的活動度會變差，有時伴有疼痛的情形發生，膝蓋與髖部會顯得稍微彎曲，動作與步伐會較遲緩。[10]

三、神經系統

　　人體的神經系統可分為中樞神經系統及周邊神經系統兩個主要部分，前者由腦及脊髓組成，是整個神經系統控制中樞；後者包括腦神經、脊神經及自主神經。（圖2-3）

---

8. 闕惠雯, 2013
9. Cunningham & Brookbank, 1988；Hooyman & Kiyak, 2010
10. Ebersole & Hess, 2007

腦包括大腦、間腦、中腦、橋腦、延腦及小腦等六大部分，其中中腦、橋腦和延腦合稱「腦幹」。脊髓為傳遞腦部與周邊神經系統訊息的重要通道，主要有傳導與反射功能。來自四肢和軀幹的各種感覺衝動，透過脊髓的傳導路徑傳達到腦部，以進行綜合分析，而腦部的活動也透過脊髓來傳導。脊髓除了受腦部的影響而傳導活動外，也能執

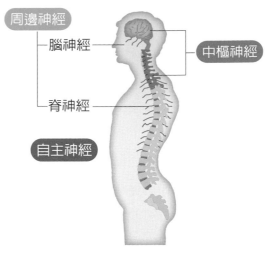

圖2-3　神經系統結構圖

行許多獨立於腦以外的簡單反射，這些反射大部分是用來保護人體避免受傷的防衛機制。

　　人體共有 12 對腦神經起源於腦幹，是直接由腦發出的神經，其中除了迷走神經延伸到胸、腹腔外，其餘皆只分布至頭、頸部。人類豐富的面部表情及視覺、嗅覺、聽覺、味覺的傳遞均透過腦神經來達成。人體共有 31 對脊神經，即頸神經 8 對、胸神經 12 對、腰神經 5 對、薦神經 5 對及尾神經 1 對。每一條脊神經均內含感覺和運動的混合性神經，主要控制頭部以下的骨骼肌運動。

　　自主神經對體內恆定的維持具有重要的作用，可分為交感神經與副交感神經，兩者以拮抗方式共同負責調節平滑肌、心肌及腺體的活動，也就是交感神經的作用可使某些身體機能加速工作以應付危險或壓力；而副交感神經的作用則是使某些身體機能降低以達放鬆或休息。交感神經與副交感神經的作用均不受大腦意識的控制，可隨時將體內環境維持在最佳的恆定狀態。

　　神經系統的老化受到身體其他生理系統的影響頗大，神經系統的老化是漸進式的，但速度緩慢，大腦亦算是老化最緩慢的器官。隨著時間老化，大腦會體積的稍微變小，重量變輕，但不致於對大腦功能產生影響。[11] 大腦的外部皮質會呈現黃褐色並發現脂褐質的累積，造成腦部血流量減少，灰質與白質亦逐漸萎縮。老化會導致神經傳導的效率亦會降低，神經間的傳導速度會變慢，導致老人對刺激反應的時

11.　Bottomley & Lewis, 2003

間亦會拉長。神經系統的速度變慢，會造成人體處理資訊、傳遞訊息，並做出反應的能力減慢，因此在面對內外環境改變時，無法即時做出適切的反應而易導致風險產生。

四、呼吸系統

呼吸系統的主要功能是使身體細胞獲取足夠的氧氣，並自肺部的血液中排出二氧化碳，藉由呼吸作用與呼吸控制來達到氣體交換的功能，呼吸系統是由呼吸道和肺所組成，前者包括鼻、咽、喉、氣管和支氣管，臨床上將鼻、咽、喉稱爲上呼吸道，上呼吸道是氣體進出的通道，能分泌黏液以過濾、溫暖與溼潤空氣，還具有嗅覺及發聲功能；氣管和支氣管則稱爲下呼吸道，具有防禦、清除異物的作用。

氣管內具纖毛，透過纖毛的擺動和黏液的分泌可淨化及溼潤空氣，若氣管有異物刺激，則會引發咳嗽反射將其排出。肺主要由支氣管分支及其末端形成的肺泡所共同構成，氣體在肺泡與周圍的微血管以擴散作用方式進行氣體交換。呼吸中樞可使呼氣和吸氣有節律地交替進行，並可改變呼吸的頻率和幅度，當體內二氧化碳增高時，可引起呼吸中樞興奮，使呼吸增強，從而排出過多的二氧化碳，吸取較多的氧氣。

隨著年齡增加，肺的重量會減輕，[12] 且因爲彈性纖維減少而失去原有的彈性，擴張能力與回縮能力皆會降低，不僅無法有效咳嗽，排出呼吸道異物及沈積物的能力亦降低，加上氣體無法完全呼出，造成氣體存留於肺部之容積增加。[13] 肺泡數目至 30 歲起，隨著年齡增加會逐漸減少，[14] 且肺泡體積變大，肺泡的有效表面積減少，影響氧氣與二氧化碳的交換功能。纖毛與黏液位於呼吸道內壁，在呼吸道中之作用如同毛髮一般，可將異物送出體外。但隨著時間老化，纖毛逐漸受損，彈性變差，加上黏膜腺（mucus glands）與支氣管上皮細胞（bronchial epithelium）亦產生退化，清除呼吸道的能力減低。[15]

---

12. Krumpe, et al., 1985
13. Krumpe, et al., 1985
14. Timiras, 1994
15. Tockman, 1995

五、消化系統

消化系統包括消化道和消化腺，消化道由口腔、咽喉、食道、胃、小腸、大腸、肛門等組成，消化腺有唾液腺、胃腺、胰臟、肝臟、腸腺等，兩者協力運作共同完成食物的消化作用（圖 2-4）。

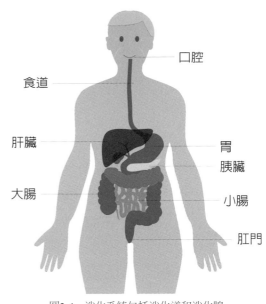

圖2-4　消化系統包括消化道和消化腺

（一）消化道

口腔是食物進入消化系統的第一個構造，在此透過咀嚼作用將食物轉變成鬆軟、具有彈性且易於吞嚥的食糰。咽喉是呼吸和消化的共同通道，主要功能是調控食物進入食道，此過程稱為吞嚥。食道位於氣管後方，當食糰通過食道上端時，可藉由食道肌肉層蠕動及分泌黏液將食糰送入胃中，但食道不具消化及吸收功能。

胃是消化道的膨大部分，位於腹部的左上方及橫膈膜下方，以賁門和幽門分別與食道和小腸相接，主要的功能是暫存和消化食物。小腸為食物進行分解及吸收的主要場所，由十二指腸、空腸、迴腸三部分所構成，十二指腸為食物的主要消化場所，空腸和迴腸主要功能為養分之吸收。在小腸黏膜有許多皺褶及絨毛，可增加小腸與養分的吸收面積。大腸成ㄇ字形圍繞在空腸、迴腸的周圍，為消化道的最後段，並包括盲腸、闌尾、結腸和直腸四部分。大腸的主要功能是進一步吸收水分、電解質、一些維生素 B 和維生素 K，以及糞便的形成、儲存和排除。直腸與肛門的主要功能是控制排便，正常的肛門功能取決於正常的肛門感覺、神經傳導、肌肉收縮及直腸儲存功能，一旦其中一項遭到破壞，就可能會導致「大便失禁」。

（二）消化腺

當口腔受到食物的刺激後，唾液腺即分泌唾液潤滑食物以利吞嚥，也可使口腔及牙齒保持乾淨；唾液中含澱粉，可將食物中的澱粉分解成麥芽糖。胃腺位於胃壁，可分泌胃液，內含有鹽酸、胃蛋白酶原、黏液等成分。鹽酸可殺死存在食物中的微生物，並將胃蛋白酶原轉變為胃蛋白酶；胃蛋白酶只能在酸性環境中將蛋白質

02

分解成胜肽；黏液細胞分泌的胃黏液可保護胃壁，防止鹽酸及胃蛋白酶對胃壁的侵蝕，及潤滑食物使其在胃內易於通過。

胰臟製造胰液經由胰管送至十二指腸，胰液中除了水分外，尚包括可分解蛋白質、醣類、脂肪及核酸的酵素；胰液為鹼性，可中和胃酸以保護小腸黏膜。胰臟也屬於內分泌腺體，可分泌胰島素與升糖素來控制血糖。肝臟位於腹腔內橫膈膜的下方，是人體內最大的腺體，可分泌膽汁將脂肪乳化，以增加脂肪與脂肪　的接觸面積，促進脂肪的分解。經腸道吸收後的營養物質會透過門脈系統先進入肝臟，在肝細胞內進行合成、分解、轉化及儲存等作用。腸腺位於小腸的黏膜層，可分泌腸液，腸液為鹼性，內含水、黏液及多種消化酶，與鹼性的膽汁及胰液共同中和胃酸，當食糜的酸性被中和後，才能由胰液和腸液的消化酶繼續作用。

牙齒的老化過程會使牙髓萎縮與纖維化，根管因鈣質的沈積而變小，琺瑯質在經年磨損後會變薄，因此牙齒變得較脆弱，且牙齦會因血流量少而較為蒼白。牙齒老化加上骨型態與力度的改變，可能會造成咀嚼不完全，影響食物進入消化系統後的處理。此外，口腔的唾液腺分泌減少且濃稠，因無足夠的唾液分泌，增加吞嚥的困難，且唾液澱粉亦會減少，影響澱粉的消化。[16]

隨著年齡增長，食道的活動力降低，下方的括約肌張力變差，延緩食糰進入胃部。[17] 老化的胃部活動力會減弱，加上胃道血流量降低，胃壁細胞萎縮、減少，胃酸、胃蛋白分泌量與濃度都減少，因此，延遲食物排空時間，同時延長老人飽脹感之時間，食慾降低，[18] 且會影響鈣、鐵、維生素 B12 之吸收。[19] 大、小腸在 40 歲後亦會有萎縮之狀況，[20] 但嚴格說來，正常老化對大、小腸的功能影響不大。小腸重量會減輕，絨毛變寬而短，血流量減少，吸收面積變小，影響營養吸收的程度很小。[21] 大腸蠕動緩慢，延長糞便滯留時間。肝臟亦會因老化而約縮小 20%，血流量降低，但此對肝臟功能影響不大。[22] 唯一值得注意的是，由於肝臟是人體的解毒器官，對於藥物的代謝方面會降低，造成藥物滯留於老人體中較長的時間，因此，老人在藥物使用方面要特別注意。胰臟分泌的消化會因胰臟的老化而減少，尤其是胰脂肪，影響脂肪的消化與吸收。

---

16. Sandmire, 1999
17. Hooyman & Kiyak, 2010
18. Hooyman & Kiyak, 2010
19. Joffrion & Leuszler, 2004
20. Hooyman & Kiyak, 2010
21. Sandmire, 1999
22. Hooyman & Kiyak, 2010

六、循環系統

循環系統又稱為心臟血管系統，其主要功能是經由推動其內血液之循環來達成全身物質交換與平衡之作用。循環系統的組成主要包含提供循環動力之心臟，輸送血液之血管以及血液等三部分（圖2-5）。心臟可分成四個腔室，上面兩個稱為左、右心房；下面兩個則是左、右心室。心房主要是承接流回心臟的血液，心室則是藉由收縮將血液送到全身各處。當心室收縮時，房室間的瓣膜關閉，以引導血液流向單一方向並防止血液逆流，位於左心房室間的瓣膜稱為二尖瓣；而在右心房室間的瓣膜稱

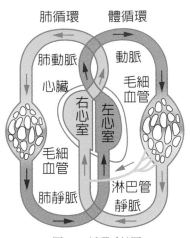

圖2-5　循環系統圖

三尖瓣。心室收縮時動脈血壓升高，所達到的最高值稱為收縮壓；心室舒張時動脈血壓下降，所達到的最低值稱為舒張壓，動脈血壓一般可在上臂部測量。正常人的血壓，在休息狀態下收縮壓為 90 ～ 140 mmHg，舒張壓為 60 ～ 90mmHg。

血管可分成三種：將血液帶離心臟之血管稱為動脈；將血液送入心臟之血管稱為靜脈；連接動脈與靜脈之血管稱為微血管，也是體內物質交換的場所。血液是由血漿和血球所組成，血漿的組成有水分、蛋白質和溶解性物質，如鹽類、營養物質、代謝廢物、氣體等；血球可分為紅血球、白血球與血小板三種。

循環系統會隨著年齡增長產生結構性的改變，這些改變影響的不只是循環功能，其對整個人體功能的影響更大於其他的人體系統，主要是因為身體各組織需要仰賴心臟血管系統，輸送血液與養分至身體各部位。造成心臟結構的改變主要有兩方面，即是心臟肌肉因彈性纖維的減少而變硬，以及脂肪累積的結果。心臟血管的改變包括體積減少、心肌脂肪量增加、彈性纖維喪失以及膠原蛋白減少。因心肌與瓣膜彈性降低，造成心室無法完全放鬆，血液填充不完全，且血液填滿時間亦會增長。[23] 心臟主動脈與肺動脈瓣膜彈性減少變得僵硬，造成心臟收縮時瓣膜開放不完全，冠狀動脈與全身血液循環與血流量均會受到影響，進而減少血液輸送之人體其他器官，降低器官功能。

在血管方面，除了彈性纖維減少，肌肉纖維中之 5 ～ 10％，會被因老化而產生之脂褐質（lipofusion，其為蛋白質與脂質結合而成的色素）所取代，[24] 造成

23. Klausner & Schwarz, 1985
24. Hooyman & Kiyak, 2010

02

血管失去彈性，靜脈曲張，且血管壁亦容易附著鈣質、膽固醇與其他脂質，導致血管腔內增厚而變得狹窄，血管則變硬及扭曲，嚴重者則會形成動脈粥狀硬化（atherocherosis）。此血管老化結果將引起周邊血管阻力增加，造成血壓（blood pressure）上升。

七、泌尿系統

　　與尿液的形成、運送、儲存及排泄有關的生理系統稱爲泌尿系統，泌尿系統由左右兩顆腎臟、兩條輸尿管、一個膀胱和尿道所構成（圖2-6）。腎臟基本生理功能是製造尿液、排泄廢物、調節體液及分泌激素，以維持體內環境的恆定。腎元是腎臟的基本組成和功能單位，每個腎元由腎小體和腎小管所組成。腎小體內爲腎動脈分支所形成的腎絲球，外有腎絲球囊（包氏囊）圍繞；腎絲球囊是腎小管的球根狀開端，腎小管依序再分爲近曲小管、亨利氏環、遠曲小管及集尿管等。輸尿管上接腎臟，下

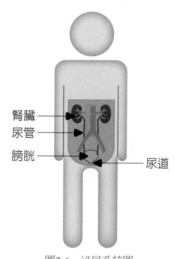

腎臟
尿管
膀胱
尿道

圖2-6　泌尿系統圖

連膀胱，管壁可產生節律性蠕動，將尿液從腎臟送往膀胱。膀胱的主要功能是儲存和排空尿液。膀胱的排尿過程是受意識控制的反射活動，透過大腦皮質的控制，使膀胱收縮、尿道外括約肌鬆弛，尿液即被排出。

　　泌尿系統內的器官，都會隨著年齡增長而改變，是最容易受老化的影響。隨著年齡增長，腎臟的重量和體積皆會縮小，腎元減少，造成腎絲球的數量減少。[25] 加上血流量減少，腎血管變硬，血管變得狹窄，導致腎絲球過濾率降低，腎臟代謝功能變差，過濾血液的速度會減慢 50%，因此有些藥物，如盤尼西林，停留在泌尿系統中的時間延長，藥效增強，此變化會影響老人藥物的使用。

　　此外，腎臟在吸收葡萄糖的功能會降低，造成老人尿液中易有少許糖分現象、濃縮或稀釋尿液的能力會變差，嚴重者會造成脫水或血鈣過少的問題。[26] 膀胱的容積會隨著年齡而減小，一般成人的膀胱容積約 300 ～ 500ml，有些老人甚至會減少 50%，約爲 250 ～ 300ml。[27] 當膀胱肌肉彈性變差，收縮力減弱，會導致膀胱尿液不易排空，餘尿問題嚴重者可能會造成慢性尿滯留。

25.　Hooyman & Kiyak, 2010

26　Hooyman & Kiyak, 2010

27　Ebersole & Hess, 2007；Hooyman & Kiyak, 2010

八、生殖系統

生殖系統的主要功能是產生生殖細胞（精子和卵子）和分泌性激素，性激素能促進生殖器官的生長發育，並能維持第二性徵。男性的生殖系統可分成外生殖器與內生殖器，前者包括陰莖及陰囊，後者則包含了睪丸、副睪、前列腺、精囊腺、尿道球、輸精管和尿道等。女性生殖系統由外陰部、前庭、陰道、子宮、輸卵管和卵巢所組成。

（一）男性的生殖系統

陰莖主要由兩個陰莖海綿體和一個尿道海綿體組成（圖 2-7），為男性的重要性器官，主要作用在將精液送入女性體內。而其中的尿道既屬生殖系統，又屬泌尿系統，具有排精和排尿雙重功能。陰囊的主要功能為保護睪丸、副睪等構造，並能調節睪丸溫度，以利於精子的發育和生存，因為睪丸必須處在比體溫略低的環境中才能產生精子。

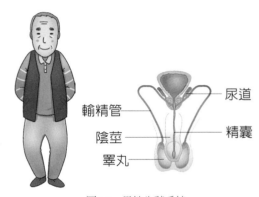

圖2-7　男性生殖系統

睪丸和副睪的主要功能是產生精子和雄性激素，男性在青春期後，曲細精管內的生殖細胞逐步發育成熟，形成精子。雄性激素（如睪固酮）能促進男性生殖器官的生長發育，產生和維持男性第二性徵。睪丸內有許多曲細精管，曲細精管相互連接成睪丸網（直睪），經輸精管和副睪相通，副睪位於睪丸的背外側，它的功能是儲存和輸送精子。前列腺位於膀胱下方，其內有尿道穿過，其主要功能是在射精時供給精子所需的營養和液體。

精囊的最基本作用是產生鹼性分泌物，參與形成精液，精液除含精子外，還含有來自精囊、前列腺、尿道球腺的分泌物，分泌物富含營養成分為精子提供能量來源，還可提高精子的運動能力。尿道球腺是體積很小的黏液腺，分泌鹼性液體參與精液的組成，並有稀釋精液以利精子活動的作用。輸精管是輸送精子的管道，是副睪的延續部分，在膀胱底後面與精囊的排泄管合成射精管。射精時，精子從副睪排出，經輸精管達射精管，最後與精囊、前列腺、尿道球腺的分泌物合成精液，從尿道排出體外。一次射精的精液量約 2 ～ 6 毫升。每毫升精液約含 1 億個精子，如每毫升精液中精子少於 2,000 萬個，則受精機會將顯著減少。

02

（二）女性生殖系統

女性的外陰部包括陰蒂、大陰唇、小陰唇、尿道口和陰道口（圖2-8）。大陰唇為充滿具彈性的組織，保護較柔軟的小陰唇和陰蒂。外陰部有兩個開口，前面為尿道口是排尿的地方，後面為陰道口。前庭指左右小陰唇所包圍的三角形區，表面有黏膜遮蓋，尖端是陰蒂，

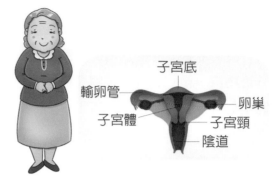

圖2-8　女性生殖系統

底邊是陰唇繫帶，其空間內有兩個開口，尿道口在前庭的上方，陰道口在下方。陰道由平滑肌構成的管道，管壁多皺褶且富有彈性，故很容易擴張。其功能主要是分娩時嬰兒的娩出，月經血液和體液的排出，也是女性性交的主要構造。

子宮位於骨盆腔中央，上端左右兩側連接兩條輸卵管，下端連接陰道，在子宮上還有兩條韌帶連接卵巢。子宮內膜在卵巢激素的影響下會發生週期性變化，在未懷孕時，子宮內膜會定期增生、剝落而形成月經；當懷孕時，子宮為受精卵發育為胎兒的場所，此時不會有月經產生。輸卵管於人體內左右各一，由子宮伸至卵巢附近，其靠近卵巢的部分呈喇叭狀開口。受精作用一般是發生在輸卵管，透過輸卵管的作用可將卵巢排出的卵子輸送到子宮。

卵巢是位於子宮兩側的一對扁橢圓形結構，其功能是產生成熟的卵子和分泌雌性激素，雌性激素能促進女性生殖器官的生長發育和第二性徵的出現，也能促進子宮內膜的生長，使受精卵於子宮內著床和維持妊娠。女性約在 45～50 歲之間卵巢會漸漸萎縮，排卵、月經開始不規則，及生育功能消失，此時期稱為更年期，有些婦女還可能有面部潮紅、心悸、頭暈、情緒容易激動等症狀。更年期之後卵巢萎縮、月經停止，及生殖器官萎縮便進入停經期（平均停經年齡在 50～52 歲）。

在生殖系統老化方面，男性的睪丸變得較柔軟，容積減少，精蟲數降低。陰莖海綿體的動脈逐漸硬化，合成睪固酮（testerone）的睪丸間質細胞減少，因此睪固酮的製造減少，陰莖變小；陰毛減少且變細，呈現灰白色。因尿道周圍的攝護腺增生，攝護腺會隨年齡而增大。性慾會下降，性反應強度降低，但不至於影響勃起與射精功能，且仍有生殖能力，然而性交反應較慢，需要較長的刺激方能達到勃起。

女性在停經後卵巢功能停止，雌激素或稱動情激素（estrogen）與黃體激素（progesterone）皆會減少，然雄激素（androgen）則相對增加。陰毛減少且變細，陰唇與陰蒂會慢慢縮小；陰道變窄，而陰道黏膜層變得薄且乾，缺乏彈性，其內之分泌物減少偏弱鹼性。子宮、卵巢、輸卵管在停經後皆會萎縮；此外，乳房的腺體、脂肪及支持性組織亦會因老化而萎縮，使乳房看起來鬆弛、扁平。然而，這些老化現象除了雌激素減少，會導致陰道乾燥性交時疼痛外，其餘的皆不會影響女性的性慾或性活動。[28]

九、內分泌系統

人體內分泌系統主要由松果腺、下視丘、腦下垂體、甲狀腺、副甲狀腺、腎上腺、胰島和性腺（睪丸、卵巢）等內分泌腺所組成，內分泌腺所分泌的激素藉由血液循環運送至全身特定器官組織，以調節各種生理功能。松果腺是位於兩個腦半球中間的小內分泌腺體，負責製造與人體之日夜節律（生理時鐘）作用有關的褪黑激素。當青春期來臨時，褪黑激素的製造就會減少，因此兒童時期之松果腺的功能異常被認為與性早熟有關。下視丘屬於間腦的一部分，透過腦下垂體來連結神經系統和內分泌系統之間的生理協調作用，並分泌調節激素來刺激或抑制腦下垂體前葉的分泌功能。腦下垂體位於腦底部的中央位置，分為前葉與後葉，可分泌多種激素調節生理功能。

甲狀腺與副甲狀腺位於頸前中下部，分為左右兩葉。碘是合成甲狀腺素的重要原料，甲狀腺素的生理作用是促進細胞的氧化代謝。甲狀腺另產生一種激素稱為降鈣素，可以使血鈣下降，其作用與副甲狀腺素相反。副甲狀腺是綠豆大小的四顆腺體，緊貼於甲狀腺後兩側上下，分泌副甲狀腺素，其生理作用是調節體內鈣與磷的代謝。腎上腺位於兩側腎臟上端，外形呈三角形，周圍部分是皮質，內部是髓質。其主要功能為透過合成皮質醇或腎上腺素來調控身體對壓力產生的反應。胰島是胰臟裡的一群島狀細胞團，胰島細胞有數種，每一種細胞都會產生特有的分泌激素，其中 β 細胞分泌胰島素，主要作用是使葡萄糖加速利用或轉變為肝糖或脂肪而使血糖下降，當胰島素分泌不足時，則血糖升高，尿中有大量的葡萄糖排出，即為糖尿病；α 細胞分泌昇糖素，它能促進肝糖分解，使血糖升高。指男性的睪丸和女性的卵巢，睪丸分泌雄性激素可刺激男性從青春期一直到老年可生產有功能的精

28. 吳芳瑜、黃翠媛，2006

02

子；卵巢分泌雌性激素和黃體素可刺激女性產生卵子，而卵子的生產只能從青春期到更年期。

　　內分泌系統是一個複雜且精細的激素調節系統，大多數的內分泌腺會隨著年齡增長而萎縮，且分泌激素的量亦會減少，但就正常老化而言，此並不會影響老年人的身體功能。[29]人體內許多的內分泌腺受到腦下垂體分泌之激素所影響，以調節身體功能，除了腦下垂體分泌之生長激素（growth hormone）外，多數腦下垂體的激素，例如：促腎上腺素（adrenocorticotropic hormone）、甲狀腺刺激素（thyroid-stimulating hormone）、黃體生成素（luterinizing hormone）等，皆不太受老化影響。甲狀腺的體積與重量皆會減少，且有纖維化與結節增生的狀況產生，甲狀腺功能降低，導致人體基礎代謝率亦會隨之降低，因此老年人會有整體性遲緩、對天氣的適應力變差等現象。[30]

　　胰臟除了分泌胰消化外，胰臟亦會分泌胰島素與昇糖素。胰臟細胞退化，影響胰島素的製造減少，造成老年人對糖分代謝能力降低，因此，空腹時血糖值會隨年齡增加而略為上升，然仍應該在正常值的範圍內。性腺主要是為分泌激素、激活素與製造生殖細胞。性腺老化會造成激素分泌量減少，導致生殖系統產生變化。女性在停經後卵巢功能停止，雌激素與黃體激素會減少，然雄激素則相對增加，研究顯示，雌激素有助於減少女性罹患心臟疾病與阿茲海默症的風險。[31]

十、免疫系統

　　對人體而言環境中充滿了各式各樣的致病原，但健康的人並不常被感染與生病，這是因為人體具有精巧的防禦系統來保護身體避免受到傷害此即為為免疫系統。它能從自身的細胞或組織辨識出非自體物質（小從病毒，大至寄生蟲）。所有植物與動物都具有先天免疫系統。

　　隨著年齡增長，免疫系統的自我調節能力會下降。抗體對抵抗外來細菌、病毒和其他物質的反應亦會減弱而且體內的免疫系統甚至會無法辨識外來物質或自體細胞，在誤認自體細胞為外來物質時，人體便會製造抗體來攻擊那些被誤認的細胞與身體組織，免疫系統在如此狀況下，會加速身體老化之狀況。此外，老年人的白血球數目會隨年齡而減少，造成抵抗力變差，加上免疫系統功能減弱，因此老年人感染的機率與嚴重度皆會提升。

29.　陳玉敏、吳麗芬，2007

30.　陳玉敏、吳麗芬，2007

31.　Hooyman & Kiyak, 2010

十一、感覺系統

　　感覺系統其生理功能主要是將內、外在環境的改變或刺激的訊號傳遞到中樞神經系統，讓個體對有害或危險的刺激能產生適當的反應或調節，而有利於生存。感覺系統包含觸覺、視覺、聽覺、嗅覺和味覺，其中觸覺之器官皮膚已於皮膚系統中有詳盡介紹。所有的感覺器官系統皆會隨著年齡增長而衰退，甚至可以說人體的感官系統退化得甚早，通常在 20 歲左右即會達到顛峰期，維持幾年後便會開始退化，多數人在 50 歲左右，即會感受到感官系統大幅退化之狀況

（一）視覺

　　視覺器官為眼睛，眼睛的結構可分為附屬構造和眼球（圖 2-9），附屬構造包括可使眼睛移動的動眼肌、防止強光及異物進入的上、下眼瞼和睫毛，及可分泌淚液滋潤眼球和殺菌作用的淚器等；眼球為圓球狀構造，可分為三層結構：外層

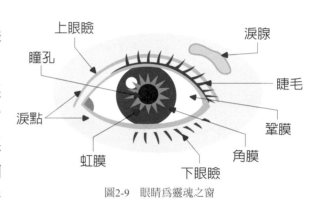

圖2-9　眼睛為靈魂之窗

鞏膜和角膜：鞏膜不透明呈乳白色具保護作用；角膜在眼球前方呈完全透明，且有豐富的神經末梢，感覺敏銳；中層血管膜：其最前面是虹膜，虹膜中央的圓孔稱為瞳孔。

　　虹膜內平滑肌的舒張與收縮能改變瞳孔的大小，當外界光線較強時，由於瞳孔對光的反射使瞳孔縮小。血管膜中間部分的睫狀肌主要是產生房水和調節水晶體曲度使遠近物體在視網膜上成像清晰，血管膜後的脈絡膜，可供應眼內組織的營養，同時所含的色素具有遮光作用，使光線只能從角膜進入眼內。內層視網膜：為能感受光線刺激並將視覺衝動傳入大腦的神經組織，中央區域的黃斑部含有大量的感光細胞（錐狀細胞和桿狀細胞），是視力最敏銳的區域。

　　在所有與年齡有關的視力老化問題，皆可歸因於眼睛結構組織的改變，且視力問題亦會因中樞神經系統傳導刺激的老化而顯得更加嚴重。因年齡增長，有幾個部分的眼睛結構組織受到的影響較大，分別為角膜（cornea）、瞳孔（pupil）、水晶體（lens）以及視網膜桿細胞與錐細胞（rods and cones in the retina），角膜是眼睛最先老化的眼睛組織，隨著年齡增長角膜會變厚，原先光滑且圓狀的表面會失去光滑

且變得平坦，而失去原有的形狀，因此老年人的角膜看起來較無光澤，失去半透明狀，在功能部分較容易引發散光。某些老人的角膜會有外圍一層脂質的黃環，稱為老人環（arcus senile），然此並不影響視力。

隨著年齡的增長，瞳孔張開的幅度會縮小，影響光線進入視網膜的程度，到70歲時能到達眼球底部接受器的光線，較年輕時約減少約三分之一。[32] 老人在黃昏或夜晚的視力，如同戴上焊接工人的護目鏡一般，因此老人需要較強的光線，方能看清楚年輕時可看到的東西。瞳孔對明暗的適應能力與光線的反應力減弱，老人需要較長的時間，方能適應明亮度的轉變，當老人由亮處走入暗處或由暗處走至亮處，眼睛需要之適應時間較長，容易發生跌倒的危險。

水晶體是在老化過程中改變最大的眼睛組織，水晶體會逐漸變厚，失去彈性、脂肪及水分，40歲後會慢慢喪失原有調整焦距之能力，對看近物的調節力減少，即是俗稱的老花眼（presbyopia）。由於兩眼水晶體硬化及混濁程度速率不一，會造成聚斂影像的功能衰退，老人對深度與距離的知覺與判斷會隨著年齡惡化，尤其是在75歲之後會急遽惡化。[33] 視網膜感光細胞會因血液循環降低而造成功能受損，老年時期的眼睛視野（visual field）會變窄，導致視覺神經處理訊息的過程會較緩慢。

（二）聽覺

聽覺的重要器官為耳朵，耳朵可分為外耳、中耳和內耳三部分；外耳又分耳廓及外耳道兩部分，是外界聲波傳入中耳的通道。中耳：包括鼓膜、鼓室、耳咽管和三塊聽小骨，可將外耳的聲波放大，並轉變成聽小骨的機械震動再傳向內耳。內耳：由前庭、半規管和耳蝸組成。前庭可感受頭部的位置；半規管可感

圖2-10　耳朵為聽覺器官

受旋轉刺激；耳蝸可感受聲波刺激。耳蝸接受聲波刺激後，使聽神經產生神經衝動，並傳到大腦以產生聽覺。前庭和半規管可接受頭部位置和人體進行各種方向的旋轉運動刺激，再將此刺激轉變為神經衝動傳導至中樞神經系統，以調節骨骼肌活動來保持或調整身體的姿勢。（圖 2-10）

32　Hoyer, et al., 2002

33　Margrain & Boulton, 2005

　　環境中有許多訊息需要依靠聽覺方能獲取，一般認為其重要性僅略次於視覺，而聽力受損常是老年人與他人產生溝通障礙的首要因素，且因神經傳導功能退化，所以老人對於高頻率的聲音出現聽力困難，[34] 過了 50 歲之後，會漸漸對一些中或低頻音亦聽不清楚，此即為老年性失聰（presbycusis）。[35] 當然，當環境中有噪音時，皆會造成老年人聽力更加困難，因此與老人溝通宜與老人面對面，以較低沈的聲音緩慢說話。耳朵除了聽覺之外，尚有負責平衡功能的內耳平衡系統，約自 40 歲起便開始退化，通常到 70 歲左右，衰退狀況加劇，影響老人身體平衡能力。平衡感的退化，加上視力減退、運動反射減緩、肌肉骨骼活動範圍受限，極易產生老年性平衡障礙，[36] 因此年齡越大，跌倒之機率愈高。

（三）嗅覺與味覺

　　嗅覺和味覺同屬化學性接受器（圖 2-11），嗅覺和味覺接受器不像眼睛和耳朵是獨立的器官。嗅覺細胞位於鼻腔上方的嗅覺黏膜，為組成嗅神經的特化神經纖維末端，又稱為嗅覺接受器（嗅球）。嗅覺能辨別有害氣體和腐敗食物，保護身體免於危險的侵害，同時能協助了解異性所散發的氣味，有助於維持生命和繁衍後代。味覺接受器為味蕾，呈乳突狀主要分布於舌頭上，味覺可分為甜、酸、鹹、苦四種基本味道。最能感受甜味的是舌尖，苦味是舌根，酸味是外側邊緣，鹹味則是舌尖周邊。味覺不僅能發現食物的好吃、辨識有害物質，同時也具有提高食慾、促進消化液分泌的功能。嗅覺和味覺一樣，感受會因人而異，也會受到年齡、性別、環境及風俗等因素的影響。

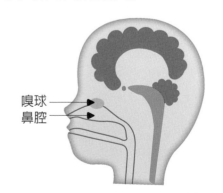
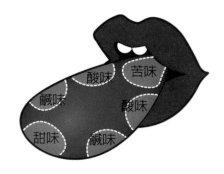

圖2-11　嗅覺與味覺同為化學性接受器

---

34. Margrain & Boulton, 2005
35. 吳芳瑜、黃翠媛，2006
36. 吳芳瑜、黃翠媛，2006

02

　　嗅覺與味覺的喪失對老人而言非常普遍，當我們同時評估一個人的嗅覺與味覺時，通常嗅覺的衰退會較味覺明顯。此兩種感官的退化，除了影響老人對生活的許多享受與歡愉外，還可能會影響老人的營養攝取狀況與無法偵測潛在的環境危險因子。因此，嗅覺與味覺在提升老人的生活品質占有極重要之地位。嗅覺的感覺接收器嗅覺皮膜（olfactory epithelium）大約在 30 歲後便會開始萎縮，[37] 味蕾的減少並非是造成味覺退化的原因，味覺的改變主要歸因於味蕾汰舊換新速率減緩，對於酸、甜、苦、鹹四種味道的衰退程度不一，對酸、苦、鹹的感受力會隨年齡增長而下降；對甜的感受力則不變。「吃」，影響著老人的營養攝取問題。

　　根據上述老人在味覺與嗅覺的退化狀況，確實會影響老人的食慾。然而，增加食物的甜、鹹程度並非解決老人「食之無味」問題的最佳方式，烹調時可利用香料來提升食物的香氣，藉以提升老人的食慾應是較適當的解決方式。

動動腦

1. 與自己的祖父母（或 65 歲以上鄰居）閒聊，並就第一節所述的 11 大系統，觀察他們與 20 歲年輕人有何不同？
2. 呈上題，就第四節所提到的老人常見疾病，觀察並請教他們有無類似情事發生？
3. 就上題發現的疑似疾病，依據本文的預防方式，並上網查閱相關資料，給祖父母或這位長輩健康促進的建議。【請填寫在書末附頁 P5～6】

2-2　生理老化理論

　　老化是一種正常但不可逆的持續性過程。正常的老化並不是疾病，但老化造成身體很多功能的改變，因而產生某種程度的障礙。正常老化係指在可接受的範圍內所產生生理上複雜的改變，且會持續保持在穩定狀況中。若以生理老化的觀點而言，老了不一定會生病，因此正常老化並非疾病，然而隨著時間身體老化的發生，罹患某種疾病的風險亦即會隨之提升。沒有一個生理老化理論能完全解釋人體為何老化之真正原因，但熟悉生理老化理論可以協助我們更了解老化的過程。

---

37. Whitbournce, 2001

　　人體老化理論包括錯誤理論、DNA 跨鍵連接理論、自由基理論、生物時鐘學說、內分泌衰退學說、自體免疫學說、免疫低下學說、磨損理論等，但目前仍然沒有一個可以被所有研究者接受的理論。2010 年，黃久泰將老化理論區分為二大類：一為錯誤老化理論（error theories of aging），或稱為結構性損傷理論（structural damage theories），此類理論認為因為個人與外在環境的互動，細胞之分子在經年累月的使用後，損壞而失去原有之功能，所造成老化現象，重要的理論包括自由基理論（free radical theory）、磨損理論（wear and tear theory）、廢物堆積理論（waste accumulation theory）、粒線體老化理論（mitochondrial theory of aging）、交叉聯結理論（cross-linkage theory）等，而最為大家熟知及重要的則為自由基理論與磨損理論。

　　另一類老化理論則為程式命定理論（programmed theories of aging）或稱為遺傳基因賦與之理論（genetic endowment theories），程式命定理論則認為造成老化是內因性的因素，乃是物種本身的一種自然現象，在人體的每一個器官中潛伏著老化因子，早已設定老化的結果，有目的性的鍵入物種的基因密碼內，其重要的理論包含：海弗利克現象（Hayflick phenomenon）、染色體端粒理論（telomerase theory）、自體免疫理論（autoimmune theory）、神經內分泌理論（neuroendocrine theory）、長壽基因理論（longevity gene theory）、無不同理論（dysdifferentiation theory）等，而最為大家熟知及重要的則為海弗利克現象、染色體端粒理論與自體免疫理論（autoimmune theory）。[38]

一、錯誤老化理論（error theories of aging）

（一）自由基理論

　　自由基理論是目前受到科學界廣泛認同，也是最常見的生理老化理論，約在 1950 年代中期，美國生物學家哈曼（Denham Harman）於其老鼠實驗中發現，因而率先提出自由基的老化理論，所謂的自由基即是帶著單獨不成對電子的原子、分子或離子，其分子狀態非常不穩定，為求穩定即必須四處尋找可配對的電子，因此只好以奪取或分享的方式，取得分子缺少的電子。然而，失去電子的分子卻可能因此變得不穩定，而再去搶奪其他分子的電子，引發連鎖效應，造成無法數計之損壞。

---

38. 黃久泰等，2010

02

　　吃進人體的食物，經過消化吸收後，透過氧氣將食物轉成能量，在產生能量的過程中，同時也會產生自由基，這樣帶著單數不成對電子的自由基，在體內雖然大部分會被身體內的抗氧化物攔截下來，但身體細胞不免會受到這些不穩定自由基分子的攻擊，而使重要細胞分子失去整合功能，同時造成蛋白質、脂肪、碳水化合物、醣類，以及細胞核酸的損傷。如果細胞不斷受到自由基的攻擊，且身體自我的修復系統來不及修補，便會造成永久性的傷害，失去正常運作的功能，若日復一日，週而復始，便會出現明顯的老化現象，而這種現象逐漸擴大，並因而牽涉到組織及器官，自然加速老化過程，最後呈現在某些形狀之退化疾病。[39]

（二）磨損理論

　　磨損理論認為身體如同機器一般，會隨著使用時間與狀況，逐漸耗損。人類在日常生活當中，身體組織與器官系統會不斷的被消耗，初始人體的細胞會修補這樣的傷害，然而隨著時間推移，則慢慢失去修補損傷的能力，當磨損的速度超出修補的速度時，即可能影響身體功能，顯現出老化現象。人體過度的使用或誤用，都可能加速人體器官與細胞的磨損與損害的狀況，亦即加速老化。

二、程式命定理論（programmed theories of aging）

（一）海弗利克現象

　　1960 年代初期，當大多數生理老化理論的研究人員，一窩蜂地致力於探討自由基理論的同時，海弗利克（Leonard Hayflick）及其同事由研究中發現，培養皿內細胞之分裂能力具有上限。其觀察細胞複製分裂的次數，一般人極限約為 50 次，通常約介於 40～60 次之間，[40] 然而個體間具有差異性，人類與其他哺乳動物細胞複製與分裂能力亦有所不同，此細胞分裂能力上的限制，被稱為海弗利克限制（Hayflick limit）。根據海弗利克的闡述，由於組織與器官的細胞損失或無法發揮功能逐漸累積的結果而造成老化，[41] 每個細胞、生物體皆有其自己的「生物時鐘」設定，在生物受孕時即已設定好複製分裂之次數，然後細胞即會死亡，此稱之為海弗利克現象，因此生物體的壽命有限。[42]

---

39. 李宗派，2004
40. Bottomley & Lewis, 2003
41. Hayflict, 197
42. 黃久秦等，2010

（二）染色體端粒理論

染色體端粒（telomere）位於染色體（chromosome）的末端，其有一段很長且重複的基組，過去並不了解染色體端粒在 DNA 的功能，因為它不是基因的組合，但近來發現其作用可看待為時鐘，其可控制細胞分裂之速度與最終分裂之次數。染色體端粒的長度，通常會隨著細胞的分裂而越來越短，使染色體黏著在一起，最後造成細胞的不正常及老化，導致細胞死亡（aptosis）。染色體端粒（telomerase）是調控染色體端粒長短一個重要酵素，染色體端粒可以幫助端粒在細胞複製或分裂之後，延長或維持其長度，換句話說，因為染色體端粒的作用機制，使得染色體的端粒長度，不會隨著細胞每一次分裂而越來越短。

（三）自體免疫理論

人體內的免疫系統主責於抵抗外來的細菌、病毒和其他物質的威脅或感染，然而隨著時間改變年齡增加，免疫系統的自我調節能力也隨之下降，身體細胞亦會隨之改變，且體內的免疫系統甚至會將那些已改變的細胞誤認為外來的物質，繼而製造抗體攻擊那些被誤認的細胞與身體組織，當免疫系統在如此的狀況下，即會加速身體老化之狀況。此理論成功的解釋了隨著年齡增長，疾病的發生率也隨之增加的問題，然而卻無法解釋為何免疫系統會有如此之問題產生。

2-3　老人健康促進

健康促進一詞及其理念，由 1974 年加拿大的衛生部長 Marc Lalonde 首度宣告：「許多證據顯示影響人類的健康狀態之因素，來自於生物遺傳、環境、醫療品質與生活方式，其中以生活方式影響最鉅」。1984 年 WHO 在加拿大渥太華會議中正式將健康促進定義為：「使人們能夠強化其掌控並增進自身健康的過程」。

根據 2014 年經建會人口資料，1993 年時臺灣 65 歲以上老年人口占總人口比率已超過 7％，成為高齡化社會（aging society），2014 年老年人口占總人口比率為 12％，推計 2018 年將超過 14％，成為「高齡社會」（aged society），2125 年將超過 20％，我國將成為「超高齡社會」（super-aged society），2061 年更將達 41％。世界衛生組織指出年齡越大且存活時間愈久，失能與疾病的比例愈高，如此會形成醫療

02

照護人力和費用的龐大負擔，而健康促進可延緩伴隨老化而來的疾病及失能，並避免早發性的死亡，雖然對老年人常有的慢性病不具治癒作用，卻能減輕其症狀，增加身體功能，限制疾病惡化及緩和心理問題，對老年人生活獨立功能的維持及生活品質的促進有極大的助益，是以老年人的健康促進是當前重要的衛生課題。

擁有健康促進生活型態是健康促進的要素，透過健康促進生活型態可使老年人感到生活滿足及愉快，而非僅避免疾病的發生。「健康促進行為」是指人們在健康時，為了能有較好的生活品質，避免過早罹患慢性病，從小養成的健康生活型態。研究指出生活中實行健康促進行為，不僅能減少慢性病的發生，進而降低醫療支出，更因促進健康而提升人們的生活品質。

行政院衛生福利部生國民健康署提出「老人健康促進計畫」（2009～2012），旨在維護老人獨立、自主的健康生活，降低老人依賴程度。具體的健康促進策略包括：促進健康體能、促進健康飲食、加強跌倒防治、口腔衛生保健、菸害防治、心理健康、社會參與、老人預防保健及篩檢服務等八項重要工作。此八項皆是影響老人健康促進的生活型態與行為的重要因素。

一、促進健康的體能

隨著年齡增加，生理老化將影響個人的運動潛能（exercise capacity），並對於運動感到吃力，甚至限制了老人的活動範圍。根據國建署 2007 年的調查，有近五成老人缺乏運動，尤其老年人因身體機能自然退化，會造成身體活動能力的大幅滑落；若因不活動所造成的身體機能退化，其對身體活動能力的影響甚於自然老化，進而影響晚年的生活品質，亦增加慢性病提早發生的機率。老化是人生必經階段，但藉由適當的身體活動可以保持身體各部位器官和機能的有效運作，延緩老化速度，根據美國運動醫學會的建議，老人健康促進的體能運動可包含：心肺適能訓練（如快走、登山、騎腳踏車等）；肌肉適能訓練（如重量訓練）；柔軟度訓練（如伸展操、瑜珈和太極拳）。

二、促進健康飲食

1999～2000 年臺灣老人營養健康狀況變遷調查顯示：老人平均每天攝取熱量，男性為 1,833 大卡、女性 1,477 大卡；攝取蛋白質、脂肪、醣類佔總熱量之比

例，男性為 16.5％、30.4％、52.9％；女性為 16.4％、29.1％、54.5％；由食物類別來看，平均每天攝食蔬果情形，男 4.3 份、女 4 份，僅 23.9％（男性 24.7％、女性 23.0％）的老人蔬果攝取達「天天 5 蔬果」的目標，且有五穀根莖類攝取略低於建議量，及奶類攝取不足的情況。

根據國建署的調查，老人每天至少攝食 5 份蔬果之份量不足，部分老人已較成人攝取較多蔬果，隨著生理功能的老化，可能會造成一些問題影響到營養的攝取，亦是規劃老人營養改善計畫的重要考量要素，如：攝取蔬果較少之老人，因為牙齒不好，無法將食物咀嚼、進食或其他原因，影響高纖維質蔬果或是肉類的攝取減少；味蕾的減少使其味覺敏感度降低（尤其對鹽）；唾液分泌量減少，使食物不易吞嚥，甚至因為行動不便及經濟問題，影響到食物的購買及選擇情形。

在老化的過程中，健康的飲食行為可預防疾病、延緩病程，讓老人擁有良好、健康的生活品質，故健康的飲食行為是維持健康的重要考量，各種營養素的均衡攝取，才能建立健康的基礎。而不同的營養素對健康有著不同的功能，攝取過多或過少皆不利身體。老人的營養需求會因健康狀況、老化程度、生活型態不同而有所不同。一般而言，老人因活動量與代謝量降低，熱量需求較一般成人為低，因此建議攝取營養密度高、低熱量的食物。目前健康飲食行為通用的準則包括：維持理想體重、飲食多樣化、適度的脂肪、鹽及酒精攝取量，另外愉快的進食也是相當重要的。根據衛服部對於老年期的飲食行為原則如下：

1. 只吃八分飽。
2. 避免攝取過多的澱粉性食物。
3. 多攝取優良蛋白質，如牛奶、豆漿、豆腐、魚、雞肉、肉類等，且牛乳和大豆製品更可供給鈣質。
4. 多攝取新鮮蔬菜和水果，以獲得維生素、礦物質和纖維質。
5. 避免攝取過多鹽分過高的食物，如鹽漬類、臘味、罐頭食品及調味料。
6. 減少攝取動物性脂肪及肥肉，最好使用植物油。
7. 不暴飲暴食，不偏食。
8. 少食用不容易消化的食物，如油炸、油煎之食物。
9. 適量攝取水分，幫助體內廢物之排泄與排便。
10. 早餐要營養均衡。

三、加強跌倒防治

現 65 歲以上的老人是跌倒死亡的最
高危險群（51.0％）。跌倒者較非跌倒者更
容易住院、住進護理之家、求醫，在日常
生活活動功能（ADL）及工具性日常生活
活動功能（IADL）方面均有較多的障礙，
甚而死亡（圖 2-12）。我國 2000 年老人每
十萬人口髖骨骨折發生率男性 522.3；女性

圖2-12　跌倒容易造成老人住院

890.6。1997 年 Norton 等發現老人髖骨骨折有 96％以上係由跌倒所引起。而骨質疏
鬆者（尤其更年期後之女性）其跌倒後骨折的風險也比較高；故抗鬆與防跌政策應
一併考量。

老人跌倒可經由多種介入方式預防，[43] 以運動最普遍被證實具有降低跌倒風險
的效果。[44] 具有防跌效果的運動，大約可分成：居家運動、群體有氧運動、肌力強
化、平衡與行動力訓練、漸進阻力訓練，及太極拳等六種。不論單一運動介入，或
與視力改善、環境改良等合併作多重介入，若能落實於社區，[45] 就可能降低跌倒風
險及髖骨骨折發生率。

四、口腔衛生保健

老人的口腔問題包括：口腔組織的老化、牙周病的惡化、牙根齲齒的增加、
牙齒喪失、老人特有的口腔黏膜疾病、口腔癌、義齒的適應問題、及系統性疾病
（如：糖尿病）造成口腔組織的變化及口腔疾病的發生等。口腔健康較佳的老人，
有較好的生活品質；牙齒的缺失對咀嚼有相當大的影響，進而造成營養上的問題，
也會因外觀的變化影響老人的社交生活等。

WHO 在 2003 年亦指出口腔疾病是一項重要的公共衛生議題，其對個人、家
庭及社會都造成相當大的影響，包括疼痛、受苦、功能不良與降低生活品質等。傳
統的口腔疾病治療方式，仍屬高價位的，為大多數工業化國家最昂貴疾病花費之第
四位。因此，除了定期口腔健檢的健康促進服務外，增進個人口腔健康技巧、提供
多元可近之口腔健康服務等對於老人口腔衛生保健有重要的影響。

---

43. Gillespie, Gillespie, Robertson etal., 2007

44. Gardner, Robertson & Campbell, 2000; Gregg, Pereira & Caspersen, 2000

45. Campbell & Robertson, 2007

五、菸害防治

　　世界衛生組織指出全球約有 13 億人吸菸，全球每年約有五百萬人死於菸品相關疾病，吸菸導致相關疾病之死亡率占全球 12%，相當於約每十名死亡者就有一名死於吸菸相關疾病。世界衛生組織指出若菸害未能獲得管制，預估到 2020 年菸害相關疾病的死亡人數將增至每年一千萬。

　　吸菸會導致肺癌及心血管疾病等致死性疾病，也發現老人吸菸易導致癡呆症、視力減弱至盲，並使牙周病病情惡化；更年期後婦女相較於無吸菸者，其骨質密度較低，髖關節骨折的風險也提升；另外，吸菸老人的死亡率約為非吸菸老人的 2 倍。老人因吸菸相關疾病耗費的醫療費用支出負擔亦相當高，如在美國每年有超過 43,000 人因吸菸相關疾病死亡，其中超過 70% 為老年人口；另加拿大 65 歲以上老人的前 14 名死因中就有 8 項與吸菸有關，健康照護體系支出，每年有 30 ～ 35 億美元與吸菸有關，占醫療支出的最大宗；其中，又以老年吸菸者的醫療支出較高。因此，讓老人了解吸菸的危害與戒菸的好處、設置無菸支持性環境、戒菸防制宣導等件健康促進活動是刻不容緩的事。

六、心理健康

　　老人心理健康問題多由於退休後收入減少衍生出經濟壓力；社會地位喪失及人際互動減少，衍生出人際與精神的壓力；身體老化衍生出健康壓力；空閒時間增加衍生出精神及與家屬間的壓力；親友的相繼去世衍生出死亡與孤獨的壓力等因素所衍生出來。老人的心理健康，以自殺率及憂鬱症罹患率兩項指標來表示。依 2005 年「國民健康訪問調查」顯示，約有兩成臺灣老人符合憂鬱症定義，男性 17.0%，女性 23.0%。老人憂鬱症盛行率高，但卻常被低估或治療不完整，尤其是獨居老人更嚴重。有鑑於此，除了辦理有益身心健康活動鼓勵老人多參與外，更應整合現有服務體系，建立網網相連防治網絡、建立機構及體系內老人自殺防治標準模式、增進照護者與守門人的動機與專業知能等。

七、社會參與

　　老人社會參與的需求，包括政治參與、就業參與、教育參與、宗教參與、公民事務參與等，皆成為社會權的重要組成部分。聯合國將 1999 年訂為世界老人年，並公佈「國際老人人權宣言」，其所倡議的八大人權便是老人社會權的主要內涵。

02

　　2005 年「國民健康訪問調查」分析，老人社區活動參與率 25.3％（男性 27.4％、女性 23.2％）；擔任義工或志工比率 9％（男性 9.3％、女性 8.7％）；宗教活動參與率 30.6％（男性 28.5％、女性 32.6％）；未來應加強低教育程度與獨居老人社會活動參加，結合社區關懷據點，鼓勵老人走出戶外參加社區活動。老人透過繼續教育與志工活動的社會參與，可以達到其滿足適應、表現、貢獻、影響等四大需要，覺得生活有樂趣、人生有意義，體悟生命存在的價值，持續發揮其智慧和專長影響社會的作用，不僅對個人進一步獲得他人的接納和尊崇，延續其智慧與經驗的傳承，有助社會的發展。

　　鑑於老人提前預防保健的重要性，各項健康促進議題，鼓勵 40 歲以上國人參與，提早準備老年時社會參與的學習與適應；更進一步地，設法連結相關社區資源，提供其擔任志工，即早學習付出與經驗分享的喜悅，充實生活的樂趣與生命的價值，影響他人。如推動社區健康營造、健康促進醫院、安全社區、健康城市，及病友團體（如糖尿病病友團體）等之參與及充當志工的機會，持續至其年老時，擴展其生活領域，增進健康。

八、老人預防保健及篩檢服務

　　國外經驗證明，早期的健康檢查或慢性病篩檢，對於降低各種癌症及慢性病的發生率及死亡率非常有效。2007 年「中老年身心社會生活狀況長期追蹤調查」老人自述過去一年有做全身健康檢查者占 52.3％（男性 54.7％、女性 49.8％）；有將近五成的老人沒有定期做健康檢查。

　　我國全民健康保險自 1996 年起開辦成人預防保健服務，65 歲以上老人每年可免費接受 1 次服務；此外，為推動早期篩檢、早期介入措施，將各項篩檢措施，包括癌症篩檢（子宮頸癌、乳癌、口腔癌及結直腸癌篩檢）、成人預防保健服務等。定期篩檢對乳癌及結直腸癌更顯重要，乳癌及結直腸癌可經由定期篩檢，早期發現、治療，其存活率相當高。乳癌及結直腸癌如早期發現妥善治療，五年存活率更高達 90％以上。預防乳癌及結直腸癌最重要是養成良好飲食（低脂、高纖、多蔬果）、運動習慣，50 歲以後定期接受乳房攝影及糞便潛血檢查。因此宜善用資源結合社政與衛政志工，將健康檢查與社區慢性病篩檢訊息布達，鼓勵老人踴躍參加健康檢查、與健康促進活動；落實對性別差異、弱勢族群提供友善的支持環境，力求地區、階層、族群與性別的健康平等。

2-4　常見疾病與預防

　　國民健康局訂定之「2020 健康國民衛生政策白皮書」中，建議老人疾病防治目標為「積極老化，預防失能」，防治重點在教導民眾老人疾病相關知識，從而建立健康生活型態、降低危險因子，以達到減少疾病發生以及將疾病傷害降到最低的目標。由於老化而使生理功能、免疫功能衰退，身體各系統疾病漸生，尤以心血管系統、感染性問題為常見之老化疾病。

一、皮膚系統（xerosis）

（一）乾燥症

　　乾燥症（xerosis）是一種常見於年長者的症狀，患者的皮膚變乾、變粗，並呈現鱗狀般的外觀。發生在手部、前臂、近肛門區、生殖器、下肢。成因通常和汗腺及皮脂腺的功能下降或角質層的細胞不規則排列有關。常見治療乾燥症的方法為減少洗澡的頻率、塗抹使皮膚柔軟且有保濕功能的乳液如凡士林、甘油、羊毛脂乳液與植物提煉後製成的乳液等、每天飲用八杯水或提高室內溼度、出門時，塗抹防曬油或穿著柔軟、沒有束縛性的衣物。

（二）搔癢症

　　是常見的老人皮膚異常，也是令人最難忍受的皮膚症狀之一。皮膚過於乾燥是搔癢症發生的主因，但對藥物的過敏反應也會使皮膚感覺搔癢。劇烈發癢，特別是發生在晚上時的激烈發癢，是疥瘡的症狀。

（三）彈性纖維變性

　　是一種因為陽光曝曬而導致的皮膚老化，重複曝曬於陽光下會使皮膚粗糙、產生皺紋及不規則的色素沉澱、皮膚般的產生、血管破裂，與日光性角化症（癌前病變）的發生。光老化可以藉由遠離陽光來預防。當在太陽底下時，應穿著衣物已覆蓋皮膚，並擦上防曬指數 30 的防曬油。

（四）帶狀疱疹

　　帶狀疱疹是一種急性的病毒感染，其病毒與引起水痘的病毒相同，此病毒可能在水痘發生後休眠於患者背部神經末梢。老年人得到帶狀報疱疹後可能發生帶狀疱

02

疹後神經痛，引起可能持續很多年的慢性疼痛。[46]60 歲以上的老人無論有無得過，都可以接受單一劑量的疫苗注射。

（五）維護健康皮膚的技巧

1. 每日至少喝1.9公升的水。
2. 維持良好均衡的飲食習慣。
3. 使用防曬係數30以上的抗UVA和UVB防曬油，並使用護唇膏。
4. 在陽光下時身上要穿著棉製長褲、長袖、寬緣帽子和太陽眼鏡。
5. 每週泡澡勿超過2～3次。

二、肌肉骨骼系統

（一）骨質疏鬆（Osteoporosis）

　　骨頭變得比較鬆質化、脆化以及容易斷裂。整體的骨質降低導致骨折稱為骨質疏鬆。[47]骨折是骨質疏鬆引起最嚴重的問題。通常骨折是骨折疏鬆的第一個明顯指標。骨折是老人常見導致失能與活動限制的問題。典型的早期骨折是發生在對身體負重的脊椎，尤其是下背部。與骨質疏鬆有關的危險因子包含：年齡、女性：超過50 歲以後、白人或亞洲人、體重過輕或體型嬌小者、女性激素缺少者、吸菸者、酒癮者、過度攝取咖啡因者、遺傳、不適當鈣離子與維他命 D 攝取者、欠缺活動或不動者、高脂肪和蛋白質飲食、長期服用類固醇者。預防與改善骨質疏鬆的方法如下：

1. 規律運動：走路是最容易與最安全的動形式之一。
2. 藥物治療：適量的鈣質吸收已經被認定對預防骨質疏鬆是有幫助的。
3. 賀爾蒙替代療法：種治療方法可能增加乳癌、膽囊疾病、形成血塊、中風及心臟病等發生的危險性。

（二）關節炎（arthritis）

　　關節炎是指身體關節的發炎或退化性改變，通常是與老化過程有關。最常見的三個關節炎是骨性關節炎、類風濕性關節炎及痛風。

46.　Linton ,2007
47.　Chestnut, 1994; Linton, 2007

1. 骨性關節炎（osteoarthritis; OA）：或稱退化性關節疾病（degenerative joint disease; DJD），是最常見的關節炎的一種，也是造成65歲以上老人失能的主要導因之一。因軟骨膜的逐漸喪失而導致關節部分的骨頭末端暴露。暴露的骨頭互相摩擦引起疼痛、僵硬與關節不穩定。

2. 類風濕性關節炎（rheumatoid arthritis; RA）：是一種人體抗體會攻擊身體組織的自體免疫疾病。主要發生的高峰時期是在40到60歲間。治療類風濕性關節炎的藥物包括有非類固存醇消炎止痛（NSAID），這類藥物需要小心監測對老年人的福作用。

3. 痛風（gout）：是一種代謝不完全的疾病，因代謝不完全造成在關節產生尿酸結晶沉積以及增加血液中的尿酸量。過多的尿酸會在關節內形成結晶體稱為「tophi」，並引起關節發炎。腳的大拇趾關節常是首發部位（圖2-13）。

圖2-13　痛風常出現指（趾）間關節腫脹變形

（三）風濕性多肌痛症

風濕性多肌痛症（polymyalgia rheumatica; PMR）是一種風濕性症狀，通常發生在超過 50 歲的女性。疾病的特徵是頸部、手臂、肩胸部位及骨盆部位的肌肉疼痛與僵硬。基因與環境是可能的導因。

（四）肌肉痙攣

肌肉痙攣（muscle cramping）（抽筋）或從幾秒到幾小時的持續性整塊肌肉收縮會隨著年紀增加。就老年人而言，肌肉痙攣通常在夜間發生，特別是在活動之後。這些痙攣是因為周邊血液供應不良以及血糖過低、脫水、脊神經刺激與電解質不平衡所引起的。睡前肌肉伸展與熱水浸泡對於減輕痙攣所引起的疼痛，是有所幫助的。

02

三、神經系統

（一）帕金森氏症

　　帕金森氏症候群（Parkinsonism）是一群與移動有關的症狀，包括移動緩慢（行動遲緩）、休息性震顫、肌肉張力增加或僵硬、姿勢不平穩即姿勢彎曲。[48] 帕金森氏症是一種緩慢進展性的疾病。帕金森氏症是腦部基底神經節（Basal Ganglia）內缺乏一種名為「多巴胺」（dopamine）的化學物質所致；多巴胺是負責腦內部的信息傳遞，並且把信息由腦部傳送到肌肉。遺傳基因可能是導致帕金森氏症的原因之一，少部份是由於服用藥物（如精神藥物）、腦瘤、威爾遜（Wilson's）氏症、多次頭部外傷和腦炎等。其典型症狀有：

1. 震顫：是大多數柏金森症患者最先有的病徵。通常由手臂開始，擴展至面部、顎及腿部。
2. 手指不自覺地作揉丸仔的動作（pill rolling）。
3. 書寫困難：常見且漸趨嚴重，字體會逐漸縮小並混成一團。
4. 僵硬：患者四肢無力，站立困難；或間歇性，或持續出現。晚期患者更可能出現四肢癱瘓。
5. 行動緩慢：動作困難、步伐短促，彷彿慌張地向前衝，雙臂下垂不擺動。
6. 缺乏面部表情：面部表情愈來愈少，好像帶面具；眨眼和微笑次數亦減少。
7. 智力問題：末期患者思考變得遲鈍，記憶力亦減退。
8. 當病情惡化時，難於保持身體的姿勢和平衡：柏金森症患者通常會駝背，身體前傾，坐時身體側向某一方。

　　目前帕金森氏症主要以藥物治療為主，藥物治療的主要目的在於恢復腦內多巴胺和控制病情。

（二）阿茲海默症

　　阿茲海默症又稱老人癡呆症（Alzheimer's disease），是一種非正常的退化性腦部疾病，由於腦部功能逐漸衰退，患者的記憶、理解、語言、學習、計算和判斷能力都受影響，性格亦可能有所改變。阿茲海默症成因很多，70%原因不明；少數

48.　Millsap, 2007

病例則是因中風和新陳代謝問題等引起。患者的思考能力減弱，出現記憶喪失（尤其是短暫記憶）、人格變化、語言和學習能力下降等。

　　直至目前為止，阿茲海默症仍無法治療；但對那些可找到原因的少數病例，例如某類腦積水、缺乏維他命 B12、抑鬱症等，都應立即給予適當治療。阿茲海默症患者應多做運動和多參與社交活動，亦要注意營養。此外，家人的支持亦是治療老人癡呆症的關鍵。應盡量保持家居環境安全、平靜，居家佈置簡單和不移動傢俱擺設等。電線和開關加以隱藏；夜間保持可見明亮度，以避免意外發生。

（三）睡眠障礙

　　睡眠障礙會影響生活品質以及某些對生命產生威脅的情況。睡眠障礙影響老年人的情形可以分為：引發與維持睡眠之問題、過度睡眠問題、睡眠周期干擾等。對老人影響最大的睡眠障礙即為睡眠中呼吸暫停，睡眠中呼吸暫停（sleep apnes）是一種典型的呼吸問題，也就是在呼吸與吸氣過程中最少有 10 秒鐘的停止，以及每小時最少發生 5 次以上者，稱為呼吸暫停。如果呼吸暫停造成身體組織與細胞氧氣不足時，可能導致心臟功能損傷與死亡。

四、呼吸系統

（一）慢性阻塞型肺病

　　慢性阻塞型肺病（chronic obstructive pulmonary disease；COPD）是一種呼吸疾病的廣泛分類，肺功能呈現慢性、漸進性且不可完全逆轉的氣流限制性通氣障礙，其特徵是呼吸困難、咳嗽及用力呼氣，而肺氣腫（emphysema）、氣喘及慢性支氣管炎也會引發呼吸困難及咳嗽等相同的特徵。

（二）慢性支氣管炎

　　慢性支氣管炎是小呼吸道慢性發炎，在長期刺激下產生大量痰液、支氣管腔變窄及反覆性咳嗽，每年至少持續 3 個月，至少連續出現 2 年，常見的原因是長期抽菸、細菌病毒反覆感染、空氣中的懸浮顆粒、塵蟎的刺激；而肺氣腫是肺臟的腺泡產生異常的永久性擴大，引起氣體交換障礙，其呼吸性肺泡壁受損與微血管床減少，將導致肺高壓症（pulmonary hypertension），甚至產生右心室衰竭及肺心症。

02

（三）氣喘

　　氣喘是一種反覆發作的慢性氣道發炎的疾病，病因是氣管和支氣管對外界刺激的過度敏感，引起呼吸道平滑肌痙攣，導致呼吸道阻塞的疾病。氣喘病人的氣道阻塞大部分是可逆的，依其病症嚴重度分爲輕度間歇性氣喘、輕度持續性氣喘、中度持續性氣喘及重度持續性氣喘等四級。

（四）肺炎

　　因感染引起的肺炎常見於 65 歲以上之老人，特別是免疫功能較差者、酗酒者或糖尿病病人者。感染引發肺炎的微生物範圍很廣，依病原體區分爲：

1. 細菌性肺炎：以肺炎雙球菌肺炎（pneumococcal pneumonia）最常見，發生在上呼吸道感染之後，其他如金黃色葡萄球菌性肺炎（staphylococcal pneu-monia）、綠膿桿菌性肺炎（pseudomonas pneumonia）、黴漿菌性肺炎（myco-plasma pneumonia）、克雷氏桿菌（Klebsiella pneumonia）及退伍軍人病桿菌（Legionella penumophila）感染等。

2. 病毒性肺炎：主要由飛沫傳染，通常可以自行痊癒，也可能有續發性細菌性肺炎發生，常見有A型流感病毒、腺病毒水痘病毒及巨細胞病毒等

3. 黴菌性肺炎：較易發生在中性白血球缺少及使用類固醇等免疫功能不全者。老年人最常見的是細菌性肺炎。

（五）呼吸系統疾病的預防

1. 保持良好健康的第一道防線，是每天喝1500～2000毫升的水分與營養均衡的飲食。

2. 每年定期的身體檢查。

3. 建議每年施打流感疫苗。

五、消化系統

（一）胃食道逆流

　　是老年人最常見的上消化道疾病，雖然所有年齡的人都可能得此病。老人胸悶除了心肺疾患外，常要考慮胃酸逆流所造成的非典型胸痛；症狀有胸悶、胸口灼熱（火燒心）、胃酸逆流至喉頭、喉頭異物感、聲音沙啞，上腹脹痛等非特異性症狀。當你年紀老了，胃灼熱更常見，某些藥物，包括一些許多老年人吃的血壓藥，也會

導致胃灼熱。肥胖會增加胃灼熱和胃食道逆流的風險,所以如果你年紀大時體重增加,你會有更多的逆流。

(二) 胃炎及消化性潰瘍

正常的胃黏膜具有防禦及破壞因子,一但兩種因子之間平衡遭破壞,可能造成發炎、表淺性糜爛甚至消化道潰瘍的發生。尤其在老年人,常因心血管疾病合併消化道血循減少、消化道黏膜本身萎縮而造成防禦因子減弱,再加上服用多種藥物,以及幽門桿菌感染造成破壞因子增強,而形成消化道潰瘍;許多老年人使用非類固醇消炎藥(NSAIDs)控制關節炎的疼痛和其他類型的慢性疼痛。經常使用非類固醇消炎藥類藥物會增加胃出血和潰瘍的風險。

雖然老化本身並不會使你的胃較容易潰瘍,但慢性的使用非類固醇消炎藥類藥物確實會提高你的風險,症狀為上腹痛、半夜痛醒、腹脹、食慾減低、甚至吐咖啡色嘔吐物或鮮血、解黑便等,嚴重者會有缺鐵性貧血、頭暈、意識不清或休克,及穿孔併發細菌性腹膜炎、敗血症;治療是以質子幫浦抑制劑或是治療性內視鏡處理併發症,合併幽門桿菌感染者須接受抗生素治療,穿孔者須以手術處理。

(三) 肝硬化

肝硬化是指肝細胞壞死,殘餘之肝細胞再生,形成球狀結節,被纖維化結締組織包圍,外觀像苦瓜,硬度增加,血管阻力增加,整體肝細胞減少,肝功能減少。引起肝硬化的病因很多,在我國以病毒性肝炎所至肝硬化為主,國外以酒精中毒多見,常見病因為:病毒性肝炎:主要為 B 型,C 型肝炎感染、酒精中毒:長期大量飲酒,每天攝入乙醇 80g 達 10 年以上即可發生肝硬化、膽汁淤積、循環障礙、工業毒物或藥物:長期接觸四氯化碳,磷,砷等或服用甲基多巴、四環素等、代謝障礙、營養障礙、免疫紊亂、血吸蟲感染、原因不明者稱隱源性肝硬化。

通常肝硬化起病隱匿,病程發展緩慢,病情較輕微可潛伏 3 ～ 5 年或 10 年以上,少數因短期大片肝壞死,3 ～ 6 個月便發展成肝硬化。

當上消化道出血時採胃鏡靜脈瘤結紮術、藥物、手術。腹水則需限鹽、利尿劑、手術、藥物。若肝昏迷則限蛋白質、灌腸、藥物。最終選擇換肝,肝移植是治療肝硬化之最終辦法,但技術上及肝來源較困難。

02

（四）憩室炎

憩室炎的特徵是結腸膜發炎，導致大腸內形成膨出小囊（即憩室）。這些小囊很典型的會出現於便祕時，因爲當費力將乾硬的糞便排出時，所施的壓力容易使結腸壁較弱的部位形成小囊袋。這些小囊本身不會引起什麼症狀，然而當食物微粒或有排泄物陷入其中，就會導致感染和發炎。這種病可能是遺傳，也可能因結腸肌肉經年使用而衰弱所致。

預防憩室炎最有效的方法是避免便祕，因而最好的方法就是多喝水，以防止腸道缺水，飲食中含有大量粗纖維，可以防止食物在腸中積聚。由於有些維他命 B 是由腸菌製造的，一旦這些腸菌被破壞，就會缺乏維他命 B 群，因此，飲食中包含適量的維他命 B 群尤其是葉酸，嗜酸菌能破壞結腸中的腐敗細菌並有利於腸菌的繁殖及維他命 B 群的製造。

六、循環系統

（一）高血壓

高血壓爲老人之常見疾病，65 歲以上老人的盛行率是 50% 以上。在 2010 年，高血壓在國內 65 歲以上老年人口十大死因排名第 9 位，其他與高血壓有關的十大死因如心臟疾病爲第 2 位，腦血管疾病爲第 3 位，糖尿病爲第 5 位。大部分的高血壓病人在初期並不會出現明顯症狀，而無法察覺罹患高血壓，故又稱爲隱形殺手。嚴重的高血壓則會影響到心臟功能，而有心悸或氣喘的現象。長期血壓偏高易造成嚴重的併發症，心臟方面造成冠狀動脈阻塞而導致心肌梗塞及心臟衰竭；腦部方面造成血管破裂而中風；腎臟方面會造成腎功能喪失，並逐漸演變爲腎衰竭；眼睛方面容易產生眼部血管栓塞及視網膜剝離。

正常成年人的血壓值爲 120/80 mmHg。根據 JNC7 在 2003 年的最新定義，高血壓是指收縮壓 ≧ 140 mmHg 或舒張壓 ≧ 90 mmHg，而介於正常血壓與高血壓之間的收縮壓（120～139 mmHg）或舒張壓（80～89 mmHg），定義爲高血壓前期。對於高血壓前期的人會有較高的機會發展成爲高血壓。若屬輕至中度的老人高血壓或高血壓前期的人應先考慮非藥物治療的方式，如節制飲食，減少食鹽攝取，避免刺激性的食物、酒精等刺激性飲料、戒菸、控制體重等，以及和緩的生活型態、平穩而愉快的心情與持續做適度的運動等。高血壓的預防和治療如下：

1. 高血壓初期建議採用非藥物治療方式。
2. 每天規律的有氧運動30分鐘。
3. 減少鈉與咖啡的攝取與不吸煙。
4. 多數抗高血壓藥不宜突然停藥。

（二）冠狀動脈疾病

臺灣十大死因統計資料顯示，心臟疾病為國人十大死因第2位，而其中又以冠狀動脈疾病最常見。隨著人口的老化、國人飲食習慣日漸西化，冠狀動脈疾病的病人也逐年增加。冠狀動脈疾病係指冠狀動脈的血液灌流無法滿足心臟心肌的養分與氧氣需求，而導致的心臟疾病，如心肌缺血或阻塞的疾病，又稱缺血性心臟病，臨床上以心絞痛及心肌梗塞最常見，最主要的原因是冠狀動脈內發生粥狀硬化使管腔狹窄或阻塞所導致。冠狀動脈硬化為漸進性的變化，所擁有的危險因子越多，罹病的機會越大。危險因子有：年齡越大發生的機率越大、男性、停經後婦女、抽菸：為冠狀動脈疾病最主要的危險因子之一、高血壓、高血脂症、糖尿病、缺乏運動。

1. 心絞痛（angina pectoris）：來自拉丁文，意指「胸痛」：一般出現在冠狀動脈因血管阻塞或痙攣，而無法提供心肌所需的血液供應。心絞痛是因心肌暫時性缺氧所造成的心臟疼痛。在休息或舌下含硝化甘油（nitroglycerin（Nitro-state ®; NTG））後，即可緩解疼痛。硝化甘油是一種舌下給藥，可於3分鐘內減緩心絞痛的症狀。若胸痛的症狀未因此而紓解，則可重複給予（以3次為限）。

2. 心肌梗塞（myocardial infarction;MI）：指心肌的血液供應減少或完全沒有血液供應，此時會使心肌失去氧氣供應，並引發心臟節律的不穩定或完全停止。心肌梗塞是因冠狀動脈阻塞使心肌局部缺氧，進而受傷與壞死，對心肌造成不可逆的傷害，嚴重者會導致心臟衰竭。病人應注意下列生活型態：維持理想體重、隨身攜帶有效日期之硝酸鹽、避免情緒壓力、採取低熱量、低脂肪的食物，避免暴飲暴食、適度運動、避免過多的咖啡因食物，如可樂、咖啡、茶、注意保暖、戒菸。

（三）中風（Stroke）

中風是因腦血管病變造成的腦損傷。中風可分為腦血管栓塞、腦血管破裂、腦血管插塞和腦部暫時缺氧等四種。症狀為半身不遂、言語不清、嘴歪、眼斜、吞嚥

困難、大小便失禁、感覺麻木、流口水等。此外，亦可能有眩暈、噁心、嘔吐、聲帶麻痺、視覺和聽覺障礙等症狀，嚴重者甚至會昏迷或死亡。中風的危險因子有吸菸、年齡、家族病史有、缺乏運動、患高血壓、糖尿病、肥胖、膽固醇過高、先天性腦血管腫瘤、心臟病、紅血球增多症、血小板增多症、尿酸過高、血凝障礙等；此外，鹽份攝取過量或吸毒也會增加中風的機率。倘若電腦切片掃描確定有腦動脈栓塞，在三小時內使用血塊溶解劑（TPA），可將血塊溶解，使血液流動回復原狀。電腦切片掃描發現有腦出血情形，可動手術將血塊取出或鉗止流血。

　　預防中風必須注意日常的生活習慣，戒菸，不過度飲酒。生活規律，保持輕鬆心情。適量運動，避免油膩或甜膩的食品，保持適當體重和定期接受檢查。

（四）心律不整

　　心律不整是指心跳速率與心跳模式不正常，可分為二類：

1. 自發性電位產生異常，可能是因為心肌缺氧、梗塞、鉀離子不平衡、心肌受損所導致。

2. 電位傳導途徑異常，可能是心肌受傷或不反應期延長而導致電位傳導受阻，以致於電位改由逆向途徑再進入，形成一個迴路循環，導致心肌重複刺激興奮而產生心房心室過早收縮或持續收縮。心律不整的症狀有心傳導阻滯、纖維顫動與撲動、以及毛地黃中毒引起的心室早期收縮與PR期間延長等。可裝置永久性心臟節律器（permanent pacemaker）或植入式的心臟去顫器（implantable cardioverter-defibrillator;ICD），以維持或恢復正常的心臟節律。

（五）姿勢性低血壓

　　姿勢性低血壓是指由臥姿到站立時收縮壓下降大於（含）20mmHg。通常由臥姿改為坐姿，或由坐姿改為站姿時，會有短暫的血壓下降現象，若是心肺功能較差者，可能會感到頭暈，此時即可能為姿勢性低血壓。由於老化的生理變化，如自主神經功能降低、靜脈回流減少、動脈的彈力喪失、水分之調節能力降低、動脈的接受器功能下降，以及使用抗高血壓、抗憂鬱劑、利尿劑、酒精、鎮定安眠劑等藥物，另有些疾病，如周邊神經病變、鬱血性心衰竭、二尖瓣脫垂、心律不整、腎上腺功能不全等，都是可能會引起姿勢性低血壓的原因。

　　有關姿勢性低血壓的防治，首先應解決造成姿勢性低血壓的導因，其次則盡量

減少白天的臥床休息，因長時間臥床會降低肌肉力量及反射能力；再者避免突然站立，亦即由臥姿改爲坐姿，或由坐姿改爲站姿時能循序漸進。另外，較嚴重的姿勢性低血壓可以藥物治療。

（六）動脈粥狀硬化

動脈粥狀硬化是指動脈壁隨著年齡的增長而老化，產生慢性發炎反應，加上動脈內膜壁上逐漸堆積，包括脂質、鈣質、血液成分、碳水化合物、纖維組織等聚積物，稱爲動脈粥瘤（atheromas）或斑塊（plaque），使動脈壁逐漸增厚而失去彈性。大動脈分支乃動脈粥狀硬化的好發部位。動脈粥狀硬化演化的結果，若位於心臟，輕微會造成心血管狹窄的症狀，如心絞痛，嚴重者則可能發生急性心肌梗塞；若位於腦部，輕微會造成腦部血流不足的症狀，如頭暈、頭痛，嚴重的則發生暫時性缺血性栓塞，即腦血管意外症狀。臨床上測量動脈粥狀硬化危險性的生化指標爲膽固醇總量、三酸甘油酯、脂蛋白。在防治上，建議從日常飲食、運動及戒菸做起。

七、泌尿生殖系統

（一）泌尿道感染

泌尿道的感染是因爲微生物生存在泌尿系統而造成，感染的發生有時會有顯著的症狀，但是有時也有毫無症狀發生的可能。初期症狀通常包括：頻尿、急尿、排尿時感覺灼熱刺痛、排尿不順等，但如果繼續往上感染到輸尿管或腎臟，就會引起全身性症狀，如發燒、畏寒及腰痛等，嚴重時甚至有血尿、膿尿情形。

另外，泌尿道感染亦可能造成暫時性尿失禁。通常醫師會依感染部位而診斷下列病名，例如急（慢）性腎炎、腎盂腎炎、輸尿管炎、膀胱炎、前列腺炎或睪丸炎等。老人泌尿道感染以大腸桿菌感染最爲常見，其他可能致病菌有克雷白氏菌（Klebsiella pneumoniae）、葡萄球菌（Staphylococcus）、綠膿桿菌（Pseudomonas aeruginosa）等；在臨床上亦發現有經性行爲傳染性的致病菌，如淋病雙球菌（Neisseria gonorrhoeae）、披衣菌（Chlamydia）等。長期照護機構病人的泌尿道感染常見細菌，對於常用抗生素產生抗藥性的機率較高，其可能原因包括：身體功能（免疫功能）較差、長期放置導尿管尿袋、經常使用抗生素及病人間交互感染。

（二）膀胱炎

　　膀胱炎（cystitis）即下泌尿道感染（lower urinary tract infecton），是指膀胱組織發炎，在老年人尤其是女性老人身上最常發生的疾病。膀胱炎的發生多數是由於遭受糞便汙染的尿液從尿道回流到膀胱。膀胱炎多在抵抗力較差的情況下細菌侵入而引起。細菌可從血液或淋巴進入膀胱，但較常見的是從尿道上行或從腎髒直接下行而進入膀胱。男性老年患者多繼發於尿道梗阻，女性多發於久治不愈的慢性尿道炎，有時繼發於雌激素減少所致的老年性陰道炎。常見症狀有：尿頻尿急，自我感覺難以控制、尿痛，在小便時和排尿後，尿道有燒灼或疼痛感覺、膿尿，尿色混濁，顯微鏡下可見到大量膿細胞，有時也可伴有血尿。

　　膀胱炎預防與治療應注意平時水份的攝取應充足，不要憋尿。飲用蔓越莓汁能防止細菌附著在膀胱壁，所以能預防膀胱炎。但若是細菌已經在膀胱增殖，則應採用適當的抗生素治療。患者常因為頻尿及排尿不適而不敢喝水，但其實應該大量喝水，以加速細菌排出，治療期間約需一星期。除了水份、蔓越莓汁以外，服用維生素 C 和檸檬酸鉀（富含於柑橘類水果中）有助於尿液過度偏向酸性，可以減輕不適感，但這些飲食本身不能消除細菌。

（三）尿失禁

　　尿失禁（urinary incontinence）指的是，尿液會在不自禁的情況下遭漏，而漏出的量，足以影響到個人的人際關係以及身體的健康（Linton,2007）。泌尿系統老化之變化包括：膀胱容量減少、尿餘量增加、非抑制性的膀胱增加、夜間鈉及尿液的排出量增加、女性骨盆腔底肌肉變鬆弛、停經後婦女因雌激素的缺乏而使泌尿道的阻力降低、男性因前列腺腫大而使泌尿道的阻力增加，因此尿失禁主因為膀胱功能不全或括約肌功能不全。

　　臨床上將尿失禁依發生時間的長短分為急性、慢性兩類，急性尿失禁意指尿失禁是突然發生的，通常與急性病症或醫源性傷害有關；若尿失禁於 3 ～ 6 週沒有緩解，則可稱為慢性尿失禁。依臨床症狀慢性尿失禁可分為 5 種類型。

1. 壓力型尿失禁（stress urinary incontinence）：係指當腹壓增加時（如大笑、咳嗽、跳躍、運動等），患者會有自覺但不自主的滲出小量尿液。患者多為女性，主要原因有神經性及非神經性兩種，神經性因素像是脊椎薦椎損傷所造成括約肌功能不全；非神經性因素像是多產、更年期女性荷爾蒙不足導致骨盆底肌鬆弛、尿道萎縮或尿道內括約肌功能不全。

2. 急迫型尿失禁（urge urinary incontinence）：係指當患者感覺膀胱脹滿且有尿意時，卻無法延後排尿以致滲出大量的尿液。此症多見於老年人，主要原因可能為老化、心因性、腦血管意外或脊髓神經受損所造成膀胱逼尿肌不自主收縮、膀胱不穩定收縮及尿道不穩定。

3. 混合型尿失禁（mixed incontinence）：係指同時出現壓力型及急迫型尿失禁的混合症狀，且產生臨床各種尿路檢查結果與症狀不一致的現象，這種尿失禁是近幾年衍生的新尿失禁名詞，在臨床上並不少見，此型尤其常發生在身體虛弱的老人身上。

4. 溢出型尿失禁（overflow urinary incontinence）：係指膀胱已過度膨脹，但患者卻不自覺，導致尿液不自主漏出。臨床症狀可能有頻尿、不定時或定時漏尿、持續滴尿現象。主要原因是腰椎以下脊髓損傷、神經病變，或續發於其他疾病的合併症，如尿道狹窄、逼尿肌收縮不全等。

5. 功能型尿失禁（functional incontinence）：係指因行動不便、老年失智、意識不正常等因素，於不適當時間、地點不自主的排出尿液，或來不及到達廁所而導致的尿失禁。

（四）良性攝護腺增生

　　良性攝護腺增生（benign prostatic hyperplasia;BPH）指的是非腫瘤引起的攝護腺肥大。由於前列腺組織生長過盛，尿道受壓，導致膀胱梗阻；與年齡增長和受到男性荷爾蒙（DHT）刺激有關；遺傳因子、抽煙和酗酒都會增加患病的機率。常見的症狀有尿頻、尿急；但小便時要稍候片刻才能排出、尿流細弱，有時會慢慢滴出來、夜尿、小便次數增多、小解完後還滴流不停、小便失禁。

　　熱水浴可減輕症狀；避免吃高膽固醇食物；不要忍尿；正常性生活；睡前不喝含利尿成份的飲料，例如酒、咖啡或茶；不亂服傷風或收鼻水藥，因這類藥物使尿道緊縮，症狀惡化。攝護腺肥大的病人除了定期檢查外，依病情選擇長期服用藥物治療：甲型阻斷劑（α-blocker）、抗男性荷爾蒙治療劑（finasteride）等。手術治療有尿道前列腺鐳射治療術、尿道高溫治療術、尿道前列腺切除術和開腹腔將前列腺切除術等四種不同的手術。

02

（五）腎衰竭

當腎臟無法行使正常功能時，會導致廢物（毒素）和水份堆積在體內，此時稱之為「腎衰竭」。腎衰竭可分為急性和慢性兩種。

1. 急性腎衰竭

腎功能在短時間內迅速惡化稱為急性腎衰竭，此時通常血中尿素氮及肌酸酐值會有急速上昇現象。隨著年齡的增長，腎臟的構造逐漸的改變並且腎臟功能逐漸的退化，這使老化的腎臟對於許多壓力（例如：血行動力學的快速變化）的代償能力變差，而老人容易發生急性腎衰竭。

急性腎衰竭原因，通常包含：

(1) 腎臟血流減少：休克、嚴重細菌感染、敗血症、充血性心臟衰竭、肺栓塞、嚴重出血。

(2) 腎臟細胞受損：急性腎絲球腎炎、各種藥物中毒、肝腎症候群。

(3) 泌尿通道阻塞：腎結石、輸尿管狹窄及腫瘤、前列腺肥大、慢性細菌感染、婦科或腹腔腫瘤。典型症狀有：全身症狀（發燒、噁心、嘔吐、食慾不振、腸胃道不適、水腫、高血壓、呼吸喘）及中樞神經系統症狀（頭痛、抽搐、痙攣、神智混亂、昏睡、昏迷）。

急性腎衰竭治療與注意事項：

(1) 維持水份及電解質的平衡。

(2) 醫師依病情需求，給予患者接受暫時性的血液透析（洗腎），或特殊的藥物治療。

(3) 感染時抗生素使用。

(4) 泌尿通道阻塞者必要時給予會診泌尿外科。

(5) 有高血壓患者，必須控制血壓於 130 ～ 140/80 ～ 85 ㎜ Hg，避免因高血壓引發腎衰竭。

(6) 飲食控制：高熱量低蛋白飲食減少代謝廢物產生，並限制鈉及鉀食物攝取。

(7) 適當的休息，以免疲勞過度。

(8) 遵從醫師開處方服用藥物，勿隨意亂服成藥。

(9) 積極及適當的治療大多數可恢復，若延誤治療會造成永久性腎臟傷害。

56 | 老人學概論-基礎、應用與未來發展

2. 慢性腎衰竭

慢性腎衰竭是不可逆的疾病，最後會因腎元受破壞，功能喪失而進入末期腎病。由於腎臟不能有效排除體內廢物及多餘水份，因此，廢物便堆積在體內及血液，造成水份電解質的不平衡，如果不立即接受透析治療，將會引發致命的危險。慢性腎衰竭的病因，包括腎小球腎炎、慢性腎盂腎炎、糖尿病、高血壓、痛風、全身性的疾病（如系統性紅斑狼瘡等）、藥物及毒物（如服用止痛劑過量、不當使用抗生素、草藥、重金屬中毒等）、泌尿道結石及腫瘤、先天性構造異常（如逆流性腎病變（因尿液逆流引起腎損傷）、遺傳性疾病（如多囊腎的腎組織被囊腫破壞）。

慢性腎衰竭一開始大多沒有什麼症狀，頂多會有輕微腳腫、頭暈、身體不適或是食慾不佳的情形，所以很多人都會忽略它。等到腎功能嚴重下降時才會有明顯症狀出現，像是噁心嘔吐、嚴重貧血、水腫、呼吸喘或是嘴巴有尿騷味、皮膚癢、睡不著等，一旦這些尿毒症的症狀出現，通常都需要開始進行洗腎治療，否則體內累積的毒素會不停的殘害身體，造成更嚴重的併發症。

慢性腎衰竭患者需注意：

(1) 飲食控制：要低蛋白飲食，少吃肉類、雞蛋和高蛋白食物，因為低蛋白飲食可以保護腎功能，延緩尿毒症的產生。但是要注意熱量要足夠，否則反而會營養不良。

(2) 限鉀限磷：鉀離子在腎衰竭時排出會減少，過多的鉀離子會造成心跳變慢、全身無力、甚至會突然引起心跳停止，十分的危險，所以一定要少吃含鉀的食物像水果、菜汁、雞精或低鈉鹽。而磷離子也會因排出減少而昇高，進而引起副甲狀腺機能亢進，造成許多骨關節病變。所以高磷食物也要限制，像是穀麥片、咖啡奶茶都不能大量食用，並且應配合鈣片一起服用。

(3) 鹽份和水份：在小便量少和容易水腫的病人要限鹽、限水，否則很容易肺積水。若是小便正常、沒有水腫，則大多不用嚴格限制，不過少吃點鹽還是有幫助的。

(4) 控制血壓血糖：血壓最好控制在 130/80mmHg 以下，越高的血壓越會造成腎功能不斷下降。有糖尿病的患者則要小心控制血糖，避免血糖過高或過低。

(5) 改善貧血：腎衰竭時製造 EPO 的能力會下降，而 EPO 是重要的造血因素之一，所以適當的使用 EPO 可以提升血紅素，改善貧血的狀態。另外也應適量補充葉酸和鐵劑。

(6) 認識洗腎：當腎功能逐漸喪失時，必須要有心理準備接受洗腎治療，洗腎目前有兩種方法，分成血液透析和腹膜透析。血液透析一週要到醫院三次，透過手上的動靜脈廔管來做血中廢物的排除。而腹膜透析則可以由病患或家屬自行在家中進行，藉由腹膜腔內的透析管灌入透析液來進行洗腎。

(7) 提早手術：如果選擇血液透析，則應提早手術準備廔管的養成，可以減少緊急洗腎時插管的不適和危險。廔管的手術不困難，但是術後的運動和保養很重要，可以和腎臟科或是血管外科醫師多加討論。如果選擇腹膜透析，也應提早植入腹膜透析管，以利傷口的癒合，減少透析液滲漏的危險。目前國內肝硬化的預防仍著重在不喝酒，預防 B 肝、C 肝。

（六）前列腺癌

　　前列腺癌是出自前列腺的惡性腫瘤。若其中有細胞的基因突變導致增殖失控，就成為癌症。惡性細胞除了體積擴大或侵犯鄰近器官，也可能轉移到身體其他部位，尤其是骨頭和淋巴結。前列腺癌可能造成疼痛、排尿困難、勃起功能不全等症狀。前列腺癌的真正成因雖然目前仍未能確定，但因素有為年齡（年齡越大患前列腺癌的機率越高）、男性荷爾蒙促使癌細胞增長及擴散、過多攝取紅肉類和高脂乳酪食品（如芝士，全脂奶）等，這類食物可助長癌細胞生長、種族（白人及黑人患病率比東方人高）。

　　普遍來說，50 歲以上的男性較易患上前列腺癌。前列腺癌與發生在其他身體部位的癌症略有不同。若癌症只發生在小部分的前列腺上，癌細胞可以維持一段時間不變，然後才開始擴散、生長。50 歲或以上的男性當中，約有三份之一的人能在其前列腺發現若干癌細胞；而 80 歲或以上的男性，幾乎全部能在其前列腺發現癌細胞。

　　男性過了 50 歲以後，前列腺疾病常會出現膀胱出口阻塞的症狀，包括解尿遲疑不順、夜間頻尿、排尿不全或尿徑減小等，其實這些現象和良性前列腺增生關係更密切。但是一旦臨床出現這些症狀時，表示病患應儘速接受檢查，至少須仔細做好直腸指診，有時得再配合血液前列腺特殊抗原的檢驗和超音波檢查等。症狀更嚴重時會有會陰部疼痛，突發式陽痿或血尿等。另外有 20% 到 30% 的前列腺癌病患因病灶能移到骨骼，尤其是脊柱而引起疼痛和全身疲累等症狀才開始就診。

年齡老化是發生前列腺癌的最高危險因子，不分東西方人種，70 歲以上男性約有一半左右會有前列腺癌，但大部份卻沒有任何臨床症狀。血液雄性素濃度則是影響這些隱藏性病灶是否會展現出臨床症狀的重要因素。

除了種族因素外，飲食習慣也會影響到血液雄性素濃度，一般而言，食用飽合性／動物性脂肪、肉食、牛奶和奶製品的人，其雄性素濃度會比素食者高，所以罹患前列腺癌的機會也較高。另外前列腺癌患者的兄弟罹患前列腺癌的機會比同一年齡男性高出四倍左右，其它如飲酒、咖啡和茶等飲料與前列腺癌無相關聯。所以一般建議多攝食蔬菜，減少攝食動物性食物以減少前列腺癌的發生。而超過 60 歲的男性應定期接受經直腸指診，必要時得檢驗血液前列腺特殊抗原濃度和加做經直腸之前列腺超音波檢查，以期早期診斷，並藉此得到最好治療效果。

八、內分泌系統

（一）甲狀腺功能低下

甲狀腺功能低下指由於不同原因引起甲狀腺激素缺乏，使機體的代謝和全身各個系統功能減退，所引起的臨床症候群。女性甲狀腺功能低下較男性多見，且隨年齡增加，其患病率見上升。由於老年人自身免疫的改變，易患免疫性疾患等因素，因此老年甲狀腺功能低下為常見疾病。功能減退始於老年期或由成人甲狀腺功能低下過渡到老年期者均稱為老年甲狀腺功能低下。

引起此疾病的原因很多，大致可分為二類：一是甲狀腺有問題，無法製造足夠的甲狀腺荷爾蒙，如橋本氏甲狀腺炎（慢性甲狀腺炎，為自體免疫性甲狀腺炎）；曾接受甲狀腺手術者；曾接受放射性碘治療者等。二是腦下垂體有問題，分泌的甲促素（TSH）不夠，無法刺激甲狀腺分泌足夠的甲狀腺荷爾蒙，如曾接受腦下垂體手術者。在成年人中，以橋本氏甲狀腺炎及手術後造成的原因較多。

甲狀腺功能低下的臨床症狀為活動力及反應變慢、嗜睡、皮膚乾燥、聲音低沈、怕冷、全身浮腫及體重曾增加，對於心臟的影響會造成心跳緩慢、心臟擴大和心包膜積水，病人稍微動一動就會很喘；若發生在女性，則會造成月經變多。若沒有及時診斷與治療，會造成體溫過低，低血壓，二氧化碳高血症（CO_2 retention）及意識不清的甲狀腺粘液水腫昏迷（mixedema coma）。

　　一般每天服用甲狀腺素一粒左右（約 100 微克）即可讓甲狀腺功能正常，除非特殊狀況如心臟疾病、高血壓、太胖、腸胃疾病使藥物吸收不良等。因此最好由醫師調劑並定期抽血檢查甲狀腺功能，以便適時調整甲狀腺素劑量。日常應注意避免攝取過量的十字花科食物（芥蘭、油菜、花椰菜、高麗菜、萵苣、白菜、白蘿蔔等），因它們會防礙碘的利用，進一步壓抑甲狀腺機能；控制體重，注意膳食纖維與水份的充份攝取、以預防並減少便秘，也應遵照醫師的指示按時服藥與追蹤，千萬不要自己擅自停藥。

（二）甲狀腺功能亢進

　　甲狀腺機能亢進則是因為甲狀腺製造或分泌了過多的甲狀腺素，所引發出來的一連串臨床症狀。一般人罹患甲狀腺亢進容易出現心悸、手抖、失眠、易激動、煩躁不安、體重減輕、怕熱、大便次數增加、眼突、甲狀腺腫（脖子粗）的現象。因此從外表很容易診斷出來。可是老人甲狀腺亢進症狀卻不那麼明顯，主要的症狀是體重減輕和心血管問題例如心房纖維顫動的心律不整、足踝水腫、心衰竭、便秘、食慾不振、肌肉無力來表現等。雖然許多病人有不安、緊張的現象，但有些老人卻反而是面無表情、寡言、嗜睡、抑鬱和神情淡漠，並顯得衰老，這種情況稱之為「淡漠型甲狀腺亢進」（apathetic hyperthyroidism）。老年人甲狀腺功能亢進症主要原因為腦下垂體失調、遺傳（自體免疫所造成的甲狀腺機能亢進）、壓力（面臨壓力時，血中的類固醇和腎上腺素上升，免疫系統製造抗體增加，過度刺激甲狀腺分泌甲狀腺素，造成亢進現象）、碘攝食過高。

　　甲狀腺機能亢進治療目前主要有三種方法：內科藥物治療、131I 放射治療及外科手術治療。在老年人中內科藥物治療是最基本方法，131I 放射治療也是比較常用，由於身體條件限制，手術在老年人中相對較少用。甲狀腺機能亢進的患者應少吃含碘食物，包括海帶、紫菜。食物中不加含碘的鹽；戒菸，甲狀腺機能亢進病人如果抽菸，會讓眼睛的病變（眼突）更難治療；適度管理壓力；按時服藥及追蹤；有懷孕計劃者最好和醫師商量。

（三）糖尿病

　　人體會將吃進去的澱粉類食物轉變成葡萄糖，充當身體的燃料，而胰島素是由胰臟所製造的一種荷爾蒙，它能讓葡萄糖進入細胞內，提供熱能。糖尿病指的是

人體內的胰臟不能製造足夠的胰島素，導致葡萄糖無法充分進入細胞內，血糖濃度就會升高形成糖尿病。糖尿病的發生與遺傳體質有相當程度的關連，而肥胖、情緒壓力、懷孕、藥物、營養失調，也都會促使糖尿病的發生。通常來說，糖尿病並沒有太多明顯易察的癥狀，民眾往往是經由醫師檢查後才得知自己罹病。而在血糖逐漸升高後，糖尿病病人才會有尿多、口渴、飢餓、疲勞、視力模糊、體重減輕或傷口不易癒合等症狀的出現。現今的社會平均存活年齡增加，老年糖尿病患者的盛行率與絕對數目將大幅成長。與相同年齡但無糖尿病的老人比起來，有糖尿病者的死亡率增加 2 倍，主要的死因為大血管疾病。糖尿病的高危險群為家族有得糖尿病的人、上了年紀的中、老年人及體型肥胖的人。

糖尿病人的藥物治療包括口服降血糖藥物和胰島素製劑。給予藥物以前，一定預先檢查腎臟、肝臟、心臟、肺臟和腦血管功能，確定是否有藥物禁忌，其次由臨床評估老年病人是否胰島素分泌不足或功能缺少，再做藥物種類和劑量的選擇。最重要條件是避免低血糖的發生。藥物會造成低血糖，均隨年齡增加而增加。老年糖尿病人誘發低血糖時，昇糖素和交感神經賀爾蒙分泌降低，且自律神經反應的警覺認知也減少，發生低血糖常造成昏迷、死亡或誘發其他器官障礙，因此在治療老年糖尿病人務必小心低血糖的發生。除了高血糖的治療以外，老年糖尿病人更常合併高血壓和高脂血症，必須同時給予二者之藥物，將血壓維持在 <130/80 mmHg，總膽固醇維持在 <200 mg/dL，低密度膽固醇控制在 <100 mg/dL。

運動可以改善糖病人的葡萄糖耐受性和胰島素作用，運動對老年糖尿病人應有其益處，但應考慮到其他疾病而做適當的運動。飲食也是以清淡、低油、低糖而能維持正常體重的食量為目標。

九、感覺系統

(一) 白內障

白內障是老年人最常見的眼科疾病，表示眼球內的水晶體變黃而混濁，光線無法完全穿透造成視覺模糊所致。老年性白內障的發生率與年齡有關，年齡愈大發生的機會也愈高，年紀在 65 歲至 75 歲之間，約有一半的老年人患有白內障，若是大於 75 歲則四分之三的人都有白內障的現象。白內障早期的症狀可能有視力模糊、

色調改變、怕光、眼前黑點、複視、晶體性近視等，晚期症狀則為視力障礙日深，最後只能在眼前辨別手指或僅剩下光覺視力。

由於造成白內障的原因是多重的，無法用單一的藥水加以治療，充其量只能延緩白內障進行的速度，因此目前為止，手術是唯一有效的白內障治療方法。白內障的成因雖然很多，但最主要是因為長時期暴露於陽光中的紫外線導致組織老化而成，因此於烈日下活動時配戴能夠隔絕紫外線的太陽眼鏡，均衡的飲食，再加上維他命 E 及維他命 C 的補充，可以延緩白內障發生的時間，若是白內障已然形成且影響日常生活時，就應該毅然接受手術，才能根本治療。很遺憾的是到目前為止，並沒有方法可以阻止「老年性白內障」的產生及進展。造成「老年性白內障」的原因很多，主要與年紀老化，水晶體的結構及功能退化有關。除非有方法可以阻止老化，否則「老年性白內障」是無法預防的。平日多注意眼睛的健康及視力的狀況，定期眼科檢查來評估白內障進展的程度，以決定治療的方針是最好的保養之道。

（二）青光眼

青光眼指稱一種因眼壓過高造成視神經萎縮，導致視野缺損甚至最終失明的眼科疾病。青光眼的定義一直在更新，早期，人們認為眼壓高，就是青光眼，後來發現了即使是正常人也有可能有高眼壓，而部分青光眼患者的眼壓卻是正常的。所以教科書上關於青光眼的定義隨著人們對這個疾病認識的提高而變化著。青光眼的共同特徵是視神經萎縮和視野缺損，病理性的眼壓升高是重要的危險因素之一。

青光眼有急性與慢性之分。慢性青光眼其視野喪失是慢慢形成的，病患不易自覺，如未定期檢查及早治療，往往遲至視野嚴重缺損才發現，嚴重影響視力；而急性青光眼則會因眼壓急速升高，導致眼睛異常疼痛，稍一疏忽不加治療或治療不當時，即可能造成失明。眼壓高以及血液循環不良是導致青光眼的部份原因。事實上，大多數的青光眼是原因不明的，眼壓高可能只是青光眼的危險因子，即使眼壓高的人比較容易得青光眼，但不是一定就會有青光眼。就好像中老年人、患有高度近視、糖尿病、心血管疾病、或家族中有人患有青光眼等等也是導致青光眼的重要危險因子一樣，有這些情況的人應該特別注意是否患有青光眼。

多數青光眼是以藥物治療為主，隅角閉鎖性青光眼尚應考慮配合雷射虹膜切開術來治療。若藥效不足或病患不適合使用藥物時，還會考慮加上各種雷射或手術治

療。由於多數青光眼是無法根治的，所以病患務必按時用藥、定期追蹤，以因應病情及身體狀況來調整用藥。青光眼所造成的傷害是無法回復的，「早期診斷、早期治療」就成為對付青光眼的主要策略。

中老年人青光眼的防治方法：

1. 有糖尿病、低血壓、視網膜血管性疾病以及用糖皮質激素類滴眼後眼壓昇高等情況時，須注意罹患開角型青光眼的可能，應定期找眼科醫生檢查，以免漏診或誤診。

2. 注意補充營養，多吃新鮮蔬菜和水果，忌喝酒及辛辣等刺激性的食物。

3. 可以通過合理、慎重使用激素類眼藥水來加以預防。

4. 要保持有規律的生活，做到心情舒暢、勞逸結合，保持眼部清潔，避免感染。

（三）視網膜剝離

視網膜是服貼於眼球後壁內面的感光組織，下方是脈絡膜，負責供應視網膜氧氣和營養。當視網膜和脈絡膜分離時，就是視網膜剝離。視網膜本身沒有痛覺神經，因此視網膜剝離發生後，無痛無癢，只會感覺眼前有黑影或黑點晃動。眼前可能出現閃光，即使閉起眼睛也會察覺到這種現象。此外，看物體時會變形，視力也漸漸減弱。這種視力變化有一特別的現象，當躺下來休息和剛起來時，視力暫時會好轉，活動一段時間後，視力又變壞。

一般而言，年齡愈大，罹患視網膜剝離的風險愈大，曾經有過視網膜剝離，或是有視網膜剝離的家族史，抑或中高度近視、男性、曾接受過眼科手術、曾有過嚴重的眼部創傷，或周邊視網膜出現退化區域、糖尿病患病多年者皆為高危險群。如果剝離持續六個月以上，則視網膜將會萎縮，造成失明。所以要儘快治療，使已剝離的視網膜趕快復位。手術是治療視網膜剝離、裂孔、破洞，唯一有效的方法。手術方法有很多，其原理都一樣，就是將視網膜裂孔封閉，並使視網膜與脈絡膜連接在一起。

（四）重聽

老年性重聽是老年人聽力障礙的主因，這是聽覺系統因衰老而產生的聽覺障礙，特徵包括雙側、對稱性、漸近性聽力喪失，尤其以高頻部份較嚴重，如鳥鳴聲、電話鈴聲等高頻率聲音會特別聽不清楚。老年性重聽算是臨床上最常見的聽力障礙。人類通常在50歲之後，聽力便開始減退，但因發生極為緩慢，且多是高頻

02

聽力喪失，所以通常無法察覺。大略而言，年紀大於 55 歲的老人，聽力衰退 1.5 dB 是正常的，約 75 有聽力障礙。除了內耳耳蝸及聽神經退化之外，中樞神經對語言的理解能力也跟著衰退，所以會出現「聽得到，但是聽不懂」的情形。

　　老年性重聽的原因主要有二個：一個是內在因素，與遺傳基因有關，另一個是外在因素，如噪音、心血管疾病、糖尿病等經年累月造成的內耳傷害。典型的老人重聽是感音性（神經性）重聽，且為高頻音重聽，可透過聽力檢查測出來，所以老人最好每年做一或兩次聽力檢查，早期可發現高音域重聽現象，因為人的交談是走低音域，所以不會覺得重聽，但也因此失去最好治療機會。

　　老人重聽在藥物治療方面，一般以增進內耳血管的暢通及內耳神經營養劑為主，先進國家均積極研發神經細胞活化再生藥物，加上抗自由基、抗氧化等防老藥物的發現與推廣，又加上綜合維他命、綜合維他命 C、E 等增進聽神經細胞等的藥物配合使用，不但可抑制耳鳴及聽力惡化，有些病人的聽力也能獲得改善，早發現早治療較有效。對於老年性重聽，沒有很好的藥物或手術可以治療，目前只能仰賴助聽器來重獲聽力。在年輕時最好避免噪音的刺激，避免高脂飲食，避免老人家受涼，不要過度吸煙和生活緊張，對聽力的保持亦應有一定的功效，亦可預防老年性重聽。

本章摘要 |Summary

1. 老化是人生必經且不可逆的過程。當人體的器官生長發育到達成熟的巔峰階段後，器官的功能便會慢慢地退化。此一生理功能的變化，便是一種生理老化。

2. 常見的生理老化理論，可分為錯誤老化理論（自由基理論、磨損理論）、程式命定理論（海弗利克現象、染色體端粒理論、自體免疫理論）等。

3. 老人健康促進工作包括促進健康體能、促進健康飲食、加強跌倒防治、口腔衛生保健、菸害防治、心理健康、社會參與、老人預防保健及篩檢等八項。

4. 老人由於生理老化，器官功能逐漸受損，因此無可不可避免地會有一些常見疾病。我們必須加以瞭解，並先做預防。

Chapter 3
老人心理

學習目標

1. 掌握心理健康的涵義與參考指標
2. 理解老化對心智能力的影響程度
3. 了解老人人格的變化與類型
4. 知道老年時期常見的心理變化與特徵
5. 認識老人易罹患的心理異常與精神疾病

故事真理

　　75 歲的王伯伯，趁著連續假期和家人嘗試第一次環島旅行，在某觀光夜市逛街時不小心遺失了皮夾，王伯伯習慣將所有的證件與提款卡放身上，一發現不見時，王伯伯的家人立刻報警並將所有證件註銷，但王伯伯每想起此事，就不時怪自己老了、太不小心了，不管家人怎麼安慰王伯伯，他都無法釋懷，有好幾天晚上都睡不著覺，常常覺得頭昏、胸悶、容易疲倦，2 個月內，家人帶著王伯伯連跑 6 家醫院看了 10 多次不同科別，檢查皆正常，卻記憶力變差以及脾氣變壞到家人都以為他得了失智症，直到轉診身心科，才發現竟是丟皮夾這等小事引發老人憂鬱症。家人不經想問，這不過是點小事，有這麼嚴重嗎？竟會演變至憂鬱症。

　　陳奶奶的媳婦安排婆婆看診，也告訴醫生最近媽媽「個性變得多疑，老把存摺和貴重飾品到處藏，藏到都找不到了，還會把食物放在衣櫥裡」、「說過明天要帶她出去，卻問了不下十次明天要做什麼」、「以前很愛乾淨、愛漂亮，現在房間很亂，也不如以前勤著洗澡，也不注重自己的穿著了」。86 歲的婆婆被媳婦帶來看診時還生著氣，她說自己明明就沒事，只是年紀大、記憶力自然不好。她為了跟醫師證明她很正常，忙著告訴醫生說著家人過往的點點滴滴。兒子在一旁幫腔說自己記憶力也不好，怪太太大驚小怪，還說媽媽「想當年的事」記得比誰都清楚，兒子說：「媽媽就是老了，老人不都是這樣嗎？」。

圖3-1　老人忘記東西放哪裡，會很慌張的在家中東翻西翻

　　他們遇到的狀況其實也是許多人的疑問，老人家容易擔心，如不小心遺失了一樣物品，有時候看似小事，一但發生了不如預期的事，就有可能引發憂鬱症？年紀大本來不就會記憶力不好、不愛洗澡？到底這是正常老化，還是失智呢？

　　老年是個體在一生中身心轉變最大的一個時期，面對身心功能無可避免的衰退及生活重大事件的發生如退休、親友離世、角色轉變等挑戰以及社會快速變遷的適應問題，容易造成老人偌大的壓力而產生心理上諸多的問題，除了影響身心健康甚

鉅，也常有自我放棄、憂鬱、甚至輕生等現象發生，依據我國衛生福利部心理及口腔健康司對全國 1994 至 2014 年自殺死亡率的統計（圖 3-2）可以發現，老年人自殺率普遍高於其他年齡層，更突顯了老人心理健康的重要。本章首先了解何謂心理健康，而後探討老人心智及人格發展的歷程，再者歸納老人的心理變化與特徵，最後介紹老人常見的心理異常與精神疾病。

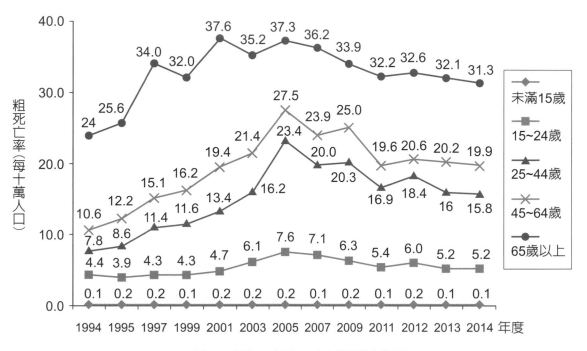

圖3-2　全國1994年至2014年年齡層別自殺死亡率

資料來源：心理及口腔健康司（2014）。自殺通報統計。2014 年 11 月 28 日，取自 http：//www.mohw.gov.tw/cht/DOMHAOH/DM1_P.aspx？f_list_no=179&fod_list_no=5269&doc_no=47545

3-1　心理健康的概念

　　對於心理健康，從不同角度提出的標準，種類繁多，至今尚無統一定義。根據世界衛生組織（WHO）對健康的界定：健康不單是指身體沒有疾病或虛弱，更意味生理的、心理的及社會的完全安寧與良好的狀態。這個定義認為沒有疾病、或是不虛弱的身體等消極性的條件，並不能完全代表健康一義，健康是生理、心理及社

會適應三個方面全部良好的一種狀況。由此可知，健康的定義是不僅是沒有疾病和病痛、還包括生理及心理的完美性以及良好的社會適應狀態。

在心理學理論中，美國心理學家傑哈塔（M. Jahoda）的「心理健康」概念最為著名，他首先提出一種「積極的心理健康」（positve mental health），認為積極、正向的態度和心理健康有密切的關係。心理健康，個性與人格自然較會處在愉快、樂觀的狀態，Jahoda 於 1958 年提供以下六項指標可作為心理健康的重要參考：

對自我的正向態度	心理健康者能以積極、正面的態度探索、了解自我，做出客觀的分析與判斷，並統整自我經驗、感情及能力，明確地認識與歸類自己的屬性，區別自己和別人，及對自己有清楚的角色認同。
成長發展與自我實現	努力實現自我的潛在能力，即使遇到挫折也會不消極面對，勇敢地朝向自我的目標邁進，盡全力採取行動，積極地達到自我實現。
安定的人格	自我是處於平衡、穩定的狀態，能有效處理內心的壓力，使之不產生予盾和分裂的狀態，對人格形成有統一與認知的能力。
自律性	有良好的情緒控管能力，可以不需依賴別人，具有自我判斷和決定的能力。
對外界環境認知能力	處於現實環境中時，可不受環境的支配或控制，具有正確的認知能力，採取適切的反應行為。
環境的改善	心理健康的人不受環境的控制，主動的挑戰其所處的環境，且設法使自己適應環境，進而有效率地處理、解決問題，以達成自己的目標。

03

圖3-3　心理健康的人是充滿能量，外在顯得健康、有精神，臉上常有笑容

　　在了解心理健康的涵義及重要參考指標時，必須具備一個正確觀念：這些指標所代表的是一個具有成熟人格且心理健康者所表現出的理想態度。當在審視一個人的心理健康狀態時，需要考慮不同年齡層所應有的心理特徵，並檢視其心理健康狀況有哪些是站在那理想線上。此外，要知道世界上每個人都是獨一無二、具有差異的個體，不應該強求任何一個人都要達成這些指標所顯示的理想心理狀態。因此，不將指標過度理想化與規範化，個人才能有擁有良好的心理品質和健全的人格（圖3-3）。

動動腦

　　生活當中遇到不如意之事是十常八九，遇到困難時，難免會有煩惱、心情不好、有壓力……。因此，以下介紹一些 DIY 小方法，協助同學處理這些不舒服的感覺，讓自己保持心理健康。請同學回想自己的生活習慣，試著勾選你自己平常會使用保持身心愉快的方法。

□ 學習放鬆：每天留一點時間給自己，並試著做一些有助身心放鬆的事情。例如看書、聽音樂、靜坐、冥想等，任何能夠幫助自己放鬆的活動。

□ 定期運動：在生活中安排固定運動的時間，定期運動可以增加自己的能量，也可讓自己有在情緒低落時，有發洩的出口，能幫助你度過心靈的低潮期。因此，尋找適合自己的運動，不管是室外的打球、游泳、散步，或室內腳踏車等，都是不錯的選擇。

□ 保持與朋友聯繫：朋友對我們是很重要的，特別是在遇到困難，導致心情低落時，與你的朋友連絡吧！不要覺得會增加對方的困擾，故作堅強自己獨自面對問題，真正的朋友，是會傾聽你的問題，提供你解決問題的辦法。

□ 參與社團活動：藉由參與社團活動中，可獲得學習與成長，進而充實休閒生活，提高人際互動關係，增進幫助自己，以及幫助他人的能力。

□ 學習新事物：為了充實生活、交友、增加第二專長，學習新的事務、提昇技巧，可增加自信心，也會努力地改善自己的缺點。

□ 接受自己：每個人都擁有不同的價值觀、成長背景、種族文化、宗教、性別與生活經驗，而使每個人形成獨一無二的自己。因此，接受自己的一切，認同自己的天性，然後學著尊重包括你自己在內的每個人。

思考與討論

1. 對於沒勾選到的項目，請同學思考看看，是什麼原因，讓你沒無法做到呢？

2. 除了上述的六項讓自己保持心理健康的方法之外，請和同學討論是否還有別的方法？

【請填寫在書末附頁P9～10】

3-2 老人的心智與人格

外顯的容貌老化現象及生理功能的衰退容易使老人對自我失去信心與尊嚴，懷疑自己的能力，加上社會普遍存在老而無用、老狗不能教以新花樣等歧視觀念亦加深大眾對於老人刻板印象，認為老人價值低、發展能力有限。雖然年齡增長必然為個體帶來生、心理上的改變是無可否認的事實，但普遍的老化外顯特徵卻不一定代表老人們的同一性，尤其是在老人心智的發展與人格的改變上，有相當的殊異性，也因此對晚年生活的適應情形也就各不相同。因此，了解老化對心智功能的影響及老人人格的變化有助於老人的健康促進及對高齡社會各層面的策略擬定，本節先了解老化對心智功能之影響，而后探究老人人格的改變。

一、老化對心智功能的影響

老化對個體心智功能的影響有著極大的個體差異，有些人到了晚年，成就越高，例如萊特（F. L. Wright）以 90 歲之姿設計了舉世聞名的古根漢美術館（Guggenheim Museum）令人讚嘆；而日本物理學家赤崎勇由於努力不懈的堅持研究，終於完成世界上第一個高亮度的藍色發光二極體，而於 2014 年 85 歲時得到諾貝爾物理獎殊榮，皆是老年心智臻於顛峰的展現。不過，我們也無法否認，許多人受到不等老化程度及疾病的影響，心智呈現衰退現象，甚至最後到了需要他人照護的地步，如老年失智症便是一例。

不過，儘管生理老化的限制使得老人的心智運作速度或許不如年輕人敏捷，但累積的豐富經驗與生活智慧卻使老人在諸多方面表現並不輸年輕人，甚至冠於其之上，而成為社會各領域的導師、智者。2001 年吳振雲等人曾探討 75 歲至 89 歲老人的認知功能和心理健康狀況之表現，結果發現了老化過程中年齡及個體差異雖然明顯，但認知功能仍具可塑性與潛力，此恰是成功老化的重要心理基礎，同時也支持了老年時期仍有發展與學習的空間。老化對個體心智能力的影響主要表現在記憶與智力兩方面，以下分述之：

（一）老化對記憶的影響

隨著年齡增長，生理上的老化現象使認知功能有某些程度的衰退，如記憶、資訊處理速度、視覺空間能力等等。而記憶能力的衰退主要與大腦逐漸萎縮及神經

細胞的退化有關，大腦中負責運作記憶的部位功能衰退或因為疾病而產生問題，訊息處理速度受到影響，使記憶在接收、儲存及提取的歷程中產生障礙而造成記憶能力的下降，尤其在70歲以後衰退幅度更大，而這在處理複雜任務或新事物的學習上，記憶力的衰退情形將更趨明顯。不過，記憶能力的表現亦有個體上的差異，有些人到了晚年依舊博聞強志，過目成誦；但也有些老人言寺忘笞，說東忘西。老化對不同類別的記憶能力影響不同，我們可從感官記憶（sensory memory）、短期記憶（short-term memory, STM）及長期記憶（long-term memory, LTM）三個類別來了解：

1. 感官記憶：係由感覺器官如視、聽、嗅、味覺等器官接收刺激而形成的短暫記憶。在正常老化下，年齡對感官記憶的影響並不大。2012年Ruzzoli等人在其在對老人與年輕人及中年人等年齡組進行感官記憶的研究中發現，聽覺感官記憶在刺激編碼時沒有年齡上的差異；也有研究請不同年齡層受試者重複剛聽過的詞句，發現老人的表現與年輕人一樣好。不過，當刺激過多、複雜，如需重新排列或組合訊息時，老人由於感官老化，知覺系統不如年輕時敏銳，需要比較長的時間處理訊息，此時便會有年齡上的差異。

2. 短期記憶：亦稱「運作記憶」，指正在運作中的記憶，從感官記憶經由注意後進入短期記憶，容量有限。短期記憶負責保存或在短時間內處理、整合訊息，有學者認為運作記憶是構成個體智力的重要因子之一。老年時期運作記憶能力表現較差，且隨著任務陌生或複雜程度的提高，衰退情形會更顯嚴重。

3. 長期記憶：係為能夠長期保存的記憶，容量沒有限制。短期記憶經過複習後進入長期記憶永久保存。因此，已學得的知識記憶不會隨著年紀增長而失去，即便老人在處理訊息及學習新事物上的效率較為衰退，但仍具有儲存與檢索新資訊以及學習的能力。

老人記憶功能的表現情形，與個人背景狀況及健康程度有相當的關係，因之個別差異

知識充電站

1. 首字法：把想要記憶的數個詞句或名詞等的第一個字挑出來連成一組有意義的字。
2. 關聯法：在所要記憶的材料間創造關聯或賦予意義將之聯繫以協助記憶。
3. 群組法：將複雜瑣碎資訊依屬性或規則加以分組便於記憶。
4. 位置記憶法：將所要學習的材料依位置路徑排列以便於回憶時依位置順序想起。

較大。記憶功能的維持對老年時期的健康及獨立自主相當重要，我們可以透過許多
方法來增進老人的記憶能力，例如：攝取魚類、堅果類等活化腦細胞的食物；多用
腦以預防腦細胞退化，如參與學習活動可以活躍腦細胞，促進神經連結，降低罹患
失智症機率；而運動、遊戲、手工藝等活動也可提升腦部功能，提升記憶功能的表
現；另外，亦可運用如首字法、關聯法、群組法、位置記憶法等記憶策略來提升老
人的認知功能。

（二）老化對智力的影響

智力在 60 歲前呈較穩定狀態，之後衰退幅度加大，但有個體之差異，衰退程
度不同。有關老人智力的研究方面，最常被提及的是何恩及卡特爾（J. L. Horn & R.
B. Cattell）所提的「二元因素分類法（two-factor distinction）」，他們將智力分為流
質智力（fluid intelligence）與晶質智力（crystallized intelligence）二類。

流質智力為個體與生俱來的的能力，受到遺傳影響，包括記憶力、數理能力、
圖像推理、反應速度等能力，流質智力自幼開始發展，在青年晚期或成年早期臻
於巔峰，而後緩慢穩定的下降，推測應與神經系統逐漸老化有關；而晶質智力則主
要由後天獲得，與環境、教育、知識及經驗的累積有關，包括已建構的知識資訊、
技巧、方法及解決問題的能力等，晶質智力在成年期時發展穩定、成長，老年時不
會明顯衰退，甚至有些人更為提升。在老年時期，晶質智力可彌補流質智力的流
失，使老人在智力上面的表現並不會輸給年輕人。

另外，謝伊與威利斯（K. W. Schaie & S. L. Willis）所領導的「西雅圖縱貫研究」
（The Seattle Longitudinal Study）是成人認知發展的代表性研究，他們經由橫斷與縱
向研究資料的蒐集與分析後，將成人心智分為語文能力（verbal ability）、空間定向
（spatial orientation）、歸納推理（inductive reasoning）、數字能力（numeric ability）、
語文記憶（verbal memory）及知覺速度（perceptual speed）等六個面向的能力指標，
其中空間定向及歸納推理指標有明顯隨年齡增加而呈下降趨勢。

綜言之，老化雖使某些部分智力衰退，但不損於其整體表現，許多研究均顯
示年齡並非是預測成就的最佳變項。隨年紀增加而累積的知識、經驗更使許多長者
在高齡階段，仍有卓越表現與智慧言行，這也是為何自古至今老人一直被視為睿智
的代表。老人雖然由於運作記憶、訊息處理速度、身體狀況、環境影響等因素而在

認知上有不等程度的衰退，例如在學習新事物上，60 歲至 70 歲的老人與 20 歲的年輕人相較要多花 1.5 至 2 倍的時間，而這種狀況會在有時間壓力的情形下更顯嚴重，但只要給予更多的時間、練習或協助，他們可以表現得跟年輕人一樣好。在現今在高齡少子化的趨勢下，如何善用老人智慧能力將是高齡社會重要助力，而透過教育可以有效延緩心智能力衰退，如近年政府大力推展的樂齡教育即是協助維持老人認知系統的活躍，促進健康，並透過學習適應社會及開發潛能，讓老人可以擁有自我實現的機會，繼續貢獻社會。

二、老人人格的改變

人格是個體持久且獨特特徵的組成體，影響個體的行為思想及與他人互動之模式，許多學者認為人格通常終身穩定，不會有太大改變。人格除了受到遺傳的影響外，亦受到文化、環境、教育、生活經歷等因素影響而逐漸形塑個體獨特的人格型態，即使到老年，個體人格亦不會有太大的變化，但有可能會因生理功能的衰退、疾病或生命重大事件影響，而影響思考模式，改變外顯行為。不同人格的老人對於環境適應能力不同，處理身心衝突與壓力的方式也各異。因此，了解老人的人格可以預測他在各種情境下可能產生的反應，協助我們與不同人格的老人有良性互動，建立和諧關係。

不同的人格理論對晚年老年人人格表現狀態詮釋不同，但皆提供了我們一個研究與理解老人人格變化的方向，如杜伯斯坦等人（Duberstein et al.）採用麥柯雷與科斯塔（R. McCrae & P. Costa）的人格向度來研究老人人格與認知功能，結果發現人格特質與健康有關，例如具開放性人格特質者在日常生活活動中功能限制較少，比較健康等。而老人人格影響的不僅於晚年採取的適應策略，亦有研究指出也與認知能力有關，認為隨著老化，記憶力下降，開放性程度也減低。因此，想要了解老人心理的全貌，老人人格將是重要的一環，以下分述較為常見的老人人格理論。

（一）心理分析論（Psychoanalytic Theory）

心理分析論之父弗洛依德（S. Freud）認為幼年成長經驗影響基本人格架構的形成，他將人格區分為本我（id）、自我（ego）與超我（superego）三大結構，本我需求立即的滿足，遵循快樂原則，其功能強度源自平滑肌；超我為人格中的道德

成分，遵循完美原則；而自我則平衡了本我的需求與超我的完美，衡量實際環境，按現實原則行事，其強度與中央神經系統有關。在老年時，中央神經系統衰退速度較平滑肌快，自我強度較本我弱，因之呈現出的人格特徵是老人變得固執、缺乏彈性及不願改變。

（二）心理社會發展理論（**Theory of Psychosocial Development**）

艾瑞克森（E. H. Erikson）認為人格終身持續不斷發展，每一個發展階段皆有需要面對的發展危機及任務，他將人格發展分為嬰兒期、幼兒期、學前期、學齡期、青少年期、成年前期、成年期及老年期等八大時期。老年時期所要面對的發展任務與危機是自我統整或悲觀絕望，此時期的人格傾向回顧並統整自我人生，但若無法達到自我統整，容易使老人變得憂鬱、無價值感而面臨絕望。

（三）持續理論（**Continuity Theory**）

亞奇利（Atchley）認為人格是漸進發展的，不會隨著年齡增加而有太大的改變。他認為老人傾向保留及維持個體既存之內外在人格架構的適應策略，內在層面包括偏好、習慣、情感、性格傾向等，而外在層面則包括如活動、角色關係等。而且為了達成這樣的目標，他們採取的適應策略往往與以前經驗及環境有關，而他認為持續是適應老年期的最佳策略，可使個體的偏好得以繼續發展及得到社會支持。

（四）特質論

特質論認為人格特質乃是人格結構的基本要素，是個體在不同時間與情境下所表現出的心理特質，具有個別差異，它是一種整體之表現，持久而穩定，影響了個體適應環境的思考及行為模式。奧爾波特與卡特爾（G. W. Allport & R. B. Cattell）採取人格特質與與環境互動的觀點，認為行為乃是個人與情境變項互動的函數，所有人都可用某些特定的連續性人格向度來加以描述，卡特爾發展了「16 個人格因素問卷」（Sixteen Personality Factor Questionnaire, 16PF），將人格歸納為內向性／外向性、低焦慮／高焦慮、頑固性／接受性、獨立／順應及低自控性／高自控性等五類；而艾森克（H. J. Eysenck）認為人格在整個生命發展週期是相當穩定的，他發展外向與內向、神經質與情緒穩定、精神病性與衝動控制等向度的人格理論來解釋不同特質的人對環境獨特的適應情形，依據相關艾森克的研究顯示老年時外向程度

及神經質程度皆降低,外向程度的降低推測可能與老人從社會撤退、社交活動的減少等有關,而神經質程度降低部分因素可能與教育成就較高有關係。

但應用最廣的為麥柯雷與科斯塔的「五因子模式」(Five Factors Model, FFM),主張人格可分為神經質、外向性、開放性、合群性與責任感等五個向度,並發展為 NEO 人格量表(NEO Personality Inventory),他們認為這些人格因素到老年都相當穩定,有研究指出外向性與神經質的程度可能與老人的心理異常有關。歸納多數特質論相關研究可發現,隨著年齡增長,人格傾向愈圓融、和善、審慎及內控等人格特質發展。

不同的人格理論協助我們從各種角度了解人格的發展階段與特質,加上個體背景因素如遺傳、環境、教育、健康等因素影響,形成各自獨特的人格型態。雷查德、利佛森及彼得生(S. Reichard, F. Livson 及 P. G. Peterson)曾以 87 位 55 歲至 84 歲白人男性為研究對象,探究其晚年的適應能力及人格特質,把老人區分為以下人格類型(圖 3-4):

圖3-4　五種老人人格類型(成熟型、搖椅型、武裝型、憤怒型、自怨自艾型)

成熟型 (The mature type)	成熟型的老人會實際地評估自已、接受自己,他們對老化過程調適良好,生活滿意度高。
搖椅型 (The rocking chair type)	搖椅型的老人消極被動,他們對退休及養育責任已了後的晚年生活感到知足安樂,對參與社交活動的興趣不高。
武裝型 (The armoured type)	此型態的老人仍嘗試讓自己保持活躍,但為了保護自己免於對老化的恐懼而發展如否認、投射等心理防衛機制,因而常容易讓自己精神處於緊張的狀態。
憤怒型 (The angry type)	憤怒型老人對退休適應不良,會因為未達自我目標而忿恨不平,易指責、攻擊他人,常使人際關係變得十分緊張。
自怨自艾型 (The self-hate type)	自怨自艾的老人恰與憤怒型老人相反,他們對自己感到憤怒,經常自責,感覺自己是失敗者,因而憂鬱、沮喪、自卑無助,在人際關係較為疏離。此類老人需要更多關懷與社會協助,以防悲劇發生。

　　綜合上述可看出,成熟型、搖椅型、武裝型為適應較良好的類型,而憤怒型及自怨自艾型則屬於適應不良的類型,這些分類提供了我們很好的方向來注意到老人在老化過程中,不同型態的老人的需求是甚麼。老人的人格特質影響著老年生活的品質,在生命長度不斷延伸的今日,生命的寬度應是我們追求的意義所在,了解老人人格的特質與變化,可以讓我們協助老人在適應老化過程中,同時追求最佳的生活品質,也讓社會能為不同類型的老人提供個適化的服務,提高老人晚年生活滿意度及提升幸福感。

　　住在眷村兩位獨居的老榮民，他們比鄰而居已經超過 40 多年，年紀相仿、也都經歷抗戰遷台、子女離家與失去配偶等生命經驗。張伯伯個性開朗又樂於助人，常常笑口常開；王伯伯卻個性陰沉又鬱鬱寡歡、還沒踏進家門就先聽到嘆息聲。

思考與討論

1. 若依據上述的人格類型，你會將張伯伯和王伯伯歸類到何種類型呢？為什麼？
2. 請同學自行添加自己的想像力，用敘事故事的方式來解釋他們兩位年齡相仿、生命經驗類同，發展結果卻迥然不同的原因。【請填寫在書末附頁 P10】

3-3　老人心理變化與特徵

　　一般而言，老人是否保有積極人生的態度是其心理變化的重要指標。擁有豐富及健康的思想，有助於保持老人的心理健康，但面對人生中壓力事件，並不是每位老人都能用積極樂觀的態度去勇敢面對，因此，由於不同的生活哲學或生命期待，造就了有些老人選擇消極地活著，而這樣的老人常常會出現下列的消極情緒及情緒狀態：

1. 沒落感：老人一旦退休，一改往昔忙碌的生活，在家無所事事，產生失落感是很自然、很常見的，甚至比較起過往辛勤工作的數十個春秋，清閒的退休生活反而感覺更累。再加上，以往所主導的活動或社會角色從工作單位轉向家庭，其社會關係及生活環境也顯得陌生，在家裡兒女們做事不順從自己的意願，發生爭執時晚輩也不尊重老人的意見，此時，「人老了，不中用了」的失落感覺，就更加油然而生，無處宣洩，有的人容易變得焦躁不安及激動易怒。

2. 孤寂感：老人退休離開工作崗位後，遠離原有的社會生活，與同事間來往頻率下降，社會活動及人際交往少，訊息交流變得不順暢。復加上子女另立門戶，出現「空巢期」，而容易產生孤獨感，特別是在喪偶的老人身上，這種孤寂心

境更爲顯著。若成爲體力不佳，視聽減弱，行動不便的高齡老人時，一個人獨處時間長久，精神上更易感到空虛，思想上無所依託，久而久之出現「與世隔絕」或「孤立無援」的心境。

空巢期

爲子女因求學、服役、結婚等全部離家，家中只剩父母兩人單獨居住的階段。

3. 無價值感：有些老人對退休後的無所事事不能適應，能力無從發揮，認爲自己對家庭和社會沒有貢獻，自尊心受挫，失去存在的價值，於是誤以爲過去自身的價值不再復存，久而久之對自己評價降低，甚至看不起自己。這種對自我否定所造成的無價值感一旦形成，老年人就會經常產生「沒有用」的自責，對自己及生活沒有信心，變得厭惡參加集體活動，喜歡獨處。

4. 悲傷感：因爲喪偶、子女遠離、自身年老體弱多病或罹患新病，而感到生活失去樂趣，不僅對未來喪失信心，甚至對目前的生活前景感到悲觀等，對於周遭任何的人、事物都懷有消極、否定的灰色心理狀態。這種情緒低落，悶悶不樂的情緒如果長期累積，老人就會變得整日唉聲歎氣，或者感到「委屈」，動不動就流眼淚、感覺活得太累，這些情緒反應可能都是抑鬱的表現。

5. 恐懼感：經驗到生理上的自然改變，生理功能的退化逐漸表露，大多數的老人會關心自身的強身保健。但有些老人對身體健康顯現過度的焦慮，擔心自己突然中風癱瘓、腦溢血、心臟病變猝死等，以致於過得湍湍不安，惶惶不可終日，這表示老年人對未來無能的恐慌。爲了保有健康的身體，部分老人道聽途說，不經深思熟慮就胡亂服藥，造成因來路不明的藥物而損傷身體的不幸後果，這些皆是老人對死亡恐懼所表現出來的害怕，當一個人瀕臨死亡時，面臨的恐懼及矛盾往往將他們陷於極大的痛苦，此時除了需要親友給予安慰與關懷之外，讓老人對「各種疾病」有一個較爲正確和全面的認識，可使他們以樂觀及科學的態度來面對疾病。

　　情緒狀態是一種心理因素或精神因素，它和其他因素不同，對於人體的危害不是直接表露的，具有隱蔽性，令人們看不見、摸不著，因而往往容易被人忽視。但我們可以透過以下方法，解除或緩和老人消極情緒：

1. 尊重、體諒、理解老人：人到老年，必然會喪失許多東西，因此可以說，老人是社會中的弱者，甚至不少老年病人長期遭受疾病的折磨，往往終日愁眉苦臉，唉聲嘆氣，沒有歡聲笑語，甚至脾氣暴躁。我們應該對老年病人懷有一顆愛心，關心、尊重他們，並傾聽他們焦慮抑鬱情緒，加以引導，勸導他們要面對現實，接受自我，以助於化解他們的悲觀情緒。

2. 保持精神愉悅，提昇自身免疫力：許多的研究表明，人體的免疫力與其情緒狀態有關。長期情緒低落、憂鬱的人容易失眠，也可能使免疫力下降，所以老年人要逐漸轉變以子女為重心的精神狀態，培養自己的興趣、愛好，做自己喜歡的事，轉移自己的注意力。另外，老年人也要學習控制情緒，隨時保持愉快心情，如透過靜坐、冥想與呼吸法，有助於放鬆肢體、平靜心情，對身體健康也有幫助。

3. 進行死亡教育，降低對死亡的恐懼：所有的人在步入老年期以後，面臨的是走向人生的終極—死亡。我們也都明白「人生自古誰無死」，但多數人忌諱談死，老人要做到很安定地對待死亡，並不是容易的事。對老人進行死亡教育，在於瞭解他們的文化素養和宗教背景，其原先對死亡有什麼看法，面對死亡或與至親死別的議題下，感到最恐懼、擔心、憂慮的因素是什麼？可以根據死亡教育的知識，運用不同技巧，幫助老人面對死亡的焦慮、恐懼和各種思想上的負擔，使其能坦然面對死亡，同時使老人的家屬有準備地接受喪親之痛。

3-4　老人常見的心理異常與精神疾病

　　隨著老人生理上的自然改變，同時又遭遇退休、配偶及親友的相繼去世、子女的遠離及沒有收入等問題，使他們在喪失精神上的支持與生活支柱後，深感缺乏安全、恐懼、被遺棄及無力感等調適不良的情況。這些情緒的糾結，部分老人會出現心理精神方面的問題。老年人常見的心理與精神疾病包括：失智症（dementia）、憂鬱症（depression）、焦慮症（anxiety）、譫妄（delirium）、妄想相關疾病（delusion）、心情低落或失落反應（demoralized state）、行為異常與個性改變及其他精神官能症。

　　老人面臨壓力事件時，可能會有上述之病態的徵兆，但其基本都是老人心理上一時不能適應的表現。 觀察老人的適應過程， 時間有長有短， 通常需要幾個月

或一年左右才能在心理上逐漸趨向平衡。 倘若家中長輩長期出現心理情緒方面的困擾， 或有異於平常的行為表現， 建議到醫院找醫師做正確診斷， 並在醫師指導下進行治療。

03

一、老年失智症

　　一般民眾對老年失智症認識有多少?臺灣失智症協會最新調查發現，七成受訪者將失智徵兆誤以為正常老化，而可能因此錯過早期治療的黃金時期。也就是說，老年失智症是一種疾病而非正常老化，但很多家屬會誤認為老人家的異常情緒表現是「老番癲」、「老頑固」，並認為人老了就會這樣，忽略了即時就醫的重要性，事實上老人家的心病了，應該要接受治療。

　　大家對於如何區別失智症與一般老化都抱持著疑問？一般而言，失智症可分為輕度、中度、重度。其中，輕度失智症初期發病時，是較難與一般老化的認知缺損來做辨別，最常見也最簡單的之辨別方式為「健忘」。舉例來說，假設自己重複數次買同一樣水果或疏菜放入冰箱，若一般老化之健忘，看到冰箱的水果或蔬菜時，會「知道自己」重複買同一樣東西；但若為失智症的患者，則會怪罪他人，「責罵他人」為何要買那麼多同樣的水果或蔬菜，完全記不得是自己所購買的。也就是說，真正有失智症之患者，並無病識感，除了短期記憶力受損之外，也容易有被害妄想的心態。

　　失智症是一種疾病，會讓腦部功能退化，造成記憶力的減退外，還會影響到其他的認知功能，包括語言能力、判斷力、空間感、抽象或邏輯思考能力，有時甚至會改變個性、出現妄想或幻覺等症狀，嚴重時會無法分辨人事時地物，進而影響其生活模式與人際關係。

　　在失智症的分類上，大致分為三類：退化性失智症、血管性失智症和其他原因引起之失智症。最常見的則是退化性失智症，大部分患者屬於這類型，以下列三種最常見：

血管性失智症

　　由血管性疾病引起的大腦梗塞，其中包括高血壓性腦血管病、腦動脈硬化等腦血管疾病後所導致的失智症。

1. 阿茲海默症（Alzheimer`s Disease）：1906年由德國Alois Alzheimer醫師發現，因此以其名命名之，是最常見的失智症類型。阿茲海默症的特性，是以兩種以上認知功能障礙，其中以記憶功能為主；早期病徵最明顯的記憶力衰退，其退化的歷程是不能回復，具不可逆性。因神經退化性疾病，腦部神經受到破壞，往生解剖後可發現患者的腦部有異常老年斑和神經纖維糾結，美國前總統雷根即罹患此病症。

2. 額顳葉型失智症（Frontotemporal lobe degeneration）：其腦部障礙是以額葉及顳葉遭受侵犯為主。病徵早期會出現人格個性的改變和無法控制行為反應，會出現異於平常、不合理的行為表現。另一病徵則會出現言語障礙，影響其表達能力，屬漸進性退化的現象。

3. 路易氏體失智症（Dementia with Lewy Bodies）：其特性為認知功能障礙外，病徵早期會重覆地出現不明原因之跌倒現象。此外會有精神方面的明顯症狀，如幻聽或幻覺等症狀發生。

老人的照顧者或家人，若發現到長者對於過去熟悉的事物無能力勝任，且言語表達出現退化、喪失對時間、地點的概念、將東西放置在不該擺的地方，如把飯菜放置廁所裡等，甚至已經找不到回家的路，走丟好幾次時，就要提高警覺心，我們可以透過一些判別方法如表 3-1 來協助大略區別家中長者是正常老化？還是失智？另外。若懷疑家人有失智症，應求助於哪一科？若有上述現象，目前除了精神科外，也可透過神經內科與神經外科的詳細問診與檢查，就可得到明確的答案（圖 3-5）。

圖3-5　醫生在幫老人看診，身心感到異狀時要儘早就醫

表 3-1　正常老化與失智症的區別

指標	正常老化	失智症
認人	許久不見的人，名字會想不起來，但經過提示後會想起	錯認親人，如：把兒子認成孫女，女兒認成媳婦等
回想	通常需要給予一點時間，或提示一下就可想起來	即使提示、說出答案也想不起來
記憶	忘記發生較久的事務與對話	忘記剛發生的事物或剛說完的話，或不斷重覆問相同的事
人際	無太大差異	性情出現改變，如：以往喜歡出門、喜歡熱鬧，卻變得退縮不出門、個性變安靜等
病識感	會說自己老了，常忘東忘西	家人先會注意到他的記憶力衰退，但本人覺得還好
生活獨立	影響不大	獨立生活的能力降低，甚至產生困難
方向感	在不熟悉的地方需要花一點時間確認方向與自己所在之處	在居住數十年、熟悉的地方迷路
其他	不明顯、無太大差異	語言表達、判斷、計算、問題解決等能力會降低

二、老年憂鬱症

　　老人由於身心功能退化，影響其生活功能及自尊感與自信心的維持，因此憂鬱症便成為老年心理健康常見的威脅。憂鬱症是一種醫學疾病，會影響人的身體、情緒及思想、吃飯及睡覺的習慣與自我概念及思考事物的方式。憂鬱症和短暫的情緒低落不同，並不是靠著個人的意志力或是期望就可以消除。患有憂鬱症的病患不應依賴「自己努力」就能使病情好轉，不接受治療的話，憂鬱症的症狀會持續幾週、幾個月、甚至幾年。

　　憂鬱症患者會出現持續悲傷、憂慮的情緒、絕望感、無助感，對曾經非常喜愛的活動失去興趣、行動力減低、注意力不集中、失眠、對治療無法起有效反應的持續身體症狀，如頭痛、消化失調、及慢性疼痛等，其症狀會因人而異且因時而不同，嚴重的憂鬱症還會出現自殺的念頭，甚至採取自殺行為。

　　憂鬱症不僅給老人造成了很大的困擾，也會影響到周邊的親朋好友，因此我們要隨時注意長者是是否有憂鬱的症狀，適當的治療，如藥物或短期的心理治療，可以幫助大多數患有憂鬱症的老人恢復心理健康。精神科醫師李淑花表示，國內對於老年憂鬱症仍處於過度低估，治療不足的狀態，一般民眾甚至是部份醫療人員，

對於老年憂鬱症的了解是不足夠，常常認為老年憂鬱症是正常的老化現象，誤認為若是生理疾病而導致情緒低落的狀態是可以接受、合理的情緒反應。這種錯誤的觀念，造成老年憂鬱症的患者常常在「逛醫師」、「逛醫院」，甚至服用不適當的藥物，使憂鬱症更加惡化，甚至發生失智、譫妄、藥物濫用、跌倒、營養不良等併發症。

老年憂鬱症是可治療的疾病，其治療方法，除了藥物治療之外，還有心理治療。患者在老年憂鬱症的診斷確定後，除了規律地服用醫師開立的抗憂鬱劑藥物，心理治療亦是扮演相關重要的角色。國外研究者斐斯等人（Thase et.al）於 1997 發現，抗抑鬱劑和心理治療的綜合治療，可有效減少老年人的憂鬱症的反覆發作。更重要的是，照顧者或家人的協助，幫助長者說出心中的痛苦與恐懼，並專注、仔細、耐心地傾聽：如此的陪伴和關心，能幫助他們處理擔心的事情，也能避免感到孤單以致情緒低落，進而提升心理健康。

三、老年自殺

近十年來，臺灣自殺死亡一直在十大死因的第 9 或第 10 名，每年有近四千人死於自殺，但衛生福利部統計處的資料顯示，從 2010 年起，全人口的自殺死亡率已退出十大死因，到 2014 年居國人主要死因之第 11 順位，自殺死亡人數為 3,565 人，自殺粗死亡率為 15.3，較 1994 年增加 8.4%。（圖 3-6）

老人自殺死亡率並未隨著全國自殺死亡退出十大死因而下降。依據衛生福利部心理及口腔健康司 2014 年死因統計資料，歷年來自殺粗死亡率均隨年齡之增加而增高。2014 年各年齡層每十萬人口自殺死亡率，以 65 歲以上者之 31.3 人最高，次為 45 至 64 歲者 19.9 人，25 至 44 歲者 15.8 人。而其中男性老人又比女性有更高的自殺死亡危險性。2014 年國人自殺死亡數中（3,546 人），6 成 7 為男性（2,364 人），3 成 3 為女性（1,182 人），自殺死因男性居第 10 順位、女性居第 11 順位。可見由於傳統的社會文化要求「男兒有淚不輕彈」，導致不少男性到年老後，在遭遇壓力時不敢對外求助，壓抑自己，甚至拖延就醫：相較女性不論年齡層都會求助知心友人談心，甚至看心理醫師，也因此造成男性自殺率風險高於女性的約 2 倍的最主要因素。

臺北市政府自殺防治中心針對 2010 年度老年族群的自殺企圖者進行自殺近因分析顯示，因「久病不癒」所造成的身心困擾，而採取自殺行為的老人有 25%，

03

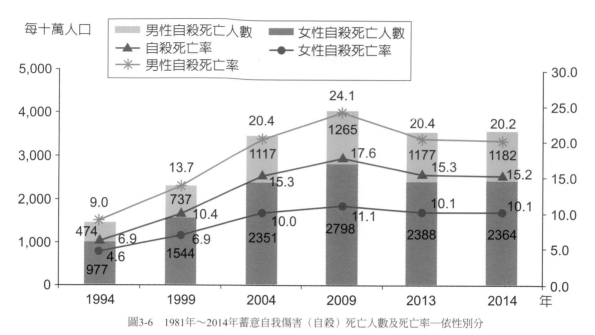

圖3-6　1981年～2014年蓄意自我傷害（自殺）死亡人數及死亡率—依性別分

資料來源：心理及口腔健康司（2016）。歷年全國自殺死亡資料統計暨自殺通報統計（更新至103年）。2016年4月6日，取自http：//www.mohw.gov.tw/cht/DOMHAOH/DM1_P.aspx？f_list_no= 179&fod_list_no=5269&doc_no=47545

因「憂鬱傾向」有23％，及是因「家人間情感因素」的有18％的；其中約有30％的老人是因兩種或兩種以上的因素而企圖自殺。

此外，國內自殺防治中心研究，根據 Pan YJ, Lee MB, Chiang HC, et al. 於2009年的研究顯示，在臺灣自殺死亡的老年人，一個月內有72.6％的個案接受醫生的門診，雖然只有19.7％診斷出精神疾病，但這項調查結果告訴我們，加強臨床工作者的警覺性，提高對偵測憂鬱症的敏感度，可降低老人自殺風險及減少老人自殺死亡率。因此，醫療人員應該從老年憂鬱症的認識開始，進而篩檢、轉介、積極治療及預防著手。

由此可知，老人自殺問題是多面向的，當長者面臨生活上的壓力事件或生理性疾病時，較易產生情緒上的困擾與低落，此負面情感持續累積且未予解決，老年人將有可能走上自我傷害或是結束生命。照顧者和家人多一分關心，觀察出長者情緒變化的訊號，進一步提供陪伴與傾聽，並一同分享生命的意義與價值，陪伴經歷人生階段中的種種重要關卡，才能協助他們在危機中找到一線生機。

　　家中長者最近忘東忘西的次數越來越多，是正常老化嗎？還是失智症的症狀呢？可利用以下的「AD-8 極早期失智症篩檢量表」來做早期失智症的篩檢，讓家中長者在極早期就獲得治療與幫助。

極早期失智症篩檢量表（AD-8）

問家屬或問受測對象	是，有改變	不是，沒有改變	不知道
1. 判斷力上的困難： 例如落入圈套或騙局、財務上不好的決定、買了對受禮者不合宜的禮物。 如：有沒有聽信他人的話買了貴重珠寶或進行投資。			
2. 對活動和嗜好的興趣降低。 如：您以前常做的事，例如：逛街、下棋、打牌、看電視等活動，現在是否越來越少做了？			
3. 重複相同的問題、故事和陳述。 如：有沒有人說您最近會重覆說同樣的事情？			
4. 在學習如何使用工具、設備、和小器具上有困難。例如：電視、音響、冷氣機、洗衣機、熱水爐（器）、微波爐、遙控器。 如：（1）您現在看電視時可以使用遙控器轉台嗎？；（2）您現在會用洗衣機洗衣服或是微波爐熱食物嗎？若表示均不用上述工具，則請進一步詢問是否是因不會使用而不使用。			
5. 忘記正確的月份和年份。 如：今天是民國幾年幾月幾日？			
6. 處理複雜的財務上有困難。例如：個人或家庭的收支平衡、所得稅、繳費單。 如：（1）如果您帶 1000 元到市場買東西，一共花了 481 元，還剩下多少錢？（或是「100 － 7 等於多少」，或「20 － 3 等於多少？」）；（2）您現在可不可以自己去銀行提款、繳費、上街買東西？			
7. 記住約會的時間有困難。 如：偶爾會忘了和別人約定的時間或該去的地方？			
8. 有持續的思考和記憶方面的問題。 如：您會不會常找不到貴重東西（如錢或重要證件）或覺得東西不見？			

AD-8 總得分

資料來源：楊淵韓、劉景寬譯，NEUROLOGY，2005;65：559-564。

（續下頁）

（承上頁）

思考與討論【請填寫在書末附頁 P10】

1. 想想看失智症篩選為什麼要分這 8 類？
2. 是否可上網查詢一下，失智可以預防嗎？請列舉 3 項方法。
3. 如果家中有失智症的長者，你會用什麼方式和長者相處呢？

小提醒

1. 在計分時是以【是，有改變】當做計分的依準，若您以前無下列問題，但在過去幾年中有以下的『改變』，請勾選【是，有改變】=1 分；若無，請勾【不是，沒有改變】=0；若不確定，請勾【不知道】= 不計分，如總分 =2 分以上，最好尋求醫生協助評估是否有失智症。

2. 在回答問題上，家屬應該依照患者最近半年內，過去與現在改變的狀況來考量，而患者本身也需依照最近半年內自己過去與現在改變狀況來回答，而不是以自己目前的平常表現來回應。

　　老人心理的發展就如同一部名為「人生」的電影，劇情的發展也許悲歡離合、高潮迭起，也可能是讓人細細咀嚼的樸實小品，或是讓人不忍卒睹的傷痛敘史。無論是哪一種，都會深深影響著老人晚年的健康與幸福感。透過本章說明，我們可以知道老化對老人心理的影響，了解如何減緩老化影響、促進健康及預防疾病或治療。除了老人必須為自己的身心健康負責，善加維護、規劃，他人的關愛、照顧扮演舉足輕重的角色，身與心的健康是相互影響的，如同我們注重讓幼兒在愛的環境中成長以養成未來身心健全的成人，對我們的「老」寶貝亦如是，透過本章了解如何關愛老人，了解其心理變化，營造一個安適愉悅的環境，相信不但能促進老人良好適應老化，亦能為未來高齡社會儲備正面能量。

1. 心理健康意指生理、心理與社會的安寧與良好狀態。

2. 評估心理健康的參考指標包括對自我的正向態度、成長發展及自我實現、人格
   安定、自律性、對外界環境正確的認知及適應改善能力。

3. 老化雖有年齡與個體差異存在，但仍具認知可塑性與潛能的發展能力。

4. 短期記憶受到老化影響呈現衰退情形。

5. 給予老人適當提示及記憶策略訓練減少認知衰退速度。

6. 老年時期晶質智力可補充流質智力的損失，使老人表現不輸年輕人。

7. 個體人格至老年時期不會有太大變化，但有可能因生理衰退及疾病受到影響而
   改變外顯行為。

8. 老人常有沒落感、孤寂感、無價值感、悲傷感、恐懼感等消極情緒。

9. 老年失智症、憂鬱症及自殺是老年時期常見的心理疾病，可學習舒緩消極情緒
   的相關技巧。

10. 早期老年失智症是可透過量表來自我檢測，適時尋求協助，以延緩退化程度。

Chapter 4
老人社會參與

故事真理

衛生福利部國健署從 2011 年開始，每年都會辦理「阿公阿嬤活力秀」的老人健康促進全國競賽，作為鼓勵老人平時參與社會活動的成果展現，打造老人展現健康樂活的舞台，至今仍持續辦理，鼓勵了不少的老人團體從社會參與中，不斷的融入社會活動並且與他人互動。透過團體表演與競賽的方式，參賽者都得以獲得自信。本項活動先在地方縣市舉行初賽，最後才到中央的複賽，這樣的活動鼓勵了臺灣各地的老人，走出家庭、走入戶外活動，使得老人在退休後生活可以有更多元的選擇。老人的社會參與，是一個與每人生活相關的議題，可是如何讓老人可以參與社會？有哪些可以選擇？社會參與的面向為何？則需要多方的了解與學習。

臺灣的老年人口逐年增加，社會大眾對於老人的社會服務提供的廣度與深度一直介入不清，對於老人的社會參與、安養、照顧、教育、志願服務等議題，並未有一致性的看法，因此對於相關社會福利推動的老人人口群、比重、服務提供並未有明確的界定方向。本章闡述目前臺灣老人的社會參與情形，提供讀者概略性了解，以期對於老人的社會參與，能有更多元的社會參與之相關服務。

4-1 老人社會參與之定義

我國於 1993 年 9 月，老年人口達 149 萬人，占我國總人口數之 7%，邁入高齡化社會。迄 2014 年 6 月底止，65 歲以上人數為 298 萬 1,770 人，占全國總人口數 12.69%。[1] 另依據行政院經建會推估，至 2125 年我國老年人口將達總人口的 20%。從人口數可見，老人族群已是我國人口結構中重要且不可忽視的族群。因此

---

1 內政部統計處，2014

老人族群相關的生活需求已是備受重視的關注議題，影響所及包括老人的生活各種層面。

　　目前有關社會參與的層面是很多元的，舉凡政治、經濟、文化、等社會活動，均為社會參與的面向。以社會權的角度而言，老人的社會參與需求，包括政治、教育、宗教、就業及公民事務參與等。一般而言，社會參與可以分成數種形式，例如具有效益產出性的活動，如志願服務……等（圖4-1）；或者與他人互動的活動，如拜訪好友、旅遊…等；休閒的活動，如跳舞、唱歌、爬山……等；也有些可獨立完成的，如繪畫、運動…等數種形式。

　　惟上述形式均為社會參與過程的歸類，最終各種老人參與的活動，仍得視資源的多寡與環境而定，尤其是家庭、社區資源的分布情形、社區環境空間……等，都會影響社會活動的分布與運用，所以相關資源的多寡對於長者選擇社會參與的形式與參與的活動是有很大的影響。

圖4-1　老人參與志願服務，能夠積極強化其社會參與動機

　　世界衛生組織（WHO）於2014年闡述有關社會參與的定義，認為社會參與可以採取許多不同的形式，包括：1.告知人們有關平衡與客觀的訊息；2.提供諮詢並對社區提供反饋的訊息；3.直接參與社區工作；4.透過發展替代方案與社區形成合作夥伴關係；5.透過賦權，以確保社區保留對其身心健康影響的最終控制決策權力。因此，關注社會參與的訊息提供、社區的範疇、社區的發展、以及社區有權提供社會參與的形式與方法，間接闡述社區對老人社會參與的重要性及與生活關係密切的層次。

　　由此可知，社會參與並非限定於某一領域，其主要與家庭、社區資源及分布情形等有關，因此老人社會參與的形式則與老人選擇參與的社會活動有關，涵蓋了生活面、休閒面、社交面、公務事務等面向，透過這些面向的使老人的社會參與活動與其生活相連結，得以老人獲得生活益處。

除了以上作者所介紹有關老人社會參與的面向，還有哪些面向是老人可以參與的？

【請填寫在書末附頁P13】

4-2 我國老人社會參與政策的內涵

衛生福利部為提昇老人之健康促進與社會參與，以「活力老化」、「友善老人」、「世代融合」三大核心理念，於 2009 年 9 月 7 日核定「友善關懷老人服務方案第一期計畫」；另於 2013 年 12 月 9 日核定「友善關懷老人服務方案第二期計畫」（表 4-1）。

表4-1 我國推動老人社會參與的策略與計畫

推動社會參與，促進活力老化	1. 成立銀髮人才就業資源中心，促進高齡者人力再運用 （1）辦理高齡者就業促進研習及雇主座談會，進行宣導，促進高齡者及雇主雙方就業及僱用意願。 （2）成立銀髮人才就業資源中心。 （3）召募退休人士培訓樂齡學習種子師資，提升高齡教育師資素質。 2. 推動志工人力銀行，善用志工服務人力 （1）規劃成立全國「志工人力銀行」，整合志工服務人力。 （2）加強運用志願服務推廣中心，協助老人參與志願服務。 （3）辦理社區照顧關懷據點志工培訓。 3. 建立高齡者休閒活動完備制度，提供多元創意活動 （1）改善村里、社區老人活動中心無障礙活動空間及相關設施設備。 （2）鼓勵辦理多元創新方案，促進老人參與社區活動。 （3）鼓勵老人參與社團，運用社會資源，強化高齡者學習動機。 4. 建構建築物無障礙環境，鼓勵老人走出戶外 （1）協助公共建築物、國家公園等活動場所，加強設置各項無障礙設施及設備。 （2）擴大建築物無障礙設施範圍。 （3）加強落實醫院評鑑有關醫院提供友善就醫環境規定之查核。 5. 規劃推動銀髮族旅遊，提升老人生活品質 （1）協助宣導觀光業者規劃銀髮族多元旅遊商品。 （2）輔導觀光景點及飯店業者改善無障礙設施。 （3）配合導遊、領隊人員相關訓練課程，提升高齡者旅遊質量。

資料來源：編者整理自衛生福利部（2014）。友善關懷老人服務方案第2期計畫。檢索網址：http://www.sfaa.gov.tw/SFAA/Pages/Detail.aspx?nodeid=383&pid=2005。

衛生福利部將老人社會參與區分為人力運用、志願服務、休閒活動、友善環境與觀光旅遊五大類。其中發現政府對於老人的「人力」與「能力」是有所期待的，所以在人力運用與志願服務方面，則希望透過銀髮人才就業資源中心與志工人力銀行的方式，使老人的「人力」與「能力」再次發揮與運用於社會中。而在休閒活動、友善環境與觀光旅遊三個策略而言，則顯現政府對於老人休閒與參與社會的重視，即老人的退休生活是可以豐富而多采多姿的，因此透過休閒活動、友善環境與觀光旅遊三個策略，鼓勵老人走出戶外與參與人群，以達到快樂的退休生活。

從以上有關老人社會參與的分類與形式而言，可以了解社會參與並非限定在特定的形式。其實社會參與是多面向與多元形式的，並且是老人可以在社區中就獲得。政府以「活力老化」、「友善老人」、「世代融合」三大核心理念，與老人社會參與區分為人力運用、志願服務、休閒活動、友善環境與觀光旅遊五大類，做為老人社會參與政策的核心，使老人的社會參與可以含括個人的生活參與、休閒參與、教育參與及社交參與，並且可以在社區中獲得滿足，為主要現階段核心目標。

4-3　老人參與社會活動的功能

老人正好處於人生最後一個階段，其社會參與攸關老人退休後的生活安排，因此老人社會參與其實關係著老人的生活品質。老人生品質包含多面向的角度，如何提供老人多元的服務，以幫助老人維持老年正常生活，以及維持其健康，具有多采多姿的生活面貌，即成為關注社會參與功能的重要課題。老人經常容易面臨角色的適應、需求的多元、活動參與形式、社會資訊來源等影響社會參與的狀況，這些均為老人社會參與過程中，必須積極解決的問題。尤其是在這些問題中，如何針對不同生理型態需求的老人，提供相對的社會參與活動，關注與滿足個人層次的需求，以達到真正的友善環境，則是在老人社會參與過程中，亟待關注的。

然而老人參與社會活動其實是有其重要功能的，可以為老人達到滿足角色所需、生活的需求滿足、活動參與的達成以及人際關係上的需求。另在老人社會參與的過程中，其實老人社會參與有其正面的意義，尤其是在參與過程中，有助於老人的生理健康與生活品質的維持。透過社會參與的媒介，可更進一步達成老人健康促

進的目的與效益。（圖4-2）此外，一些研究發現，社會參與較高的老人，有助於增加其生活滿意度，提升其生活品質。可見社會參與除了健康促進目的，另一個重要功能可以使老人達到成功老化的終極目的。

老人的成功老化包含一些條件：如老人可以參與志願服務、社區大學、就業、休閒以及學習活動等，這些都是老化很重要的條件。透過這些成功老化的社會參與條件，使老人仍然與社會保有連結，幫助老人維持其身心靈與社會的關係，不致因為老化而疏離社會。

整體而言，現階段老人的社會參與是面臨某些問題有待克服的，

圖4-2　老人參與電腦使用課程，提供老人人際互動與網路科技的學習使用，透過網路運用，幫助老人拓展社會參與的多元化。（圖片來源：財團法人彰化縣私立慈恩老人養護中心提供）

但是這些老人問題需要被重視，乃是因為老人社會參與不僅是一個備受關注的議題，而且老人社會參與是一種正向的功能，是有助於增加老人的生活滿意度與達到健康促進的效果。但是這些可能僅是過程目標，最終老人社會參與的功能與目標乃是達成老人的成功老化。

4-4　老人社會參與和志願服務

有關志願服務，我國在 2001 年頒佈〈志願服務法〉，使我國成為全球少數為志願服務立法的國家，志願服務也成為我國政府積極努力推動的社會參與項目之一。依據 2014 年修訂的〈志願服務法〉，志願服務乃是民眾出於自由意志，非基於個人義務或法律責任，秉誠心以知識、體能、勞力、經驗、技術、時間等貢獻社會，不以獲取報酬為目的，以提高公共事務效能及增進社會公益所為之各項輔助性服務。從志願服務法所訂有關志願服務之定義，可見志願服務乃在於透過自身投入社會公益，自身的能力投入包括：知識、體能、勞力、經驗、技術與時間等，以達到社會公益的目的，所以志願服務其實已述及了有關於個人對社會所能付出的項目與內

涵。2014 年來，衛生福利部推動志願服務工作之方向，為積極推動老人參與志願服務，以服務社會並活躍老年生活，積極建立運用志願服務推廣單一的窗口，以加強推動老人參與志願服務。顯現志願服務是政府鼓勵老人社會參與的重要政策。

但是對老人而言，志願服務不僅僅只是付出，志願服務也是一種深度休閒的活動，老人自願付出時間，並且沒有獲得任何報酬。[2] 所以對老人而言，從事志工不僅是一種能力的奉獻與付出，還能夠在志願服務過程中達到休閒的目的。

有關老人志工參與的動機，其目的是非常多元的；對老人而言，參與志願服務的信念中，宗教的因素可能是鼓勵老人參與很重要的因素之一，因為宗教的驅使，使得老人將參與志願服務，視為一種對社會的付出，並從中獲得宗教上的靈性成長。然而不同的年齡參與志願服務的特性並不相同，愈年輕的老人，在志願服務的投入中比較多是教育程度相對較高，而且投入時間較長，也願意參與一些志願服務社團；年齡較長者老人參與志願服務，則容易受到宗教、性別、服務經驗等影響。不同的年齡世代投入志願服務的特性並不相同，其中也包括宗教的影響。

根據相關的研究發現：老人參與志願服務的好處在於宗教信仰的滿足、心靈期待的達成、具有社會角色、健康的增進等。老人參與志願服務活動亦被證實有益於成功老化。[3]

4-5　老人休閒與社區參與

休閒（Leisure）一詞來自拉丁文 licere，意義是「自由」，休閒是一種個人在沒有時間、空間、工作等限制下，參與過程能達到自我放鬆的活動。近年來我國因為休閒生活的提倡，使國人愈來愈重視休閒生活對其個人生活的影響。政府不僅重視一般人的休閒生活，亦積極強調老人的休閒生活。

有關老人參與休閒活動的功能，老人基於生理能力的限制，較多以靜態的休閒活動為主。甚至以居家生活、容易參與、個人可以進行的活動作為社會參與的選擇。然而在諸多研究均顯示，老人不管是靜態（繪畫、書法、閱讀……等）或者是

2. 許雅惠，2013
3. 林美玲、翁註重、李昀儒、邱文科，2009

動態（社交活動、太極拳、土風舞、槌球⋯等）的休閒活動參與，均與老人生活的效能提升有關，並且有益於老人的健康生活，確保老年人在老年時期獲得更好的生活品質。現況我國老人參與休閒活動，主要以靜態活動居多，這可能涉及到老人的生理層次的表現，可能因為生理層次的體力、退化、疾病等因素，使老人休閒活動選擇多以靜態活動居多。

有關老人參與休閒活動的功能，包括可協助老人充實生活、降低焦慮、服務他人、追求心靈成長、維持人際關係、重建退休生活⋯等。顯現老人參與休閒活動，不僅可以獲得心理健康的正面影響，也能夠展現自我，增進人際關係，增進自我的肯定。

老人除了休閒活動，在休閒參與中也會跟社區參與有所連結，老人的社區參與動機與生活適應有相當密切的關係。一般而言，老人的社會參與程度與其生活適應的正向相關愈高，即表示老人社會參與的程度愈高，老人的生活適應也會愈高。社會互動和參與休閒活動呈正相關的影響，也為老人帶來更多生命的意義，所以老人的生命意義的感受程度也會愈高（圖4-3）。此外老人的社交網絡將連接到老人的社會參與，其中老人的個人價值是決定於其人際交往關係。是以老人的休閒活動參

圖4-3　藉由老人休閒活動的帶領，鼓勵老人參與社會，並達到休閒娛樂的效果。（圖片來源：財團法人彰化縣私立慈恩老人養護中心提供）

與，亦有助於老人的社區參與，其中社區參與影響老人的生活適應能力，與對生命意義的看法，當老人參與休閒活動與社區活動愈高，其生命的價值感將愈高。

　　老人社會參與中，我們可以一起為老人創造哪些社群生活？那些社群生活的方式，可以讓老人與不同年紀的人一起活動，達到跨世代融合。【請填寫在書末附頁 P13】

04

4-6　老人教育

　　老人教育是近年來我國針對高齡族群所提供的教育與休閒服務活動的一種型態。有關老人教育的定義，目前並沒有明確且一致的看法，目前除了正規教育外，僅成人在非參與正規教育之活動，可稱為全人教育。而成人教育的定義，是指提供 65 歲以上成人，所接受有系統性的非正規學校式的教育，其目的在於增進老人學習、休閒活動、參與社會與增進人際關係。至於老人參與教育目標則包括：幫助老人適應退休生活、滿足學習期待、維持人際關係、增進社會參與與自我實現之滿足。透過老人教育之參與，使老人增進自我生命意義。目前老人教育的發展，老人參與學習和使用新技術，已被看作是融入社會積極老化的一個因素，且被視為是社會參與和終身學習的一種手段。

　　有關我國老人教育之發展，1990 年教育部訂定「老人教育實施計畫」，其目標為協助老人經由再學習、再社會化的過程，達成良好的社會適應及自我實現目標。但在教育休閒面向中，早期政府主要是以社會福利的角度，補助辦理老人有關的長青學苑、老人文康中心等老人福利措施，作為活化老年生活的安排與休閒。教育部為鼓勵高齡者學習動機，增進其身心健康，自 2008 年起推動高齡教育，結合各級學校、機關、民間團體，合力建置各鄉鎮市區「樂齡學習中心」；並結合大學校院開設「樂齡大學」，以 55 歲以上國民為主要族群，開創其多元的終身學習管道。[4] 行政院並於 2009 年制定「友善關懷老人服務方案第一期計畫」與 2013 年制定「友善關懷老人服務方案第二期計畫」，並將相關老人教育納入老人社會參與中。（表 4-2）

4.　教育部樂齡學習網，2014

表4-2　老人教育政策發展與成果

友善關懷老人服務方案第一期計畫 （2009.09.07）	友善關懷老人服務方案第二期計畫 （2013.12.09）
鼓勵老人社會參與，維護老年生活安適 建構高齡教育體系，保障老人學習權益。 1. 整合社會、教育、醫療及相關資源，提供老人多元終身學習管道。 2. 鼓勵大專院校等相關機構開設適宜之推廣教育課程，鼓勵老人參與學習。 3. 編製適合老人教材及教學方法，研發設計多元化課程。	鼓勵老人社會參與 1. 提供老人多元學習管道及資源，鼓勵老人終身學習，提升老年生活品質，累計設置 209 個樂齡學習中心及開設 380 班長青學苑，每年超過 85 萬以上人次參與。 2. 編製適合老人之課程、教材及教學方法，豐富學習內容，累積已研編設計代間教育、退休生涯規劃、樂齡學習、祖孫關係等 16 種多元教材。 3. 促進代間交流及世代融合，自 2010 年起推動「祖父母節」系列活動，增進家庭世代情感凝聚，並辦理活化歷史方案，輔導國小運用社區老人擔任志工，傳承長者的智慧與經驗，每年參與人數超過 10 萬人。 4. 形塑老人正面形象，結合民間資源辦理多元敬老活動，鼓勵長輩積極經營老年生活，累計辦理 620 場，21 萬 3,600 人次參與。

資料來源：編者整理自友善關懷老人服務方案第一期計畫（2009.09.07）、友善關懷老人服務方案第二期計畫（2013.12.09）

我國老人教育的願景，依「邁向高齡社會老人教育政策白皮書」所述如下：

終身學習	保障老人終身學習的權利，使老人享有終身學習的機會。
健康快樂	促進老人的生理健康、心理快樂，使老人享受健康快樂的生活。
自主與尊嚴	尊重老人的自主權、維護老人的尊嚴，滿足老人追求自己想要的生活權利。
社會參與	鼓勵老人社會參與、世代參與（與不同齡層的人有交流分享的機會），建立老人的自信心，肯定老人的自我存在價值。

　　我國行政院在「友善關懷老人服務方案第二期計畫」（2013.12.09），提出老人教育發展策略與項目。（4-3）

表4-3　老人教育發展策略與項目

目標	鼓勵終身學習，促進樂學老化
策略一： 整合近便學習資源，開設適合高齡者課程	1. 鼓勵長者參與文化活動，以培養文化藝術知能。 2. 落實在地化的高齡學習體系，充實退休生活。 3. 積極辦理長青學苑，吸收多元知識豐富生活。
策略二： 活化運用閒置空間，規劃推動終身學習	1. 整合社區在地組織資源，發展高齡者學習社區。 2. 輔導公共閒置空間，作為老人教育學習、休閒娛樂等用途。
策略三： 提升老人網絡科技能力，縮短世代數位落差	1. 提升老人因應社會資訊數位化、網路化之生活能力。 2. 強化老人獲致所需服務資訊之相關知能。 3. 鼓勵加值服務業者開發創新運用軟體，縮短老人數位落差。

資料來源：編者整理自友善關懷老人服務方案第二期計畫（2013.12.09）

04

　　目前我國針對老人所設的教育場所，依據不同的主管機關補助，可以分為樂齡大學、社區大學與長青大學，以及民間組織的老人大學等類。然而我國因為人口老化現象日趨嚴重，目前老人教育所面臨的問題包括老人教育服務單一化、區域資源資源分配不均、老人教育師資未有明確的標準、未有老人教育標準教材等。雖然我國老人教育發展過程上存在一些問題，但是老人教育對於老人仍有正面的支持功能，如老人透過教育服務的參與，得以建立社會關係，以獲得休閒參與的機會，進而提高其晚年生活的品質與自我價值感。利用新的技術、創意的問題與學習方法，使老人能提升他們的社交生活和繼續參與社會。所以現況即使老人教育學習面臨一些問題，但是老人教育被證實是對老人有所助益的，值得吾人大力推動。

　　有關我國老人教育面臨之問題，需要有系統化的發展與因應。可以用建構多元的學習與友善環境、以社區為教育場域、建立老人學習系統、適宜的老人教學方法與課程等方式謀求改善。此外作者認為對於老人教育之發展，建議：

1. 釐清老人教育之定義、本質與內涵。
2. 分別老人教育與成人教育之殊異。
3. 正面回應老人教育需求。
4. 政府的行政應有效支持老人教育發展。
5. 回歸以社區為主體的老人教育環境。

動動腦

如果您們是老人，您們如何描繪（圖畫）、描述（語言或文字）、具體（拍照）表現出所期待的老人社會參與？【請填寫在書末附頁P14】

4-7 老人社會參與對健康的影響

老人社會參與的重要，除了彰顯老人的生命價值意義，其實從健康促進的角度來看，社會參與對其健康有所關連。健康老化是指一個沒有嚴重的疾病，具有功能獨立、積極的心理情緒的前景，並作出社會貢獻的老化過程。促進健康老化的因素包括活動促進身體和心理健康，以及社會活動的積極參與。其中 WHO 在 1986 年的 Ottawa 宣言[5] 曾指出：社區活動能作為高齡者社會參與和自我效能發揮的最佳策略。顯現社區與社會參與對老人健康的重要性。

男女高齡者社會參與的情形，女性老人在人際親密及社會參與方面高於男性，可是心理健康的狀況，則較男性老人為差，顯現男女性社會參與和健康情形的差異。然而除了性別之外，教育程度、生理、認知、機構照護…等因素，亦會影響老人的社會參與，尤其是老人的自覺健康狀況、心理健康、社會支持均具有一定的影響關係。而且愈來愈多證據顯示：老人的社會參與度愈高，其生活滿意度也會較為良好。顯現社會參與度有助於維持老人健康生活。從此可以明確了解：老人的健康情形、生活滿意度與社會參與有相關的影響。

由於我國老人人口日增，平均餘命逐年增加，因此老人在退休後的生活，其實可以說是另一個生涯的起點。老人雖然在 65 歲退休以後從職場退出，但是並不代表老人退出社會，老人依然與大眾生活在一起，只是從工作場域、從家庭的角色中淡出。老人退休後仍有其生活，只是其生活型態可能跟學生、跟上班族迥異，但是其仍有其不同的人生目標與生活安排。所以老人退休後，仍應積極地參與社會的各種活動。老人參與的社會活動如志願服務、休閒、教育與健康促進…等領域，愈是

5.　WHO, 2005

積極參與社會活動，愈能彰顯其退休後的社會角色與豐富生活，並對其健康帶來正面意義。因此，從老人社會參與的層次探討老人的退休後，其實某種程度也可發現老人退休後的生活仍是多采多姿的。老人愈是參與相關活動，對其生活與健康愈是有助益。

04

本章摘要 |Summary

1. 志願服務是我國法定積極推動項目，且政府對於老人參與志願服務極力推廣。
2. 老人志工的參與，對於老人的心理健康與生活滿意度是有所正面改善的。
3. 老人志願服務的活動，是有益於老人成功老化。
4. 老人參與休閒活動有助於增強自我正面價值。
5. 老人休閒活動與社區參與有所關係，老人得以透過休閒活動來參與社區活動。
6. 老人教育在發展過程中，面臨個人學習與整體臺灣老人教育環境發展問題。
7. 老人社會參與程度愈高，愈有助其健康與生活滿意度。

Chapter 5
銀髮族的休閒活動

1. 認識銀髮族的休閒活動
2. 知道休閒活動對銀髮族的重要性
3. 瞭解銀髮族的休閒活動型態
4. 學習促進銀髮族參與休閒活動的策略
5. 學習預防銀髮族參與休閒活動的傷害

故事真理

　　阿筠奶奶從年輕嫁入夫家後，即成為夫家中的長媳，因此夫家中繁瑣而多如牛毛的家務工作便落在阿筠奶奶身上，每日除了自己所生的三位小孩要照顧，更需要伺奉公公、婆婆、二位小叔和一位小姑，而且因夫家開工廠，所以除了每天早上五點起床洗衣、煮飯外，午餐及晚餐更要準備工廠三十多人要吃的飯菜，日復一日無人代理。當年紀漸長，家務事並不隨著經驗增多而逐漸減少，因此造成阿筠奶奶從四十左右便開始服用助眠藥物才有辦法在晚上時間讓自己放鬆入眠，雖然有藥物輔助，但藥物劑量卻愈吃愈重，睡眠的時間也愈來愈短，所以漸漸的也造成便秘、胃痛、失眠…等身體疾病。

　　孩子漸漸長大，也出社會工作，家中的工廠也轉型了，慢慢身上的擔子也放下了，但阿筠奶奶的身體狀況還是不見好轉，後來在先生的鼓勵下，每日早晨到住家附近的山上去走步道，剛開始阿筠奶奶也非常不習慣，總覺得「一大早流汗要做什麼呢？我已經退休了，我才不想這麼忙，我要放鬆睡到自然醒。」雖然阿筠奶奶如此想，但是家人的鼓勵告訴她：「早上爬山不是命不好，是要讓您去吸收山上自然的芬多精，會愈來愈年輕喔！」。就在家人的鼓勵及陪伴中，從開始爬山一天便休息一個星期，慢慢一星期爬三、四天的山，慢慢的變成習慣，好像一天沒有去爬山，就好像全身不對勁。

　　漸漸阿筠奶奶的皮膚變亮了，精神也越來愈好了，約末過了半年，阿筠奶奶晚上需吃助眠藥物也慢慢不用吃，自己已能自然入睡，一覺到天亮，且阿筠奶奶身材屬嬌小型，之前練就做事動作俐落，但總覺得氣色不好，定時運動後連市場、鄰居常碰面的朋友，都跑來問阿筠奶奶是在那裡做臉、拉皮的，怎麼變得這麼年輕有朝氣，當內向害羞的阿筠奶奶聽到大家的疑問，原本很生氣，但是發現自己變年輕，連附近鄰居都看到了阿筠奶奶的改變，自己也非常開心，還告訴大家她用的是「爬山牌」化妝品，晨間露水是化妝水，山上的芬多精是乳液、流汗是去皮膚的角質。只要聊到爬山的好處，阿筠奶奶可以說的三天三夜而說不完呢，不只變漂亮，便秘、胃痛…等毛病也都沒了，最近阿筠奶奶去視力檢查，更發現自己的老花眼度數減輕了，連醫師都說阿筠奶奶爬山讓她年輕了好幾十歲！

自從每日爬山後，阿筠奶奶不再「每天睡到自然醒」，每天定時起來爬山。以前這樣的睡眠品質，並沒有因為多睡一些而讓精神比較好，反而是睡太久、睡太多、睡到腰酸背痛、臉色臘黃。改變作息後的阿筠奶奶身體變好的例子，也影響了週遭的好朋友和家中的孩子，大家現在只要工作後有空閒時間，都一定說：「走！一起去爬山」，全家人亦因為阿筠奶奶的鼓勵和帶隊身體力行，身體都變好了，常感冒過敏的症狀也減少了，這真的是適當定時規劃並落實休閒運動的好處！

由以上案例得知，對退休的銀髮族而言，其退出職場後生活不再只是為工作忙碌，空閒時間增多，從事休閒活動的機會也較多；如能利用空閒時間從事自己感興趣的休閒活動，不僅可增強身體健康及認識朋友，更能夠讓退休生活充滿快樂、生活更充實有意義。

二十一世紀隨著銀髮族人口的大量增加，我們更應該更注重銀髮族的生活品質。銀髮族由於身體健康狀況的衰退與老化，伴隨著引起一些疾病的侵襲，若能透過適當正確的運動則能強化、強壯銀髮族身體各部分機能，亦能增加抵抗力，減少肥胖、心臟病、高血壓和糖尿等慢性疾病的罹病率，並可藉著參與休閒活動，提升銀髮族的心理舒適和歸屬感，讓每日的生活有重心、生活更健康有活力。

退休代表個人對生活具有更多的選擇及分配的機會，不再每日急著切割時間，忙著完成工作和家庭上待處理的事，能夠有更多的時間，做自己想做的事。不需要再為每日生活忙碌。當銀髮族從職場退出，原本每日忙碌於工作的時間空出之後，休閒活動便可能成為銀髮族生活的重心，如何重新安排、規畫每日作息，就成為退休銀髮族生活適應上的重要課題。因此，本章從休閒的意義、休閒活動對銀髮族的重要性、銀髮族休閒活動的型態、銀髮族參與休閒活動之策略、銀髮族休閒活動傷害之預防等來說明。

5-1 休閒的意義

休閒一詞（leisure）源自拉丁文（licere）之單字轉化而來，就其單字面上的意思解釋是「自由」，即被允許及被放自由之意思，是指被社會所允許接受，個人可以自由選擇運用的時間，而英文單字的解釋為：工作之餘的自由時間或個人身體力行的自由活動。

休閒其涵意是為廣泛的意思，其中包含休閒（leisure）、休閒活動（leisure activity）、遊憩（recreation）以及休閒運動（recreationalsport），此四者關係是密切的。[1] 休閒是一種個人在自由放鬆的狀態下從事個人興趣、喜好之活動，並在沒有約束、壓抑、利益、壓力……等的狀態下進行體驗。

從時間而言，是指人們扣除維持生活上所需使用的時間，所剩下的時間，稱為空閒時間或閒暇。這些剩餘的時間，意指「自由時間」（free time）或是可自由支配的時間（discreationary time），在這段剩餘時間內，人們不受制於任何外界加諸於自身的義務和責任。

從活動而言，在免去個人義務、責任所從事較自由之個人的活動，稱為休閒活動。是指完全不是因為外來壓力或環境所逼迫，可以全心全意從事之嚴謹活動。

就經驗而言，著重於個體內心感受的休閒體驗。就行動而言，強調的是個體的存在感與實際行動，情緒呈現出不急燥、和平的、愉悅的、安詳的、昇華的、澄靜的……等的心理狀態。

從個體生命的發展來看，不同的生命階段具有不同的休閒生活型態；對銀髮族而言，退休後可支配的自由時間明顯的增多，但太多的空閒時間並不是好現象，尤其是剛退休者，會產生許多莫名失落感，嚴重者甚至影響其正常家庭生活。因此若無適當的活動填補心靈上的空虛與孤獨，反而會加速銀髮族身心衰退。

圖5-1　銀髮族透過休閒活動，可提昇退休後的生活品質

1. 簡郁雅，2004

　　休閒活動的選擇、規劃、乃至於具體實踐落實，皆需要透過學習而來，尤其是選擇適合個人喜好、興趣、個性、生活型態、生命階段……等正確休閒態度、休閒行為是必要的。休閒習慣像工作能力一樣，是必須長期培養。然而，銀髮族如何透過「休閒」來滿足其生存及維持生活外，並自由裁量運用個人退休時間、從事自己喜愛的活動，有賴於充分而正確的學習機會的獲得（圖 5-1）。休閒充實了我們生活中所有的日常生活界限，在日常生活中無所不在，所以休閒可視為一種生活教育、一種價值教育、更是一種終身學習的基本教育。

5-2　休閒活動對銀髮族的重要性

　　休閒活動（recreation）從字面上來說就是再創造的意思，也就是透過適度的休養，讓個體活力、元氣可以復原，協助我們走更長更遠的路，而銀髮族在年輕時每天為了家庭生計而忙碌，退休後將養家活口的責任交接給下一代，便要讓自己的生、心理放鬆，亦須開始找到生活的重心，讓每天的生活過得有意義。因此，休閒活動銀髮族的重要性，可分為以下七點來說明：

一、拓展社交生活圈

　　人老了除了要有老本健康的身體外，更需要有老友、老伴。但隨著年紀漸長，老友、老伴亦會逐漸的離去。因此，透過參與休閒活動，積極拓展社交生活圈，亦是除了有益身體健康外，更是讓銀髮族多結交一些志同道合的朋友，讓退休生活不孤單，加強退休後之銀髮族社會適應，繼續拓展生活範圍和人際關係。因為多數的休閒活動都與人有互動，銀髮族可藉由參與休閒活動來與現今社會脈動接軌，不至於被框住在自己的生活圈。而藉由休閒活動，增進對週遭世界的了解及關懷，拓展銀髮族的視野，亦可達到遠觀的人生。透過與他人互動達到擴展社交圈的目的，經由重要他人的相互支持與鼓勵，發展出親密與相互依附的人際關係，進而得到歸屬感與成就感。

二、兼顧娛樂性的過程中培養多元興趣

從有興趣的活動去建立自己的自信心，勇於走入人群，讓銀髮族覺得自己還是一個有用的人，而在從事有興趣的休閒活動過程獲得成就感，能使生活多彩多姿，擴大胸襟，體驗生命的真諦。因此，銀髮族在挑選休閒活動，亦要從自己得心應手的活動開始，才能有事半功倍的效果。

三、促進家庭和社會和諧關係

在尊重老年人為前提下，運用簡單、易懂，符合銀髮族生活習慣、生活環境之休閒活動，有益於縮短家人間的距離，建立家庭中的親情與友愛，不管動、靜態的休閒活動都是在家人放鬆下進行，有益於家人關係的培養，亦能增添家庭生活之樂趣。(圖5-2)

圖5-2　和孫子一起到戶外走走促進家庭和諧關係

四、情感寄託及抒發情緒

銀髮族難免心理上的感到空虛、寂寞、單調、權威喪失、沒有生活目標…等之感受。若能透過休閒活動，獲得身心靈的放鬆，進一步抒發情緒，是銀髮族最佳的心理治療活動，亦能獲得好心情的效果，例如：唱歌、爬山、旅遊……等（圖5-3）。人生進入了老年之後，隨著外表的改變、體力的衰退，成年子女離家、退休及各種角色的退出，若沒有其他活動來延緩體力的衰退，也沒有親人陪伴在身邊，則孤寂落寞的感情將隨之產生，並在生活中蔓延，容易造成憂鬱（depression）。

圖5-3　休閒活動可使銀髮族收到情感寄託和抒發情緒之效果

五、增加生活樂趣

如何在平凡的生活中增加生活樂趣，休閒活動的安排是不可或缺的。所以要在一個星期七天的時間裡，規劃與家人相處的時間、參與休閒活動的時間，如何與不同年齡的人保持接觸，參加那些休閒活動來增加生活樂趣，是銀髮族需做安排的功課表，讓每日的生活有重心有目標，每天都是開心、愉快、沒壓力的、享樂的，這就是人生最快樂的事。（圖 5-4）

圖5-4　參加多元的休閒活動來增加生活樂趣

05

六、維持銀髮族現有的能力，減緩身體功能衰退

銀髮族在退休後，常因為角色的轉變而難以適應，或無法妥善安排自己退休的生活，使得自己身體的機能加速退化。人活著就要動，活動是維持人健康生存的不二法則。因此，在無約束性與商業利益的狀態下從事休閒活動，能有效將不愉快的人、事、物印象掃除，進而達到放鬆身心的效能，進而增進銀髮族培養體力，減少銀髮族生理之困擾與減緩銀髮族身體老化之速度，維持身體健康狀態。

七、繼續保持規律的銀髮族生活

一離開工作崗位候，許多銀髮族會忽然找不到生活重心，造成生活上的不規律，甚至三餐都無法正常。所以保持定時規律的休閒活動，能協助銀髮族繼續保持規律的生活及基本的自主生活能力。

透過休閒活動來拓展社交生活圈、兼顧娛樂性的過程中，培養多元興趣、促進家庭和社會和諧關係、情感寄託及抒發情緒、增加生活樂趣、維持銀髮族現有的能力減緩身體功能衰退、繼續保持規律的生活是銀髮族每天快樂的生活基礎（圖5-5），所以提早規劃，一步一步踏實經營，將能獲得豐富多元有益身心健康的退休生活。

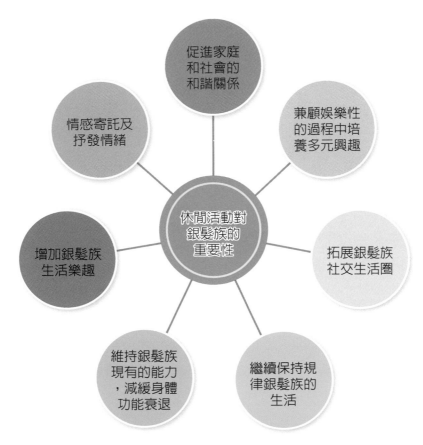

圖5-5　銀髮族休閒活動的重要性

1. 在阿筠奶奶變年輕的秘笈故事中，這個故事給你那些啓示？

2. 你認爲阿筠奶奶落實休閒運動的原因爲何？

3. 如果你是阿筠奶奶，你認同她的休閒運動安排嗎？爲什麼？

【請填寫在書末附頁 P17～18】

5-3 銀髮族休閒活動的型態

　　一般來說任何活動都可以成為休閒性的活動，每個人可依據在身體、心理、生理、經濟上和交通上的考量，適當的選擇參與休閒活動。休閒活動可以使銀髮族擁有健康的身體、穩定的情緒、良好的人際互動、熱絡的社交以及自信心和自我價值，規律的休閒活動將使銀髮族因為生活方式改變帶來許多正面的影響。

圖5-6　登山、健行活動是常見的體能性活動

　　銀髮族休閒活動的型態，可區分為以下五種類型（表 5-1）：

1. 體能性的休閒活動：體能性的休閒活動強調全身性的運動，能增進個體心跳加速及達到快速排汗的效果，對銀髮族的身體健康頗有助益。主要的如健康操、散步、登山、健行（圖5-6）、游泳、騎腳踏車、高爾夫球、木球、槌球、體操、國術、太極拳、氣功、元極舞……等。

2. 益智性休閒活動：益智性休閒活動則比較偏向靜態而動腦的活動，也屬於修身養性，培養自我定力、毅力、耐心之活動，如園藝（圖5-7）、釣魚、下棋、橋牌……等，除了拓展生活經驗，還可刺激腦部不會太早老化退化。

圖5-7　修身養性之園藝活動

3. 宗教性休閒活動：屬於個人信仰之付出的如宗教信仰、參與宗教節慶活動，例如、媽祖繞境、宗教相關慈善活動……等（圖5-8），雖說是幫助他人，但是最大的收獲者是自己，是屬於單純的付出而不求回報

圖5-8　參與宗教節慶活動

型，從協助他人到自我肯定，建立自己的重要性及成就感。

05

4. 社會性休閒活動：銀髮族的人生閱歷豐富，最適合從事利人利己的公益活動，如擔任醫院的義工、法律諮詢、財稅服務、圖書館服務、參觀政府機關之導覽、公務單位之服務人員……等，都是取之於社會回饋於社會，傳承個人社會的經驗和歷練，亦可將社會服務參與視爲是自我的一種學習和成長，滿足爲他人服務的需求。

5. 學術性休閒活動：終身教育是世界教育之潮流，終身學習的意思是針對不分性別、年齡一樣可以接受它的訓練和幫助的一種新的教育機制，隨時可以讓自己充電、學習、成長。亦是提供銀髮族自我表達、傾聽及與他人溝通的機會。銀髮族會因爲興趣及求知慾而帶動自我學習，且大多數銀髮族對於某一些知識或技能有興趣時，更進一步去加入社團、長青學苑、老人福利服務中心或到樂齡大學來學習課程，如電腦、網際網路、智慧型手機、攝影、英文會話、書法、易經……等。

表5-1　銀髮族常見的休閒型態

銀髮族常見的休閒活動型態	
體能性休閒活動	如：健康操、散步、登山、健行、游泳、騎腳踏車、高爾夫球、木球、槌球、體操、國術、太極拳、氣功……等
益智性休閒活動	如：園藝、釣魚、下棋、橋牌……等
宗教性休閒活動	如：媽祖繞境、宗教相關慈善活動……等
社會性休閒活動	如：擔任醫院的義工、法律諮詢、財稅服務、圖書館服務、參觀政府機關之導覽、公務單位之服務人員……等
學術性休閒活動	如：電腦、網際網路、智慧型手機、攝影、英文會話、書法、易經……等

在臺灣，自 2008 年起，政府著手結合各縣市鄉鎮地方之公共圖書館、社教機構、社區活動中心、里民活動中心、社區關懷據點及民間團體……等場地，分 3 年規劃設置 368 鄉鎮市區「樂齡學習資源中心」，設立銀髮族終身學習的健康環境。

藉由樂齡學習資源中心的成立，募集社區教師及志工，更邀請社區銀髮族一同學習及擔任志工，提供以銀髮族為對象之藝術教育、旅遊學習、醫療保健、消費安全、休閒學習、家庭人際關係……等多元學習課程內容，整合鄉鎮市區銀髮族學習資源（含：老人文康中心、社會福利單位、社區大學、高齡學習中心及民間團體等），提供銀髮族便利的學習資訊連結網絡，讓銀髮族可以透過社區管道學習新的知識，並同時拓展人際關係，讓生活更快樂。（圖 5-9）

鼓勵銀髮族不要只從事一個人的休閒活動，最好能加入社團或團隊組織，且多參與要與人合作的小組或團體休閒活動，能在互動得過程中建立團體得歸屬感，如：下棋、打球、郊遊……等。在與他人相處互動的過程中，可以學習別人的長處，讓參與休閒活動的過程是「有時間性」且有「同伴」共同參與的，有互動、互信、良好的基礎，這樣的休閒活動過程，因為互相鼓勵及共同參與，會讓銀髮族更持之以恆的參與，且能慢慢摸索出自己的興趣，讓同伴、好友協助銀髮族將休閒活動融入，成為生活中的一部份，讓多元的休閒活動來豐富自己的生活型態，將休閒運動當成自己的興趣。

陳文喜認為只要銀髮族從事規律的休閒活動，和人群保持一定的互動，對自我的肯定和情緒的舒解有積極的幫助，且能增強銀髮族體能，減緩身體衰退的速率，預防慢性疾病的產生。林瑞興與尚憶薇亦指出倡導銀髮族從事休閒活動的益處多多，不僅可以讓他們社交圈擴大，打開心胸，認識朋友，透過規律性運動及增加身體活動量可使銀髮族活得較有尊嚴，足以應付獨居的生活型態，改善身體機能，提昇生命、生活圈和生活品質。

樂齡

「樂齡」一詞是引自新加坡對於銀髮族之稱呼（樂齡族），為鼓勵銀髮族快樂學習而忘記年齡，因此以「樂齡」一詞作為學習資源中心之名稱，整合銀髮族教育學習資源。提供銀髮族學習場所，落實在地化、社區化之學習模式、鼓勵銀髮族終身學習及社會參與，促進銀髮族身心健康、結合地方資源，營造無年齡歧視之社區文化。

圖5-9　提供銀髮族便利的學習資訊連結網絡，讓銀髮族可以透過社區管道學習新的知識

　　所以，銀髮族可依自己的性別、能力、經濟、時間、交通便利性與興趣去做適當的選擇，例如：男性銀髮族可參與太極拳、土風舞、球類等活動，女性銀髮族方面可參與太極氣功、元極舞、香功、外丹功、社交舞等；而年齡較長者可針對於文化涵養的興趣，增加與運動及醫藥保健有關的知識性教材；在活動方面可以減少身體負荷量，運動方式可轉為較和緩，使銀髮族在活動中維持身心的健康。

　　請試著分辨銀髮族常見的休閒活動型態。以下為常見的五種休閒活動型態，除了例子中的項目，你還有想到那些休閒活動呢？請試著填入空格中。

【請填寫在書末附頁 P18】

銀髮族常見的休閒活動型態		你還有想到那些休閒活動呢？
體能性休閒活動	如：健康操、散步、登山、健行、游泳、騎腳踏車、高爾夫球、木球、槌球、體操、國術、太極拳、氣功、元極舞……等	
益智性休閒活動	如：園藝、釣魚、下棋、橋牌……等	
宗教性休閒活動	如：媽祖繞境、宗教相關慈善活動……等	
社會性休閒活動	如：擔任醫院的義工、法律諮詢、財稅服務、圖書館服務、參觀政府機關之導覽、公務單位之服務人員……等	
學術性休閒活動	如：電腦、網際網路、智慧型手機、攝影、英文會話、書法、易經……等	

5-4 銀髮族參與休閒活動之策略

　　休閒類型的活動是銀髮族最常從事的活動，也被公認爲最合適於銀髮族的活動。休閒是生活品質最高的境界，它描繪出一種理想的身心靈自由狀態，和對精神上與智力上的啓蒙與開發。銀髮族參與休閒活動，不在於用運動獲得比賽勝利來得名，而是用休閒活動來調節生活的深度及廣度，適度的休閒活動亦能讓人生、心理健康遠離憂慮。

　　爲了提昇銀髮族參與休閒活動，爲銀髮族開設體能性、益智性、宗教性及學術性……等的休閒運動課程和提供一些參與志願性服務的機會，不但可以 補銀髮族空閒時間外，更可以賦予參與社會活動（如：擔任社區志工、學校義工……等）的機會及提高銀髮族的意願，最重要的是能協助銀髮族建立正確的自我認知和健康的心理定位，才不會認爲退休後或個體老了，自己本身便喪失在社會上的用處。

　　因而，相關單位應以積極的態度推展休閒活動，利用社區資源，如：地方的鄉鎮公所、社區大學、YMCA、各級學校……等機構推廣休閒活動的正確觀念，培養或吸引更多的銀髮族參與休閒運動，帶動銀髮族主動參與休閒運動，以提高其生活滿意度。

　　要養成一個好習慣並不容易，通常需要長時間的重覆實踐才能養成，在養成休閒習慣的過程中，前置的養成時間是決定是否養成好的休閒習慣的關鍵。所以除了花時間參與，更需要有正向的策略來協助。

1. 強化銀髮族參與休閒活動的觀念：可利用媒體加強宣傳，改變銀髮族對休閒活動之刻板觀念，讓銀髮族了解休閒活動之意涵以及對個人生活及健康之重要性，更希望政府將強化銀髮族的休閒活動列爲政策的重點。現在的社會最缺乏的不是休閒活動，也不是休閒場所，而是休閒的正確態度與觀念。國人在擁有富裕及多閒之後，亟待從教育落實建立正確的休閒觀念和態度。

2. 增進銀髮族對休閒活動的注意：首先必須讓銀髮族了解休閒運動的重要性，推行相關政策、增加相關設備及舉辦大型活動來引起銀髮族廣泛的注意。透過家庭成員、節慶活動、社區生活、社會機構、正確生活習慣與態度及健康社會角色來代言推廣……等，增進老年人對休閒活動的注意。

3. 引起銀髮族對休閒活動的興趣：鼓勵銀髮族參與休閒活動，最重要的是觀念上的改變，亦即承認休閒的價值，給予銀髮族機會多接觸正確的觀念，利用行銷的手法來引起銀髮族參與休閒活動的興趣（圖5-10），而行銷手法包括為休閒活動產品包裝、促銷、便利的交通，以及有效地提供完整的服務，使參加者感興趣，滿足銀髮族之個別需求、興趣、專長及差異。

圖5-10 為休閒活動產品包裝，可引起銀髮族對休閒活動的興趣

4. 強化活動空間的設備和安全：除了多增加休閒活動設施與場地的開發，文化中心、社區公園、學校甚至醫院等空間開放及納入良好的管理，有充實的設備便能吸引更多人的參與。安全考量是阻礙銀髮族參與休閒活動的重要因素之一。所以休閒活動場地的安全性，也是銀髮族運動前所應考慮的因素，可減少許多不必要的運動傷害，並多給予銀髮族之參與休閒活動的機會。針對銀髮族的需求所設計之休閒活動。例如：若在夜間或視線不良時進行休閒運動則需穿著明亮的衣服。室內運動場所需注意空氣流通及足夠光線。[2]

5. 將休閒活動融入在日常生活當中：在時間方面，銀髮族比起一般人擁有更多的休閒時間，所以在休閒運動的規劃方面，時間算是相當充裕的；而銀髮族從事休閒運動的時間則以配合銀髮族體能、精神狀態、氣候、氣溫為主，以早上與傍晚時間為較多，只要在時間及氣候穩定許可下，參與者會自然增加，健康的休閒活動需持之以恆，將休閒活動融入日常生活方能成為銀髮族內化休閒活動習慣。

6. 活動辦理多元化：可多舉辦銀髮族休閒活動性的團康活動，強調多樣化的休閒活動內容，並從中強調休閒活動的重要性。針對不同年齡層分析銀髮族興趣的休閒活動項目、從事活動的目的和需求，依據城鄉實際需求，分區設立或輔導銀髮族休閒活動社團，並派專人予以輔導，來提升效率。

---

2. 徐茂洲、李福恩、曾盛義，2009，P.74

7. 辦理銀髮族活動發表會：多培養銀髮族健康和休閒活動相關產業的指導輔導人員，定期固定舉辦銀髮族休閒活動的成果發表會（圖5-11），或是觀摩會或體驗活動，將休閒活動更普及化及定期分享，提供銀髮族增強休閒活動能力的成功經驗。

圖5-11　辦理銀髮族土風舞活動發表會

8. 引起銀髮族學習慾望：首先做市場區隔、市場調查，了解市場的需要，即使是銀髮族也有不同區域、收入、社經地位、性別、身體狀況及交通工具便利性……等因素而影響他們的興趣，因而必須配合需求，讓銀髮族對休閒活動有正確的認識與作法，才能使他們有主動參與休閒活動的慾望。如從認識朋友、相互交談、尊重及鼓勵他人、分享及同理心開始引起銀髮族學習慾望。

9. 積極引進民間資源參與休閒活動的建設：當前政府若能積極引進民間資源參與休閒活動的建設，對於銀髮族休閒活動不管是在硬體設備或軟體推廣上都更有幫助。在充沛的資源的配合才能使休閒生活積極、蓬勃地發展，亦不會造成政府財政的負擔，在不景氣的環境下，依然能維持銀髮族的休閒品質。

10. 培育銀髮族休閒活動專業人才：人口老化已成為全球性的新議題，這是人類歷史上第一次的經驗。而銀髮族休閒活動，是一項專業，因此培育銀髮族休閒活動專業人才，克服推展銀髮族休閒活動碰到的硬體或軟體之困難是刻不容緩的事，創新銀髮族學習系統。為提升全面的休閒產業水準，建立良善的管理制度與人員專業能力培養及檢定，是國家政策與休閒產業組織必經的過程及邁進的目標。

　　從事休閒活動不僅是世界的潮流，更帶給人們莫大的好處，規律的休閒活動可以使銀髮族擁有健康的身體、穩定的情緒、良好的人際互動、熱絡的社交以及自信心和自我價值，銀髮族應多重視身心健康的保養，多多參與休閒活動，發展多元化的銀髮族休閒活動。而參加休閒活動，並非量多、挑戰多就是好的，更應注重其參與之休閒類型所帶給老人之生理、心理效益情形，如：促進身體健康、有成就感等，進而提升老人生活滿意度。

本章摘要 |Summary

1. 志願服務是我國法定積極推動項目,且政府對於老人參與志願服務極力推廣。

2. 老人志工的參與,對於老人的心理健康與生活滿意度是有所正面改善的。

3. 老人志願服務的活動,是有益於老人成功老化。

4. 老人參與休閒活動有助於增強自我正面價值。

5. 老人休閒活動與社區參與有所關係,老人得以透過休閒活動來參與社區活動。

6. 老人教育在發展過程中,面臨個人學習與整體臺灣老人教育環境發展問題。

7. 老人社會參與程度愈高,愈有助其健康與生活滿意度。

Chapter 5
銀髮族的休閒活動

學習目標

1. 認識銀髮族的休閒活動
2. 知道休閒活動對銀髮族的重要性
3. 瞭解銀髮族的休閒活動型態
4. 學習促進銀髮族參與休閒活動的策略
5. 學習預防銀髮族參與休閒活動的傷害

是預防老化及骨骼疏鬆及增加自身
的免疫力的基本方法,而規律性的運
動、足夠的休息、適度的營養補充三
者是所有運動的基礎。

9. 避免時間太長,情緒緊繃的休閒活
動:休閒活動的安排需注意動靜平
衡,時間由短而長。過與不及的活動
對身體都沒有好處,因此避免時間太
長,且太激烈造成情緒緊繃的休閒活
動,讓身心無法放鬆都是對身體有害的。

圖5-13　適當且多樣化的均衡飲食,對銀髮族極有
幫助

以往人們汲汲營營努力工作賺錢以求溫飽及達成夢想,休閒活動並未受到重
視,同時臺灣早期農業社會普遍貧困無力休閒,加上求學過程以智育取勝,因此讓
許多銀髮族在年輕時無法有機會或充裕的時間培養規律休閒活動習慣,到了老年,
總還是認為勞動就是運動,而造成體能快速流失,情緒鬱悶無法抒解,日復一日成
為罹患老年期憂鬱症的高危險群。

提升銀髮族參與休閒運動之策略最重要及最有效果的方法,便是將休閒運動融
入日常生活當中,從教育著手紮根,讓銀髮族都能知道休閒活動的重要,接續著搭
配硬體設備的規劃,讓軟硬體結合,再加上不斷的提醒、陪伴、引導及克服所遇到
的問題,一定能提升銀髮族參與休閒活動之意願。

科技不斷的進步,時代不斷的改變,也改變了銀髮族的角色,在以往農業時
代長者須扮演起傳授養家活口的經驗給下一代,包含農耕的技巧…等。但隨著科技
的進步,網路無國界、知識快速變動的時代來臨,科技的進步讓許多工作,更專業
化、制度化及分工,漸漸銀髮族不再扮演傳遞知識經驗的主要角色,不再享有專業
上的優勢,因此銀髮族退休後要面對的社會角色的改變及生活的再適應等問題,如
何藉由休閒活動的參與,使退休後的生活更幸福美滿,是全民必須共同關心及努力
的,因為整體性的規劃銀髮族生活,也是為下一代的未來在做規劃及傳承,這也是
人類貴為萬物之靈之福份。

動動腦

1. 回想你休閒活動的習慣，請試著勾選你平時對休閒活動傷害預防之方法：

　□ 休閒活動裝備要齊全。

　□ 注意天氣的變化。

　□ 要衡量自身的狀況並選擇適當的休閒活動。

　□ 具備休閒活動傷害處理的基本常識。

　□ 參與休閒運動前的暖身操及事後的緩和運動。

　□ 循序漸進，定時規律性的運動。

　□ 不宜爭強好勝。

　□ 適當且多樣化的均衡飲食。

　□ 避免時間太長，情緒緊繃的休閒活動。

2. 如果沒做到，是那些原因，讓你無法做到呢？

3. 除了以上九點銀髮族休閒活動傷害之預防外，你還有什麼策略可以預防銀髮族休閒活動之傷害？請試著寫出來和同學分享？

【請填寫在書末附頁P19～20】

05

5-1 休閒的意義

休閒一詞（leisure）源自拉丁文（licere）之單字轉化而來，就其單字面上的意思解釋是「自由」，即被允許及被放自由之意思，是指被社會所允許接受，個人可以自由選擇運用的時間，而英文單字的解釋為：工作之餘的自由時間或個人身體力行的自由活動。

休閒其涵意是為廣泛的意思，其中包含休閒（leisure）、休閒活動（leisure activity）、遊憩（recreation）以及休閒運動（recreationalsport），此四者關係是密切的。[1] 休閒是一種個人在自由放鬆的狀態下從事個人興趣、喜好之活動，並在沒有約束、壓抑、利益、壓力……等的狀態下進行體驗。

從時間而言，是指人們扣除維持生活上所需使用的時間，所剩下的時間，稱為空閒時間或閒暇。這些剩餘的時間，意指「自由時間」（free time）或是可自由支配的時間（discreationary time），在這段剩餘時間內，人們不受制於任何外界加諸於自身的義務和責任。

從活動而言，在免去個人義務、責任所從事較自由之個人的活動，稱為休閒活動。是指完全不是因為外來壓力或環境所逼迫，可以全心全意從事之嚴謹活動。

就經驗而言，著重於個體內心感受的休閒體驗。就行動而言，強調的是個體的存在感與實際行動，情緒呈現出不急燥、和平的、愉悅的、安詳的、昇華的、澄靜的……等的心理狀態。

從個體生命的發展來看，不同的生命階段具有不同的休閒生活型態；對銀髮族而言，退休後可支配的自由時間明顯的增多，但太多的空閒時間並不是好現象，尤其是剛退休者，會產生許多莫名失落感，嚴重者甚至影響其正常家庭生活。因此若無適當的活動填補心靈上的空虛與孤獨，反而會加速銀髮族身心衰退。

圖5-1　銀髮族透過休閒活動，可提昇退休後的生活品質

---

1. 簡郁雅，2004

　　休閒活動的選擇、規劃、乃至於具體實踐落實，皆需要透過學習而來，尤其是選擇適合個人喜好、興趣、個性、生活型態、生命階段……等正確休閒態度、休閒行為是必要的。休閒習慣像工作能力一樣，是必須長期培養。然而，銀髮族如何透過「休閒」來滿足其生存及維持生活外，並自由裁量運用個人退休時間、從事自己喜愛的活動，有賴於充分而正確的學習機會的獲得（圖 5-1）。休閒充實了我們生活中所有的日常生活界限，在日常生活中無所不在，所以休閒可視為一種生活教育、一種價值教育、更是一種終身學習的基本教育。

05

5-2　休閒活動對銀髮族的重要性

　　休閒活動（recreation）從字面上來說就是再創造的意思，也就是透過適度的休養，讓個體活力、元氣可以復原，協助我們走更長更遠的路，而銀髮族在年輕時每天為了家庭生計而忙碌，退休後將養家活口的責任交接給下一代，便要讓自己的生、心理放鬆，亦須開始找到生活的重心，讓每天的生活過得有意義。因此，休閒活動銀髮族的重要性，可分為以下七點來說明：

一、拓展社交生活圈

　　人老了除了要有老本健康的身體外，更需要有老友、老伴。但隨著年紀漸長，老友、老伴亦會逐漸的離去。因此，透過參與休閒活動，積極拓展社交生活圈，亦是除了有益身體健康外，更是讓銀髮族多結交一些志同道合的朋友，讓退休生活不孤單，加強退休後之銀髮族社會適應，繼續拓展生活範圍和人際關係。因為多數的休閒活動都與人有互動，銀髮族可藉由參與休閒活動來與現今社會脈動接軌，不至於被框住在自己的生活圈。而藉由休閒活動，增進對週遭世界的了解及關懷，拓展銀髮族的視野，亦可達到遠觀的人生。透過與他人互動達到擴展社交圈的目的，經由重要他人的相互支持與鼓勵，發展出親密與相互依附的人際關係，進而得到歸屬感與成就感。

Chapter 6
老人的教育與成長

1. 了解各國老人教育發展
2. 了解老人教育對象的特性
3. 了解影響老人參與教育的原因
4. 了解老人教育課程分類
5. 了解老人教育課程的撰寫方式

圖5-5　銀髮族休閒活動的重要性

動動腦

1. 在阿筠奶奶變年輕的秘笈故事中，這個故事給你那些啟示？

2. 你認為阿筠奶奶落實休閒運動的原因為何？

3. 如果你是阿筠奶奶，你認同她的休閒運動安排嗎？為什麼？

【請填寫在書末附頁 P17～18】

5-3　銀髮族休閒活動的型態

一般來說任何活動都可以成為休閒性的活動，每個人可依據在身體、心理、生理、經濟上和交通上的考量，適當的選擇參與休閒活動。休閒活動可以使銀髮族擁有健康的身體、穩定的情緒、良好的人際互動、熱絡的社交以及自信心和自我價值，規律的休閒活動將使銀髮族因為生活方式改變帶來許多正面的影響。

圖5-6　登山、健行活動是常見的體能性活動

銀髮族休閒活動的型態，可區分為以下五種類型（表5-1）：

1. 體能性的休閒活動：體能性的休閒活動強調全身性的運動，能增進個體心跳加速及達到快速排汗的效果，對銀髮族的身體健康頗有助益。主要的如健康操、散步、登山、健行（圖5-6）、游泳、騎腳踏車、高爾夫球、木球、槌球、體操、國術、太極拳、氣功、元極舞……等。

2. 益智性休閒活動：益智性休閒活動則比較偏向靜態而動腦的活動，也屬於修身養性，培養自我定力、毅力、耐心之活動，如園藝（圖5-7）、釣魚、下棋、橋牌……等，除了拓展生活經驗，還可刺激腦部不會太早老化退化。

圖5-7　修身養性之園藝活動

3. 宗教性休閒活動：屬於個人信仰之付出的如宗教信仰、參與宗教節慶活動，例如、媽祖繞境、宗教相關慈善活動……等（圖5-8），雖說是幫助他人，但是最大的收獲者是自己，是屬於單純的付出而不求回報型，從協助他人到自我肯定，建立自己的重要性及成就感。

圖5-8　參與宗教節慶活動

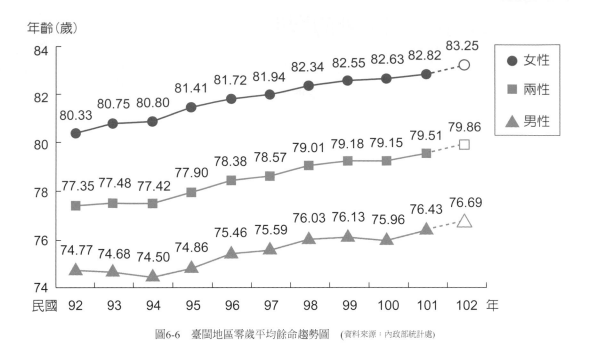

年齡（歲）

圖6-6 臺閩地區零歲平均餘命趨勢圖 (資料來源：內政部統計處)

6-1 高齡教育在各國的發展

高齡教育又稱老人教育，「老人教育與學習」是世界各國在因應高齡化社會來臨時，重要的對策之一，以下就臺灣及各國發展狀況分別說明：

一、臺灣

楊國賜在 1991 年的文獻提出，臺灣最早的老人教育可以追溯到 1978 年臺北基督教女青年會創立的「青藤俱樂部」，提供老人有系統的教育活動，之後在 1983 年至 1993 年間，臺灣的老人教育都由地方社會行政部門的長青學苑所主導，一直到 1993 年才由教育行政主管介入老人教育辦理，在 2001 年頒佈「教育部補助辦理家庭教育、老人教育及婦女教育實施要點」，另在 2002 年公佈「終生學習法」，在 2004 年委由黃富順教授帶領的研究小組進行「我國老人教育政策」的研究，但是未有具體及長遠的規劃，因此在 2006 年 11 月教育部才依據 2004 年委做的「我

國老人教育政策的研究」提出「邁向高齡老人教育政策白皮書」，政策中將推行老人教育視為全民教育，並正式提出「臺灣老人教育發展所面臨的問題」、「老人教育政策之七大目標」、「老人教育政策之十一項推動策略」及「十一項行動方案」（表6-1），這是截至目前我國對於老人教育中最具體的政策。以下節錄說明：

表6-1 邁向高齡社會老人教育政策之目標、推動策略及行動方案

目標	推動策略	行動方案
一、倡導老人終身學習權益	（一）建構老人教育終身學習體系，整合老人教育資源	方案一：建構老人教育終身學習體系 1-1 整合教育體系 1-2 結合社福體系 1-3 結合衛生醫療體系 1-4 結合文化體系 1-5 結合公務人力體系 1-6 結合其他體系
二、促進老人身心健康	（二）創新老人教育方式，提供多元學習內容	方案二：創新老人教育多元學習內容 2-1 以老人為對象之學習內容 2-2 以將退休者為對象之學習內容 2-3 以一般社會大眾為對象之學習內容 2-4 以各級學校學生為對象之學習內容
三、維護老人的自主與尊嚴	（三）強化弱勢老人教育機會	方案三：強化弱勢老人教育機會 3-1 針對偏遠及獨居老人優先辦理休閒教育活動 3-2 辦理弱勢老人教育需求調查
四、鼓勵老人社會參與	（四）促進老人人力再提升與再運用	方案四：活化老人社會參與能力 4-1 培養再就業的職能 4-2 培養樂於當志工的知能 4-3 鼓勵重入校園成為人生導師 4-4 鼓勵重入職場成為職業導師
五、強化老人家庭人際關係	（五）以家庭共學的策略，協助老人重新適應老年期家庭生活	方案五：提升老人及其家人之家庭教育知能 5-1 辦理以老人為對象之老人家庭教育活動 5-2 推動以老人及其家人為對象之老年期家庭共學活動 5-3 推動祖孫日活動 5-4 針對老人的家人提供照顧老人的知能

（續下頁）

　　所以，銀髮族可依自己的性別、能力、經濟、時間、交通便利性與興趣去做適當的選擇，例如：男性銀髮族可參與太極拳、土風舞、球類等活動，女性銀髮族方面可參與太極氣功、元極舞、香功、外丹功、社交舞等；而年齡較長者可針對於文化涵養的興趣，增加與運動及醫藥保健有關的知識性教材；在活動方面可以減少身體負荷量，運動方式可轉爲較和緩，使銀髮族在活動中維持身心的健康。

　　請試著分辨銀髮族常見的休閒活動型態。以下爲常見的五種休閒活動型態，除了例子中的項目，你還有想到那些休閒活動呢？請試著塡入空格中。

【請填寫在書末附頁 P18】

銀髮族常見的休閒活動型態		你還有想到那些休閒活動呢？
體能性休閒活動	如：健康操、散步、登山、健行、游泳、騎腳踏車、高爾夫球、木球、槌球、體操、國術、太極拳、氣功、元極舞……等	
益智性休閒活動	如：園藝、釣魚、下棋、橋牌……等	
宗教性休閒活動	如：媽祖繞境、宗教相關慈善活動……等	
社會性休閒活動	如：擔任醫院的義工、法律諮詢、財稅服務、圖書館服務、參觀政府機關之導覽、公務單位之服務人員……等	
學術性休閒活動	如：電腦、網際網路、智慧型手機、攝影、英文會話、書法、易經……等	

5-4　銀髮族參與休閒活動之策略

　　休閒類型的活動是銀髮族最常從事的活動，也被公認為最合適於銀髮族的活動。休閒是生活品質最高的境界，它描繪出一種理想的身心靈自由狀態，和對精神上與智力上的啟蒙與開發。銀髮族參與休閒活動，不在於用運動獲得比賽勝利來得名，而是用休閒活動來調節生活的深度及廣度，適度的休閒活動亦能讓人生、心理健康遠離憂慮。

　　為了提昇銀髮族參與休閒活動，為銀髮族開設體能性、益智性、宗教性及學術性……等的休閒運動課程和提供一些參與志願性服務的機會，不但可以 補銀髮族空閒時間外，更可以賦予參與社會活動（如：擔任社區志工、學校義工……等）的機會及提高銀髮族的意願，最重要的是能協助銀髮族建立正確的自我認知和健康的心理定位，才不會認為退休後或個體老了，自己本身便喪失在社會上的用處。

　　因而，相關單位應以積極的態度推展休閒活動，利用社區資源，如：地方的鄉鎮公所、社區大學、YMCA、各級學校……等機構推廣休閒活動的正確觀念，培養或吸引更多的銀髮族參與休閒運動，帶動銀髮族主動參與休閒運動，以提高其生活滿意度。

　　要養成一個好習慣並不容易，通常需要長時間的重覆實踐才能養成，在養成休閒習慣的過程中，前置的養成時間是決定是否養成好的休閒習慣的關鍵。所以除了花時間參與，更需要有正向的策略來協助。

1. 強化銀髮族參與休閒活動的觀念：可利用媒體加強宣傳，改變銀髮族對休閒活動之刻板觀念，讓銀髮族了解休閒活動之意涵以及對個人生活及健康之重要性，更希望政府將強化銀髮族的休閒活動列為政策的重點。現在的社會最缺乏的不是休閒活動，也不是休閒場所，而是休閒的正確態度與觀念。國人在擁有富裕及多閒之後，亟待從教育落實建立正確的休閒觀念和態度。

2. 增進銀髮族對休閒活動的注意：首先必須讓銀髮族了解休閒運動的重要性，推行相關政策、增加相關設備及舉辦大型活動來引起銀髮族廣泛的注意。透過家庭成員、節慶活動、社區生活、社會機構、正確生活習慣與態度及健康社會角色來代言推廣……等，增進老年人對休閒活動的注意。

休者是被社會孤立的觀感。法國政府於 1973 年開始在大學中設置第三年齡人學，直到 1990 年，高齡教育轉為開放給更多廣泛的群眾，而第三年齡已在大眾的印象已經被刻版為退休，年邁、依賴以及失去獨力能力的人，因此民眾拒絕被灌上「第三年齡」的稱謂，因此「第三年齡大學」有更多新的名稱產生，例如「混齡大學」、「自由時間大學」或「全民大學」等。

在休閒學習方面，若高齡者的需求為休閒性質，即沒有壓力的學習，法國於 1960 年開始設立「第三年齡俱樂部」，並在 1980 年蓬勃發展（圖 6-9）。第三年齡俱樂部如同休閒中心，除了提供高齡者的休閒學習與活動參與，還可協助高齡者與當地居民、社會環境保持良好互動，達到活躍退休的目的。2007 年，學者黃富順認為目前法國高齡教育具有 1. 混齡教育為主，提供不同年齡相互學習與適應，幫助角色認同；2. 教育方案涵蓋健康與醫療，幫助高齡者獲得自我照顧的能力；3. 認識老化，協助高齡者成功老化；4. 結合現有大學教育資源；5. 提供休閒學習，維持高齡者身心健康；6. 政府財務支持等六大特色。

圖6-9　法國高齡化教育發展程序

三、日本

日本為目前典型的高齡化社會之一，由於日本高齡化社會特性與臺灣雷同度高，兩國同時具有高齡化的速度極快、各地區高齡人口比率差異大、高齡化人口日漸著重生活品質、國民教育水準提高等特徵，因此探討日本老人教育的發展史，可做為臺灣老人教育成長的重要參考（圖 6-10）。

日本社會在 1970 年代開始將高齡者視為社會的主體，開始實施高齡者教育，提高老者的生命意義與價值。在 1970 年後期，政府運用高齡者的知識和經驗，開始推動「高齡人才活用」與「生產活動與生命意義」等事業，促使高齡者的社會活躍化。在 1980 年至 1986 年期間，為了因應長壽社會，日本提出「長壽社會對策大

綱」，在大綱之一的措施為「學習及社會參與」，推行目標包含擴充終生學習體系、提高高齡者的社會參與及生命價值及發揚志工活動。2001 年所制定的「高齡社會對策大綱」也提到「學習及社會參與」一項，其指出高齡者可經由學習活動來充實精神生活與生命意義，並藉由提升知識與技能，適應社會結構的改變。由此可知，日本政府在

圖6-10　臺灣及日本高齡化社會特性

終生學習措施，提供建立終身學習體系、開放學校教育、提供多元的學習機會等三大學習途徑。

　　2007 年，學者黃富順認為日本在高齡教育的實施特色，包括高齡教育目的在於提升生命的意義、高齡教育需與社區發展結合、教育活動著重培養高齡者的獨力學習能力、教育活動中強調學員間的互動、提供長期性與系統性的課程、多元化的學習地點與課程、由高齡者擔任師資、高齡教育機構採取自助經營等。

四、中國大陸

　　在一胎化政策的施行之下，中國的老齡化發展已經是一種不可逆的現象，雖然在 2015 年開放二胎，但快速老齡化依舊。中國的老齡化發展至 2020 年已在快速老齡化階段，將在 2021 年到 2050 年進入「加速老齡化」階段，2051 年到 2100 年成為「重度老齡化」階段。也因為急速的老化，中國大陸發展多元的老年教育，並取得長足的進展（圖 6-11）。2007 年，學者黃富順認為目前中國大陸對於老年教育的做法，包括依託社區開辦老年教育，並結合優撫幫困服務，協助孤殘病困老人；開辦非學歷文憑為導向的老年大學；利用「單位意識」與「單位體制」文化，由單位體制辦理單位退休人員的老人教育；利用廣播、電視、網路等管道，辦理老人教育；利用社區調查老人需求，開展多元教育服務；辦理以健康問題為導向的教育服務等。

圖6-11 中國大陸老人教育特色

動動腦

各國老人教育特色接龍賽

同學進行分組，比較臺灣、法國、日本及大陸，在老人教育的施行有哪些相同或差異處？完成下列的表格。【請填寫在書末附頁 P23】

國家	臺灣	法國	日本	中國大陸
教育特點				
相同點				
相異點				

6-2　老人教育對象的特性

　　老人教育對象以高齡者為對象，因此了解老人教育對象的特性，有助於教育的推行。2004 年，學者黃富順從文獻整理老人教育對象的人口與心理特性；另外，2011 年學者朱芬郁也對老人教育對象的生理特性做一整理。

一、人口特性

1. 年紀以60到79歲族群為多。
2. 女性多於男性。
3. 健康狀況良好，多以初老或中老之前的老人。
4. 經濟狀況良好。
5. 社經地位中上程度。
6. 退休人員為主。
7. 教育程度越高，參與繼續教育越多。

二、心理特性

1. 注意力及記憶能力的減退：因為老化導致注意力及記憶能力的減退，所以教師要放慢教學速度及內容，避免在一次課程給與太多新的知識。
2. 自尊心強，但是對於學習缺乏信心。
3. 期望能夠扮演引導或啟示的能力的角色：高齡者累積許多生命的經驗，通常扮演著長者的身分，希望能對晚輩或他人具有引導或啟示的能力。
4. 問題為導向的學習：老人的注重目的性的學習，他們喜愛能夠針對他們需求的課程，可以馬上使用在生活當中。
5. 不喜歡有壓力的學習活動。
6. 學習動機除了增進認知，還有促進社交關係。

三、生理特性

1. 感覺能力減退：聽覺、視覺、觸覺等感官能力減退，在教學上應採補救方式，改變教學設計，採用適當的感官刺激，例如配合麥克風、實際操作練習等。

2. 反應時間拉長：由於感覺器官、肌肉系統及中樞神經等衰退，因此個體接受到刺激再行反應的時間會拉長，教學者不宜過急，須有適當方式，評估老人學習狀況。

3. 消化及排謝系統功能降低：老人的消化及排謝系統功能降低，尤其是腎臟功能降低，老人比較容易出現頻尿、缺乏尿意感或者失禁，因此在課程設計尚須注意時間的安排。

4. 肌肉及心血管系統的改變：老人家的肌耐力、強度及反應都在退化，加上心血管循環功能的減退，因此太過於激烈的運動不但不適合老人教育，反而有可能造成老人的運動或意外傷害，而更加侷限老人的活動能力。

知識充電站

少子高齡化社會對學校教育的影響

少子老年潮的來臨，直接波及教育界，形成教育重點的轉移，由於少子化，各級學校入學學生減少，正規教育學校面臨減班、併校或退場。但對生命的另一端，由於老人人口的激增，而這一群老人可能有早年失學、為了現實放棄學習機會、貧窮或者其他原因，反而想回流學習，圓一個夢，促使學校出現的生存轉機，老人教育將是一項急遽的需求，如旅遊學習、海外研習、老人長宿活動、長青學苑等等，型態也愈來愈多樣化，參與人數倍增，將帶動「灰色化校園」的另一番氣象。接下來，正規教育逐漸轉行，取而代之可能有學校建立高齡學習課程，成為老人活動中心，慢慢的整體教育的重點將會從國民教育中的兒童，轉移到較大年紀的老人學習及退休者的終身學習活動上。

資料來源：教育部，2006。

🏠 **知識充電站**

　　友善老人教育，您可以這麼做：

1. 適度增加課程感官刺激。
2. 鼓勵長者依照自己速度參與活動。
3. 安排適合長者的教育環境：包括桌椅高度、光線、課程時間、交通…等。
4. 盡快回饋長者的反應及分享展示其作品，增加老者信心。
5. 正面鼓勵與支持的互動方式。
6. 不批評，友善面對長者的看法與建議。
7. 課程中鼓勵長者完成自己能夠處理的事項。
8. 課程內容生活化。
9. 根據不同教育程度的長者，規劃適當的教育課程。
10. 友善高齡教育環境，鼓勵長者持續參加學習活動。

06

圖6-12　陳列老者作品，給予肯定，增加老者信心　　（照片來源：陳碩菲提供）

6-3　影響老人參與教育及成長的原因

　　根據魏惠娟教授在 2012 年的研究，指出組織機構的氣氛、課程安排與師資及個人情境因素等，都會影響老人參與教育及成長的意願。增強老人參與的方法如下所述：

圖6-13　學員之間的互動，促使老人參與教育課程　　圖6-14　老人參與組織活動，能從中獲得成就感

1. 組織氣氛的支持：藉由學員之間的互動與相互關心，營造出家的感覺，認同感會促使老人持續參與教育課程（圖6-13）。

2. 讓學習者共同參與組織氣氛：讓老人除了是學習者、參與者甚至是教導者，讓老人從中獲得更大參與感與成就感（圖6-14）。

3. 量身打造的高齡課程：依照高齡者的生理能力、心理狀態及需求，量身打造，讓老人覺得學習具有成就感，而且內容實用，因此會持續參與學習（圖6-15）。

4. 專業的師資：老人教育與成長中，師資扮演一個重要角色，除了具有專業能力外，了解老者的需求，適當的回饋與互動，讓老者聽完之後能有滿滿的收穫，也是老人教育的成功助力（圖6-16）。

圖6-15　量身打造的高齡課程，讓老人學習具有成就感　　圖6-16　專業的師資，是老人教育的成功助力

圖6-17　家人的支持與鼓勵，是老人參加教育課程的最大 動力

圖6-18　課程的費用是老人決定參與的關鍵

06

5. 家人的支持與鼓勵：家人給予的正面鼓勵，是老人持續參加教育成長的最大動力（圖6-17）。

6. 低收費高品質的課程：對於老人而言，普遍都已經沒有固定的收入，所以經濟是一個很重要的考量，課程的費用成為老者是否能參與的關鍵（圖6-18）。

7. 交通便利：對老人而言，交通會是決定是否能長期參與的關鍵，隨著日漸退化的生理功能，能夠到達的地點，促進了老人的學習意願（圖6-19）。

8. 成果展現與結業典禮：每個人都希望自己的學習能有成果與成就，高齡教育更是不例外，成果發表與正式的結訓典禮，會增加高齡教育的學習成就感與動力（圖6-20）。

圖6-19　學習場所位於交通便利的地點，促進老人學習 的意願

圖6-20　成果發表會與結業典禮，增加老人學習的動力

動動腦

高齡學習　快樂過生活　「樂齡學程」結業典禮　成果豐碩

「樂齡學程」於日前舉行結業典禮暨成果發表會，整年度的課程安排包含陶土家飾、居家防護、排毒養身餐食、拉丁燃脂舞蹈、常見法律常識等，既豐富又生活化，學員們不僅能樂學忘齡，也讓增廣知識與成就自我，讓生命更發光發熱。樂齡學程結束時，舉辦結業典禮與成果展，所有學員著學士服接受授證，在典禮時由學程主任親自主持與授證，多位學校教師與全部學員，及親友皆出席參加，現場氣氛溫馨感人。

樂齡學程主任在頒發證書時表示，感謝班代、副班代及幹部們在這學期的幫忙與協助，也很開心這學期看到學員們在舞蹈課上動起來，在烹飪課程中煮出一桌好料理，上法律常識課時發問好學，本學程中數十位學員還全勤參與，也發與全勤獎金與獎狀鼓勵。

樂齡學員們也表示以前在家無所事事，常常覺得每天都好漫長，家裡都沒有人陪伴，自從車站附近的樂齡大學開辦之後，給予高齡者就讀補助，三五同齡好友約好一起來上課，充實的課程更讓大家感到快樂、有成就，跟家人更有聊天的話題，想不到，完成學程時還可以著學士服，完成自己年輕時的夢想，結業典禮還能與家人親友分享，真覺得好榮幸。另外與全班學員們已經建立情感，真捨不得畢業，很期待學校開新的課程，也期勉能未來與新學員們一同來學習成長。

圖6-21　家人的支持與鼓勵以及正視的典禮，也是高齡教育成功的因子。

思考與討論

根據「影響老人參與教育及成長的原因」，您可以說出以上案例樂齡學程成功的原因。【請填寫在書末附頁 P23】

6-4　老人教育課程的類型

　　許多學者都在研究中將老人教育做分類，其中以 2012 年魏惠娟教授研究廣為涵蓋所有課程，研究中將臺灣的樂齡中心課程依照美國教育學者 H. McClusky 的需求扶度理論分為四大類涵蓋 22 個主題，分類可以提供建立老人教育課程所需，適當分配課程比例（圖 6-22）。

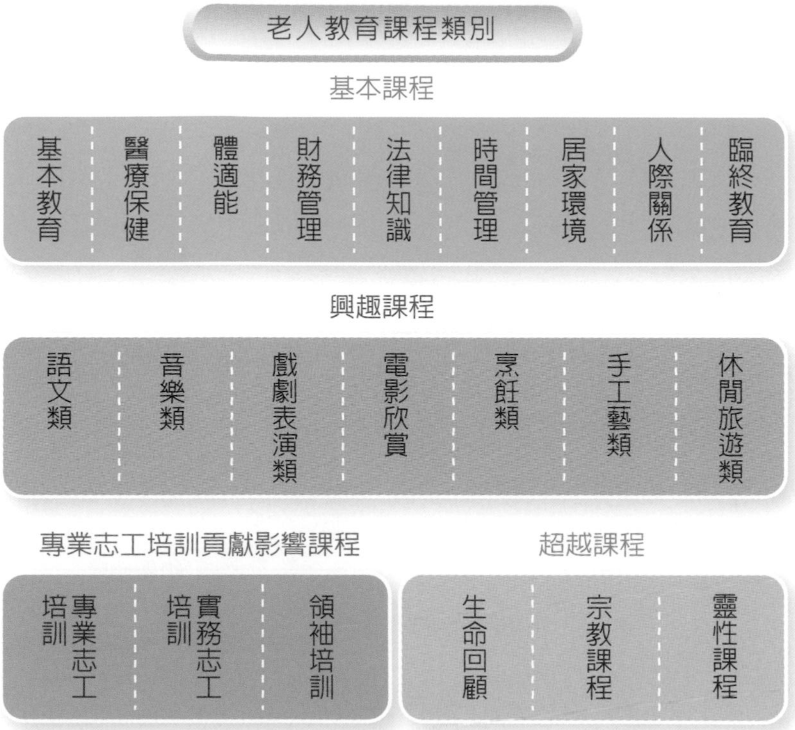

老人教育課程類別

基本課程

| 基本教育 | 醫療保健 | 體適能 | 財務管理 | 法律知識 | 時間管理 | 居家環境 | 人際關係 | 臨終教育 |

興趣課程

| 語文類 | 音樂類 | 戲劇表演類 | 電影欣賞 | 烹飪類 | 手工藝類 | 休閒旅遊類 |

專業志工培訓貢獻影響課程

| 專業志工培訓 | 實務志工培訓 | 領袖培訓 |

超越課程

| 生命回顧 | 宗教課程 | 靈性課程 |

圖6-22　老人教育課程分類

1. 基本課程：用以應付生活需求，主要課程包括基本教育、醫療保健、體適能、財務管理、法律知識、時間管理、居家環境、人際關係及臨終關懷等課程。
2. 興趣課程：以偏好學習及滿足表達需求之課程，課程包含語文類、音樂類、戲劇表演類、電影欣賞、烹飪類、手工藝類、及休閒旅遊類等。
3. 貢獻影響課程：滿足貢獻與影響需求的課程，內容有專業志工培訓、實務志工培訓及領袖培訓等課程。
4. 超越課程：滿足超越自我需求的課程，內容包含生命回顧、宗教課程及靈性課程等。

6-5 老人教育課程的撰寫與實施

　　根據前述，老人教育課程設計可以說是教育工作者為滿足社會、組織及高齡學習者的需求，而進行的整體教育規劃並付諸實行，且在過程中不斷評值與修改，以期達到老人教育與成長的過程。因此整個老人教育課程須考量幾個要素：問題的分析、老人需求的確認、建立學習目標、執行策略、內容、整體安排、經費及評值的方法，以下就老人教育課程的撰寫與實施舉例說明：

老人教育課程實例分享

　　問題分析：老人家因為生理老化導致活動受限，反應較慢，有些老者因為年老或受傷需要輔具或輪椅才能活動，雖然肢體因外在生理狀況而受侷限，但是老者想要運動的心，卻仍不減。

課程名稱	活力樂齡—健康沒距離		
辦理時間	2014 年 7 月 1 日至 2014 年 8 月 15 日 每周一、三晚間 18：00 ～ 19：00	參與人數	80 人
地點	清福老人養護中心	活動型態	將不同能力的長者分成小組做教學
對象	65 歲以上老者，涵蓋可自主行走、行動不便需輪椅輔助者及失智老人	活動領域	基本課程：體適能
課程目標	1. 促進長者身心健康。 2. 鼓勵長者依照個人體力與興趣積極參與健康休閒活動。 3. 讓輪椅代步的長者也可以健康活動。 4. 提高長者肌力，進而降低因肌無力產生的跌倒頻率。 5. 提高失智長者的認知能力。	具體目標	1. 長者可以學會舞蹈動作。 2. 長者會使用毛巾及彩球完成舞蹈動作。 3. 長者能夠融入團隊，並可以喊出其餘團員的名字。
課程設計說明		教材/器具	
本課程以「活力樂齡」為主題，鼓勵各種不同活動能力的長者能夠參加健康操，整個健康操總共為期 6 周，在六周當中加入預防跌倒的宣導，簡單的毛巾操與彩球操配合懷舊歌曲「甜蜜蜜」，在音樂與活動人員帶領下，輕鬆提高體適能，並且使長者精神更好，且能與其他長者或工作人員互動，加強長者的社會互動能力。		1. 毛巾一條 2. 彩球兩個 3. 音響 4. 音樂：甜蜜蜜 5. 教學影片	

(續下頁)

（承上頁）

活動課表			
周 次	課程名稱	內容	參與人員
第一周	相見歡	成員介紹、活動注意事項、暖身教學	教師、助教、志工、學員
第二周	毛巾操	毛巾操動作教學與複習	教師、助教、志工、學員
第三周	毛巾操	毛巾操動作教學與複習	助教、志工、學員
第四周	彩球操	彩球操動作教學與複習	教師、助教、志工、學員
第五周	彩球操	彩球操動作教學與複習	助教、志工、學員
第六周	歡樂 party	結合毛巾與彩球操總複習	教師、助教、志工、學員

動作設計

一、毛巾操

手拿毛巾向上舉　手拿毛巾向左側舉　手向拿毛巾右側舉　手拿毛巾向前舉　手拿毛巾將右膝蓋拉起再放下　手拿毛巾將左膝蓋拉起再放下

二、彩球操

手拿彩球向左右擺　手拿彩球向前擺　手拿彩球交叉向左右擺　手拿彩球向上下擺

課程評值指標：
1. 長者可以說出健康操的順序
2. 長者可以做出健康操的順序

課程活動延伸：
1. 選出 30 位有意願的長者參加衛生局舉辦的「健康長者活力秀」
2. 以老人為示範者製做老人健康操教學影片。
3. 在院內舉辦「銀髮健康操」發表會，邀請長者家屬共同參與。

知識充電站

銀髮教育創造活力與生命力

　　新北市衛生局在 2014 年 8 月 13 日舉辦「健康長者活力秀」，參加人員由 65 歲以上長者組對參加，總共有 144 組隊伍，20 對進入總決賽，決賽總歲數 5 萬 5500 歲。平均年齡 85 歲的三峽清福養老院首屆參賽，成員有高齡 90 歲以上的爺爺奶奶，行動不便的長者、失智症的長者等。當天所有的長者扮成小蜜蜂合跳《甜蜜蜜》健康操，獲得奪冠的消息時，許多長者都感動到落淚，他們表示：「參加健康操學習之後，整個人都年輕起來，原本腳不太方便，以為也不能運動了，想不到坐在輪椅上也可以動一動，大家一條心一起練習，真的很有意義，下次一定還要再參加。」

圖6-23　成功的老人教育方案結合成果的呈現，提升老人參加的動機，且增加老人的成就感。

圖6-24　奶奶表示最愛參加這些教育課程，唱卡拉OK、園藝、動動手腳讓他日子過得很開心。

圖6-25　奶奶表示參加課程比賽得獎讓他充滿榮耀，很驕傲的可以跟人分享。

圖6-26　爺爺表示好高興可以跟大家一起運動，以後還要參加比賽。

圖6-27　奶奶表示年輕就有運動的習慣，後來腿不方便，活動受限，而這種坐著就可以運動，讓他重拾運動的樂趣。

圖6-28　爺爺表示以前是從事總編輯工作，現在拿筆不方便，但最愛唱卡拉OK跟電影賞析等活動。

本章摘要 |Summary

1. 老人教育與成長，在老年人的生活中扮演重要的一部分，也是協助活躍老化的關鍵。

2. 我國在西元2025年達到20%的老年人口比，成為超高齡社會，使用教育的方式創造出高齡者的更高價值、延伸老者生命力、社會貢獻與社會參與，攸關於國家的進步與社經負擔。

3. 高齡教育又稱老人教育，「老人教育與學習」是世界各國在因應高齡化社會來臨時，重要的對策之一。

4. 2006年教育部提出「邁向高齡老人教育政策白皮書」，政策中將推行老人教育視為全民教育，並正式提出臺灣老人教育發展所面臨的問題、老人教育政策之七大目標、老人教育政策之十一項推動策略及十一項行動方案，這是截至目臺灣對於老人教育中最具體的政策。

5. 少子老年潮的來臨，將帶動「灰色化校園」，正規教育逐漸轉行，取而代之學校建立高齡學習課程，教育的重點將會從國民教育中的兒童，轉移到老人學習及退休者的終身學習。

6. 老人教育對象以高齡者為目標對象，因此了解老人教育對象的特性，有助於教育的推行。

7. 組織機構的氣氛、課程安排、師資及個人情境等因素，都會影響老人參與教育及成長的意願，在進行高齡教育前須了解增強老人參與教育的方法。

8. 臺灣的樂齡中心課程可以簡單分為四大類：基本課程、興趣課程、貢獻影響課程及超越課程，分類可以提供建立老人教育課程所需，適當分配課程比例。

9. 老人教育課程設計，可以說是教育工作者為滿足社會、組織及高齡學習者的需求，而進行的整體教育規劃並付諸實行，且在過程中不斷評值與修改，以期達到老人教育與成長的過程。

10. 老人教育課程須考量問題的分析、老人需求的確認、建立學習目標、執行策略、內容、整體安排、經費及評值的方法。

Chapter 7
快樂退休的財務規劃

學習目標

1. 瞭解為什麼需要財務規劃
2. 知道退休金的來源
3. 學會計算退休金缺口
4. 對常用的理財工具有概念性的認識

故事真理

張局長拿到郵局核撥的退休金五百多萬，心裡有說不出的高興，因為他沒念多少書，當兵回來在一個偶然的機會，跑到偏鄉的郵局當郵差，之後一路內部的升等考試、訓練，三十多年後終於以局長身分退休，真是不容易啊！

退休後，張局長夫婦過著神仙般的生活，經常在星期一到星期五的「上班」時間去各地旅遊，週六、日再回到家裡處理家務，不知羨煞多少人？

可惜好景不常，一年後張局長的兒子從軍中退伍，年輕人雄心壯志，希望能夠自行創業不要為人作嫁；於是在兒子的親情攻勢下，張局長拿出所有的退休金，投入養蝦場的生意。由於父子倆從未做過生意，對這一行也不熟悉，兩年不到的時間，養蝦場因不堪虧損而結束營業，張局長也賠光了自己下半輩子的積蓄。現在張局長每天早晚到住家附近的營區收取阿兵哥的衣服回來洗，兩個七十幾歲的老人，還得為日常三餐及怎麼走下去發愁，真是情何以堪！

圖7-1　退休後雲遊四海，是許多人羨慕的退休生活

「夕陽無限好，只是近黃昏」是多數人嚮往的退休生活境界（圖 7-1），只是要達到這樣的景況，並非毫無條件、人人垂手可得；而是必須奠基於某種程度的健康和財力之上。老化是生理必然的趨勢，沒有人可以倖免，就算今年十八歲，只要不死於非命，就可能會有八十歲的一天；隨著年華的老去，人的精神和體力會逐漸衰

退，以致於喪失工作賺錢的能力與機會；所以晴天要積雨天糧，年輕要存老來本。能夠在求學時代就學會財務規劃的知識能力，將是一生受用不盡的事。

就現今趨勢而言，臺灣正邁向一個高齡、晚婚、少子化的社會，1993 年 65 歲以上人口占總人口數的 7%，正式進入高齡化社會。2007 年破 10%，預估 2016 年達到 13%。依照聯合國的定義，我們將在 2026 年成為超高齡的國家，65 歲以上人口將占總人口數的 20% 以上，屆時每 5 個人當中就會有一個是超過 65 歲的。

根據內政部統計，1993 年國民兩性平均餘命為 74.28 歲，男性平均餘命為 71.61 歲，女性平均餘命為 77.52 歲；2012 年兩性平均餘命為 79.5 歲，男性平均餘命為 76.2 歲，女性平均餘命為 83 歲，20 年間分別增加了 5.22 歲、4.59 歲、5.48 歲，2014 年兩性平均餘命為 79.84 歲，男性平均餘命為 76.72 歲，女性平均餘命為 83.19 歲，不僅老年人口愈來愈多，個人也愈活愈老。長壽不再只是一種福氣，沒有適度準備的長壽更是一種風險。

根據內政部的統計，2012 年臺灣男性的平均結婚年齡是 31.8 歲，女性為 29.4 歲，與十年前相比，男性的平均結婚年齡延後了 1 歲，女性則大幅延後了 3 歲。女性晚婚的結果就是縮短了有效的生育年限，進而降低整體的生育率。1991 年臺灣的生育率（每位婦女一生中生育子女的人數）為 1.72 人，2001 年降為 1.4 人，2010 年更創下 0.9 人的新低，2013 年回升為 1.07 人 2015 年為 1.18 人；只要生育率低於 2.1 人就難以維持穩定的人口結構。在高齡、晚婚、少子化的社會趨勢下，養兒防老將成為天方夜譚，退休的財務規劃益顯重要。

根據國泰人壽的調查，該公司保戶平均個人年所得為 56 萬元，退休後保戶平均每年約需 35 萬元生活費，有 68% 保戶認為退休後每月生活費介於 2 萬至 3.9 萬元就已足夠，平均退休後每月生活費約為 2.9 萬元，為現在所得的 62.1%，符合世界 60% 適合的平均所得替代率（齊克用）；但不管所得替代率如何，首要之務，在於要先有足夠的退休金準備。

知識充電站

所得替代率（Income-Replacement Ratio），是指「退休後每月所得」占「退休前每月收入所得」的比例。

7-1 退休金的來源

　　退休金（Retirement pension）的來源主要分為三個部份，一是政府的社會安全制度（如老農津貼、老漁津貼、中低收入戶老人生活津貼及國民年金等）；一是來自就業時服務機關與個人相對提撥的退休基金；另一部份則是來自個人工作期間的儲蓄與投資（包括購買的商業保險）。

一、來自政府社會安全制度的退休金

　　如果僅依靠社會安全制度，以 2013 年為例，年老農津貼、老漁津貼每人每月為新臺幣 7,000 元，僅為行政院主計處公布當年度臺灣省每月最低生活費 11,066 元的 63.25％；中低收入戶老人的敬老津貼，每月則為 3,600 元至 7,200 元，連糊口都十分勉強，遑論過一個有尊嚴的晚年。

　　2008 年 10 月 1 日政府開辦國民年金，針對年滿 25 歲、未滿 65 歲，在國內設有戶籍，且未參加勞保、農保、公教保、軍保的國民提供「老年年金」、「身心障礙年金」、「遺屬年金」三大年金給付，保障約 3 百多萬名年滿 25 歲、未滿 65 歲，無法參加任何社會保險的國民，這些人當中，有許多是經濟弱勢的家庭主婦或無工作者，國民年金即是針對此部分的不足，讓以往未能被納入社會保險網絡的國民，能夠獲得老年經濟生活的基本保障。惟老年基本保證年金每月給付額為 3,500 元，與敬老津貼相當，不易靠此溫飽。

二、來自就業時服務機關與個人相對提撥的退休基金

（一）公教退休金

　　從就業時服務機關與個人相對提撥的退休基金來看，軍、公、教人員的退撫基金堪稱是目前國內所得替代率最高的退休制度，這也說明了為何公教一職難求的原因。舊制公教人員退休金為「恩給制」，全數由政府編列預算支應，只要服務滿二十五年，年滿 50 歲就可以申請自願退休，退休金所得替代率約為 85％。自 1995 年 7 月以後，公教人員退休制度從「恩給制」改為「相對提撥制」，退撫基金參與者每月提撥比率為薪資的 12％，其中 35％由軍公教人員自行負擔，65％由政府編

列預算支應，退休金的負擔，已不再是政府單方面的責任；退休年齡也由年滿 50 歲延長至年滿 60 歲，未來則朝 65 歲目標改革。

新制月退休金的給付方式為本俸 2 倍乘以每一服務年資給予 2％，如服務二十五年即退休，則可領得的月退休金為：（本俸 ×2 倍 ×25 年 ×2％）＝本俸，本俸約為薪資總額的六成，以 2014 年薦任七等年功俸六級的本俸額為 39,090 元，新制月退休金所得替代率僅為退休前所得六成，遠低於舊制月退休金，但仍符合全世界 60％的平均所得替代率。

（二）勞工退休金

1. 勞保年金（Labor Insurance Annuity）

2015 年底，臺灣受雇員工人數為 720 萬人（圖 7-2），平均每人每月經常性薪資為 37,822 元，平均每人每月薪資總額為 46,330 元，如以目前世界較常引用的 60％適合平均所得替代率來看，退休後每月須有 2.7 萬元始能滿足基本生活所需，一年約需 32 萬的生活費（2.7 萬 ×12 個月）；在最佳的情況下，如以最高月投保薪資 43,900 元投保，且最高 60 個月保額均為 43,900 元，則工作滿 35 年退休，每月約可領 23,815 元勞保年金（43,900 元 ×35 年 ×1.55％），與每月基本生活費 2.7 萬元仍有差距，若不是最佳狀況，差距就更遠了。

圖7-2　勞工是國家建設最大的貢獻者

另一方面，因勞保基金有破產問題，根據院行政院勞委會 2012 年 10 月初公布的勞保基金財務精算報告，勞保基金提前在 2017 年開始吃老本，到 2027 年就沒有餘額了，所以提高提繳率、降低給付率、延長退休年齡和採計的平均投保薪資年數是不得不走的改革方向；近期的改革方案給付率可能從 1.55％降至 1.3％，採計的最高月投保薪資也可能從現行的 60 個月逐年提高到 180 個月，請領年齡則已確定自民國 106 年的年滿 60 歲，每兩年增加 1 歲，逐年增加到 116 年的 65 歲。

2. 新制勞工退休金（New Labor Pension Progran）

依勞工退休金條例第六條規定，雇主應為適用本條例之勞工，按月提繳退休金，儲存於勞保局設立之勞工退休金個人專戶，退休金累積帶著走，不因勞工轉換工作或事業單位關廠、歇業而受影響，專戶所有權屬於勞工，提繳之退休金，不得低於勞工每月工資百分之六，勞工得在其每月工資百分之六範圍內，自願提繳退休金；在最起碼的情況下，如勞工不願意自提，也還有業主提撥的百分之六。

2014 年，104 人力銀行針對臺灣 22 ～ 30 歲的大學畢業生上班族做了一次調查，發現薪資最高的為醫學相關學系，平均每月薪資 70,167 元，最低的為家政工藝相關學系，平均每月薪資為 24,965 元，而最近幾年來相當熱門的餐旅觀光休閒學系則為 26,758 元。

若初出校門，每月經常性薪資為 26,000 元，雇主須為勞工個人每月提撥 1,560 元的新制勞工退休金（26,000 元 ×6％），每年 18,720 元，勞工年滿 60 歲或未滿 60 歲喪失工作能力，即得請領退休金；假設一個人 30 歲開始就業工作，起薪 26,000 元，退休金投資年酬率為 2％，個人薪資年成長率亦為 2％，35 年後 65 歲退休，累積的退休金專戶本金及收益為 1,326,781 元，如選擇領月退休金，則每月可領 6,701 元（以平均餘命 20 年估算）。

以上述條件，退休時所能領到的退金約為 30,000 元（勞保年金 23,815 元加新制勞工退休金 6,701 元），恰好滿足每月基本生活費，若中途有轉職、待業或其他原因而間斷工作，就可能領不到這樣的金額。

三、來自個人工作期間的儲蓄與投資

目前勞保基金、軍公教退休基金因為給付率偏高的關係，未來都有破產的疑慮，所以這一世代的年輕人投入就業市場後，都將面臨多繳、少領、晚領的問題，七折八扣之後退休金已不足以應付退休後的基本生活需求，因此就產生了退休金缺口，為了保持退休後的生活水準，就必須在工作期間內以儲蓄或投資的方式累積所得，彌補退休金缺口，這個部份正是退休財務規劃的重點。

俗語說：「人不理財，財不理人」，退休前財務規劃得愈週延，退休後生活就愈高枕無憂。對於個人儲蓄與投資部份的退休金，從以下二節探討。

7-2　退休金準備的計算

退休後要維持甚麼樣的生活水準，每個人的期望大不相同，有人覺得節衣縮食，維持最基本的生活就可以了；有人想環遊世界，一償年輕時工作家庭兩頭忙，無法暢遊各國風景名勝的宿願，所以對退休金的需求也大不相同。

如果只想維持最基本的生活，在勞保基金、軍公教退撫基金未來不破產的情形下，無須再做準備，但這個前提依據各退休基金精算的結果顯然不存在，所以仍然必須準備一定成數的退休金，以備不時之需。

計算退休金的需求，可分為四個步驟：

1. 設定退休年齡及推算退休後餘命
2. 估算退休後每月所需生活費用
3. 計算每個月退休金缺口及退休金總需求
4. 計算自己應行準備的退休金

一、設定退休年齡及推算退休後餘命

退休年齡可依個人步入職場的年齡、職業特性加上可達退休條件的服務年資設定，如 55 歲、60 歲、65 歲；也可依在職時收入高低、儲蓄多寡的不同而設定，收入高儲蓄多者可設定 50 歲即退休；也可以設定為達成理財目標即退休，如存滿 1 千萬即退休，一般受薪階級只能依其行業規定退休年齡退休。

退休後餘命可依家族長輩平均壽命推算，也可以依內政部統計的國人平均餘命

推算：1993 年國民兩性平均餘命為 74.28 歲，2012 年為 79.5 歲，20 年間增加了 5.22 歲，再過 20 年兩性平均餘命將達 85 歲，換句話說，退休後至少還有 20 年要活。

二、估算退休後每月所需生活費用

估算退休後每月所需生活費用，可用下列三種方式：

1. 目前的生活水準調整增減項目，計算出退休後每月平均支出。（表7-1）

表7-1　退休後平均每月支出與目前支出比較表（單位：新臺幣元）

支出項目	目前每月支出	預估增減金額	退休後每月支出	調整原因
食（包括外食）	10,000	-4,000	6,000	兒女獨立生活
衣（包括保養、化妝品）	3,000	-1,000	2,000	不必上班減少治裝
住（房貸或房租）	12,000	-10,000	2,000	房貸已繳清（維護費）
行（交通費或加油、保養費）	8,000	-6,000	2,000	不必上班
育（兒女教育費、自己進修）	12,000	-10,000	2,000	兒女學業完成
樂（含休閒旅遊）	3,000	+4,000	7,000	退休後更多時間休閒旅遊
醫療	2,000	+3,000	5,000	年老容易生病
公勞保、壽險、健康保險等	3,000	-3,000	0	保費已繳清
其他（含紅白包）	2,000	-0	2,000	雜支及人情世故
合計	55,000（註）	-27,000	28,000	

備註：約 30 歲左右雙薪家庭之支出。

2. 根據退休時的收入與所得替代率，計算出退休後每月平均支出。（表7-2）

表7-2　不同所得替代率下，退休後平均每月支出（單位：新臺幣元）

退休時每月收入	所得替代率80%	所得替代率70%	所得替代率60%	所得替代率50%
100,000	80,000	70,000	60,000	50,000
80,000	64,000	56,000	48,000	40,000
60,000	48,000	42,000	36,000	30,000
40,000	32,000	28,000	24,000	20,000

3. 根據自己理想的退休生活型態，設算退休後每月平均支出。（表7-3）

表7-3　不同需求情況下，退休後平均每月支出（單位：新臺幣元）

支出項目	基本需求型	舒適型	理想型	備註
食、衣、住、行	12,000	20,000	30,000	無房貸、房租情形下基本生活支出
進修、休閒娛樂	9,000	15,000	30,000	舒適型每年出國旅遊2次，理想型3～5次
醫療、保險、健身、其他	7,000	13,000	20,000	舒適型、理想型皆可定期上健身館
合計	28,000	48,000	80,000	

三、計算退休金缺口及退休金總需求

即估計退休後，每月所需生活費用減去已知的退休金來源，如勞保年金加勞工月退休金，即為每月退休金缺口；並以每月退休金缺口及退休後餘命推算退休金總需求。

（一）基本需求型

此一形態需求者退休金的籌措，只要填補退休金缺口即可；即將退休後每月所需的基本生活費用，減去來自就業時服務機關與個人相對提撥的勞保年金（或國民年金）加上月退休金即可。

假設 A 君退休後每月基本生活費用為 28,000 元，退休時最高 60 個月投保薪資為 43,900 元，勞保年金每月可領 23,815 元（43,900 元 ×35 年 ×1.55%），每月勞

工退休金為 6,701 元（見新制勞工退休金試算），二者合計為 30,516 元，足以支應每月基本生活所需，無須再自行準備退休金（假設勞保基金不破產、不降低給付率）。

（二）舒適型

舒適型需求者退休金的籌措，除基本生活費之外，尚需籌措較多的休閒娛樂、醫療健身費用，此一型態退休者在退休前通常有較穩定的職業和收入，就業時服務機關與個人相對提撥的勞保年金與退休金額度將較高。

假設 B 君退休後每月所需生活費用為 48,000 元，勞保年金每月可領 23,815 元（43,900 元 ×35 年 ×1.55％），每月勞工退休金為 7,743 元（以起薪 30,000 元，其他條件相同試算），則每月退休金缺口為：48,000-23,815-7,743=16,442 元。

如果退休後可以再活 20 年，在不考慮通貨膨脹率的情況下，退休金總需求為：16,442 元 ×12 月 ×20 年 =3,946,080 元。

（三）理想型：可以自由自在的過自己想要的退休生活

理想型退休金需求者，通常在退休前已有較較高的社經地位和較豐厚的職業收入，就業時服務機關與個人相對提撥的勞保年金與退休金可能都是以最高額度提列，亦有能力購買較高額的儲蓄險，如管理階層、專業人士、自由業等，退休時均可領得較高額的退休金及保險年金。

假設 C 君退休後每月所需生活費用為 80,000 元，勞保年金每月可領 23,815 元（43,900 元 ×35 年 ×1.55％），每月勞工退休金為 20,618 元（起薪 40,000 元，月退休金提撥率 12％，其餘條件相同），另人壽保險公司儲蓄險每月可領 10,000 元，則每月退休金缺口為：80,000-23,815-20,618-10,000=25,567 元。

如果退休後平均餘命為 20 年，在不考慮通貨膨脹率的情況下，退休金的總需求為 25,567 元 ×12 月 ×20 年 =6,136,080 元

四、計算自己應行準備的退休金

在考量了自己未來退休所想要過的生活型態後，接下來便是要計算該種型態的退休生活，所需要準備的退休金有多少？因為通貨膨脹的因素是存在的，不同的只是通貨膨脹率的高低而已。30 年來臺灣平均年通貨膨脹率約為 2％，以此水準，

在不同的年齡開始準備退休金，分別計算舒適型及理想行所需要的退休金數額（表7-4）。

表7-4　考慮通貨膨脹因素，所需準備的退休金數額

類型	每月退休金缺口	需自行準備之退休金總額	30歲（離退休35年）r＝2％，t＝35，FVIFr,t=1.9999	40歲（離退休25年）r＝2％，t＝25，FVIFr,t=1.6406	50歲（離退休15年）r＝2％，t＝15，FVIFr,t=1.3459
基本需求型缺口	0	0	0	0	0
舒適型缺口	16,442	3,946,080	7,891,765	6,473,939	5,311,029
理想型缺口	25.567	6,136,080	12,271,546	10,066,853	8,256,709

備註：1. 假設 65 歲退休，退休後再活 20 年，退休前年平均通貨膨脹率為 2%。
　　　2. r 為年通貨膨脹率，t 為離退休年數，FVIFr 為複利終值因子。

就舒適型而言，每月缺口為 16,442 元，總缺口為 3,946,080 元，通貨膨脹率 2％，相當於 35 年後的 7,891,765 元（3,946,080×1.9999）；就理想型而言，每月缺口為 25,567 元，總缺口為 6,136,080 元，通貨膨脹率 2％，相當於 35 年後的 12,271,546 元（6,136,080×1.9999）。

計算出考慮通貨膨脹率下，退休時不同型態生活所需的退休金總缺口後，就可以開始計算為了準備那個缺口每個月所需要投入的資金。

離退休的年數愈長，表示可以準備的時間愈長，每個月所需投入的金額就愈少；離退休的年數愈短，表示可以準備的時間愈短，每個月所需投入的金額就愈多，所以愈早開始籌措退休金負擔愈輕，以舒適型每月退休金缺口 16,442 元為例，如 30 歲即開始籌措，在 4％報酬率下，每年需投入 107,149 元，平均每月約需投入 8,929 元；但如果 50 歲才開始籌措，則每年需投資 265,238 元，平均每月約需投資 22,103 元。

資金投資報酬率的高低，也影響每個月投入金額的多寡；報酬率愈高，每月所需投入的金額愈少，累積效果愈好。報酬率愈低，每月所需投入的金額就愈高（表7-5）。

07

表7-5 以舒適型每月退休金缺口16,442為例，退休前每年（每月）所需投資金額

現在年齡	距離退休年數	退休時需自行準備之退休金	在不同投資報酬率下，退休前每年（或每月）需投資之金額（單位：新臺幣元）		
			2%	4%	6%
30	35	7,891,765	$FVIFA_{r,t}=49.9945$ 13,154（月） /157,852（年）	$FVIFA_{r,t}=73.6522$ 8,929（月） /107,149（年）	$FVIFA_{r,t}=111.4348$ 5,902（月）/70,819（年）
40	25	6,473,939	$FVIFA_{r,t}=32.0303$ 16,843（月） /202,119（年）	$FVIFA_{r,t}=41.6459$ 12,954（月） /155,452（年）	$FVIFA_{r,t}=54.8645$ 9,833（月） /117,998（年）
50	15	5,311,029	$FVIFA_{r,t}=17.2934$ 25,592（月） /307,113（年）	$FVIFA_{r,t}=20.0236$ 22,103（月） /265,238（年）	$FVIFA_{r,t}=23.2760$ 19,014（月） /228,176（年）

備註：1. 每月所需投資金額為每年所需投資金額除以 12 個月之簡單平均數。
　　　2. $FVIFA_{r,t}$ 為年金終值因子。

　　援上例如投資報酬率為 6%，30 歲即開始投資，每年僅需投資 70,819 元，平均每月約為 5,902 元；如果投資報酬率為 2%，則每年需投資 157,852 元，平均每月約需投資 13,154 元，投入金額相差 2.23 倍。

　　時間長短和報酬率高低是累積退休金最重要的兩大因素，愈早投資負擔愈輕；報酬率愈高所需投入的金額也愈小，然所有的投資都含帶風險，而利潤正是風險的報酬，風險愈高，利潤可能愈大，相對的損失也可能愈慘重，如何在風險與利潤中求取平衡，以達到累積退休金的目標，便是退休財務規劃核心所在。

7-3　投資理財工具的認識與運用

　　市面上的投資標的琳瑯滿目，金融商品五花八門，能正確評估投資標的的價值，才可以避免誤入投資陷阱，買了不該買的投資標的，或錯殺可以長期持有的金融資產；瞭解金融資產的風險，才不會孤注一擲，在市場波動劇烈時血本無歸，落得老來悽涼，悔不當初。是故好的開始是成功的一半，正確認識投資理財工具的價值與風險，就是退休財務規劃最好的開始。

常見的投資理財工具除了房地產（通常金額龐大）、保險、貴重金屬之外，就是股票、債券、共同基金了，這幾種投資工具金額都可大可小（債券需透過共同基金），股票可以買單張，也可以定期定額買零股；共同基金定期定額扣款，各檔每月最低金額從一千塊到三千塊不等，可視個人財力及需求決定投資金額的多寡。

一、股票投資

購買上櫃、上市公司股票是一般人常見的投資理財方式，也是不少投資人累積退休金的方式之一，基金公司推出的基金更以股票型基金為主，所以此種投資標的的評價與選擇顯得格外重要。

股票（Stocks）是公司的股權憑證（圖7-3），購買股票意味著將以擁有股份的比例分享企業經營的利益，並在出資額限度內，對公司的債務負清償責任，所以股東是公司利益最後的享有人，也是企業風險的最後承擔者，因為負債有優先求償權，股東只有剩餘財產分配權，購買股票必須先有這一層認知。

股票的價格是由未來的現金流量折現而來，而未來的現金流量包括每年發放的股利與出售時股票的價格，如果出售價格高於買進價格則產生資本利得，反之，出售價格低於買進價格則產生資本損失，所以，股票的投資報酬包括股利收入和資本利得。

圖7-3　股票是公司股權的憑證

知識充電站

巴菲特的價值投資法則

股神巴菲特曾告訴投資人：如果你不想擁有一檔股票十年之久，那麼，連十分鐘中都不要擁有。投資獲利的基本前提是找到好股票，所謂的好股票，就是有內在價值的股票。評價一家企業可否投資，主要是看它的產品、市場、管理、財務四個方面；巴氏的八大「價值投資法則」分別為：

1. 必須是消費壟斷企業；
2. 產品簡單、容易了解、前景看好；
3. 有穩定的經營史；
4. 經營者理性、忠誠、始終以股東利益為優先；
5. 財務穩健；
6. 經營效率高，收益好；
7. 資本支出少，自有現金流量充足；
8. 價格合理。

07

股票每張股數為 1,000 股，乘上購買當時每股市價即為每張價格，例如中華電信每股市價 90 元，1 張則為 90,000 元（1,000 股 × 90 元 = 90,000 元）；每股市價從雞蛋水餃股的 1 股 2、3 元到 1 股 1、2 千元都有，可採存夠一張的錢才買一張，或每月固定撥一筆錢如 5,000 塊定期定額購買零股，以 35 年的工作期間有始有終的購買績優股，退休時必可累積一筆相當可觀的資產。

請上雅虎奇摩網站，打開股市網頁，尋找兩家國內成立 15 年以上，最近 10 年每年每股現金股利 1 元以上，或最近 5 年每年每股現金股利 2 元以上的上市公司，並略述該公司產業別、獲利能力及最近 5 年股利發放情形。【請填寫在書末附頁 P27】

二、債券及債券基金

債券（Bonds）是政府或企業向大眾募集長期資金所發行的負債型証券（圖 7-4），由政府發行的稱為政府公債；由企業發行的稱為公司債。政府公債係以政府信用為擔保，故發行利率較低，風險也相對較低，被視為最安全的投資工具；公司債則是企

圖7-4　債券是政府或企業募集資金的負債型證券

業為籌措設備更新或擴充產能等計畫所發行的債券，因受企業營運績效影響，故風險較高，發行利率也較政府公債為高，但就長期波動風險而言，卻遠低於股票，因此深受穩健型及保守型投資人的喜愛，成為投資組合中不可或缺的一環。

債券又稱為「固定收益有價證券（Fixed Income）」，由於定期配息加上報酬率不高的緣故，常讓投資人誤以為購買債券不會賠錢，然天下沒有白吃的午餐，所有的投資均含帶風險，相較於代表股東權益的股票，負債雖有優先受償權，但債券仍隱含下列風險：

1. 違約風險（Default Risk）：又稱爲信用風險（Credit Risk），債券發行公司無法履行付息還本的風險，違約風險愈高，違約貼水（Default Premium）就愈高。

2. 利率風險（Interest Rate Risk）：債券的票面利率是固定的，但市場利率卻起伏不定，一但市場利率上升，新債的收益率立即提高，現有債券價格馬上面臨下跌的壓力，尤其是到期時間愈長的債券利率風險愈高。

3. 匯率風險：對跨國投資者而言，海外債券的匯率風險可能高於利率風險，當投資標的國的貨幣貶值時，匯兌損失可能會侵蝕掉投資人的利息收入，甚至造成虧損。

4. 通膨風險（Inflation Risk）：當物價上漲，通貨膨脹率超過債券利率時，債券將貶值，因爲定額給付的債券不具備對抗通膨的特性。

　　其他如再投資風險（Reinvestment Risk）、贖回風險（Call Risk）、事件風險（Event Risk）也都會影響債券報酬，不過縱然影響因素複雜，相對於股票，債券仍屬於風險較低的投資標的。

　　通常債券交易都是大筆金額的買賣，既使是郵局代售的建設公債，面額也是以十萬元爲單位，非一般小額投資人所負擔得起，且債券買賣手續亦非簡便，尤其是海外政府公債、公司債，上班族更不易參與。因此，一般投資人可以透過債券型基金參與投資，其效果與直接投資債券相去不遠。

　　投資債券型基金不僅選擇範圍擴及全球、基金類型多樣化，尚可比較各家投資公司績效、風險高低、手續費多寡，以選擇最合適自己的債券基金，做適當的資產配置。

三、共同基金

　　所謂共同基金（Comnon Fund），就是由投證券投資信託公司募集，聘請專業經理人操作，將受託資金投資於股票、債券（含國庫券、政府公債、公司債）、貨幣、衍生性金融產品等各種投資標的，並由保管銀行保管投資標的的理財方式。

　　購買共同基金有下列幾個優點：

1. 交由專家選擇投資標的、控制風險。

2. 投資標的買賣與保管權分開。

3. 小額即可投資。

4. 可依個人喜好選擇不同性質基金。

5. 變現性強,可以隨時上網買賣。

(一) 共同基金的種類

1. 發行公司、註冊地

(1) 國內基金:由臺灣的證券投資信託公司發行管理的基金,在國內登記註冊,並以國內投資人為銷售對象;投資標的是國內或海外的有價證券。

(2) 海外基金:由國外基金公司發行管理的基金,登記註冊於我國以外地區,以全球投資人為銷售對象,受註冊當地國相關法律監督,投資地區不限,但引進在我國銷售須先經證期會核備。

2. 基金型態

(1) 開放型基金:投資人可以隨時依據基金淨值報價,直接向基金公司買進、贖回或轉換,不須透過集中市場撮合交易;為共同基金發展主軸,目前在臺灣銷售的海外基金皆屬開放型基金,國內基金多數亦屬開放型基金。

(2) 封閉型基金:發行單位數固定,基金額度募滿之後,就不再接受投資人買進或賣出,故稱為封閉型基金。基金成立後在證交所掛牌,之後投資人所有買賣交易皆須透過集中市場撮合,交易流程與買賣股票相同,交易價格由市場供需決定。

3. 投資區域

(1) 全球型基金:以全球金融市場為投資對象,通常投資於已開發國家的股票或債券;也有以全球新興市場的股票或債券為投資標的,由於投資市場遍佈全球,所以風險較為分散。

(2) 區域型基金:以投資於特定區域內數個國家的證券為標的,可以享受區域經濟發展的利益,並降低投資於單一國家的政治、經濟風險。

(3) 單一國家型基金:以個別國家的證券為投資對象,大部分投資於該國上市公司的股票,由於投資市場集中,須承擔較高的風險。

4. 投資策略
   (1) 積極型基金：以追求最大資本利得為目標，通常投資於價格波動性大的股市，如新興市場股票或高成長的中小型股，最具冒險性，風險、報酬率也最高。
   (2) 成長型基金：以追求長期穩定增值為目的，投資標的以具長期資本增長潛力、獲利能力優良、配息穩定的績優公司股票為主。
   (3) 平衡型基金：同時投資股票與債券，在股市多頭時增加股票的投資比重，在股市空頭時提高債券部位，強調「進可攻、退可守」的投資策略。
   (4) 收益型基金：以追求穩定收益為目標，避免大起大落的波動風險，通常投資於投資級以上的債券或短期票券。
5. 投資標的
   (1) 股票型基金：投資標的為上市公司股票，為一般投資人最熟悉的基金型態，另投資於上櫃公司股票的稱為店頭市場基金；基金淨值隨投資之股票市場漲跌而變動。
   (2) 債券型基金：以債券為主要投資標的，可分為政府公債基金、公司債基金、可轉換公司債基金及房地產抵押債券基金。
   (3) 平衡型基金：同時投資股票與債券，以追求股票的資本利得和債券的固定收益，並彈性調整股債比率，投資人購買一種基金及擁有兩種不同性質的投資標的。
   (4) 貨幣型基金：投資標的為短期貨幣市場的金融商品，通常其存續期間小於180天，如短期票券、可轉讓定期存單、國庫券、銀行商業本票等。
   (5) 指數型基金：以各種「指數」作為投資標的的共同基金，基金的操作方式為選定某個指數作為模擬對象，透過該指數的採樣股票成分和比重，來決定基金投資組合中個股的成分和比重，盡量讓基金淨值的變動和大盤指數漲跌幅度趨於一致。
   (6) 傘型基金：又稱為基金中的基金，這類基金投資標的就是基金，且通常為同一基金公司旗下的多支基金集合而成，當投資人不知道該挑選哪些基金時，可選擇此一類型的基金。

（二）共同基金指標的判讀

　　基金的風險性、波動性、收益性，可藉由下列四個指標來判讀：

1. 風險收益等級：中華民國銀行公會針對基金之價格波動風險程度，依基金投資標的風險屬性和投資地區市場風險狀況，由低至高編制為「RR1、RR2、RR3、RR4、RR5」五個風險收益等級，級數愈高，表示價格波動風險程度愈高（表7-6）。

表7-6　風險收益等級

風險收益等級	投資風險	投資目的	投資標的	主要基金類型
RR1	最低	追求穩定收益	短期貨幣市場，如國庫券、短期商業本票、銀行定存等	貨幣型基金
RR2	次低	追求較高的穩定收益	已開發國家政府公債，或國際專業評等機構評鑑為投資級（如標準普爾評等 BBB 級以上）的公司債	已開發國家政府公債基金、已開發國家公司債基金
RR3	中等	追求兼顧資本利得及固定收益	股票及債券，或投資於較高收益的債券，如新興國家政府公債、新興國家投資級以上公司債	平衡型基金、新興市場債券基金
RR4	高	追求資本利得	已開發國家股市，或價格波動相對較穩定之區域內多國股市	全球型股票基金、已開發國家之區域型股票基金
RR5	最高	追求最大資本利得	積極成長型股票，或新興國家股市	單一國家基金、新興市場基金、趨勢型產業類股基金

2. β 係數：衡量基金報酬率相對於市場報酬率的波動程度，β 值大於1，表示基金波動風險大於整體市場；β 值小於1，表示基金波動幅度小於整體市場；通常 β 值愈高代表該基金的波動風險愈高。

3. 標準差：通常用來衡量基金淨值的波動程度，數值愈低，基金績效的穩定度愈高；數值愈高，淨值波動幅度愈大，代表基金績效表現時好時壞，在報酬率相同的情形下風險相對較高。比較基金的標準差，須與同類型基金比較，基礎才會一致。

4. 夏普（Sharp）指數：代表每承擔一單位投資風險所能獲得之超額報酬，夏普指數等於零，表示每一單位風險所帶來的報酬和銀行定存相同，沒有超額報酬；夏普指數大於零，代表報酬優於銀行；夏普指數小於零，則表示每一單位投資風險帶來的報酬不如銀行；夏普值大通常表示該基金在風險相同的情形下報酬率相對較高。

動動腦

1. 請上基智網網站選擇一檔海外公用事業基金及一檔海外新興市場債券基金，成立時間 10 年以上，平均年報酬率 6% 以上，並比較兩檔基金的投資策略、標的、風險收益等級及每年配息率。

2. 基金教母蕭碧燕女士說：「對於要耐心等待多年的投資標的，把定時定額扣款金額降到最低較易成功」、「值得長期定時定額的基金，首要條件是就算經歷大跌，不久後還是會上漲」（smart 智富月刊 203 期，2015.7.1），假設您在一年前趕上中國資金大潮，每月以 10,000 元定期定額買了一檔愛德蒙德洛希爾中國基金（A），面對 2015 年 6～7 月的中國股災：上海綜合指數自 6 月 5 日的 5,023 點下跌至 7 月 3 日的 3,686 點，跌幅 26.6%；深圳 A 股指數自 6 月 5 日的 3,194 點下跌至 7 月 7 日的 2,021 點，跌幅 36.7%，您將如何因應？

【請填寫在書末附頁P27～28】

（三）共同基金選擇與投資方式

截至 2014 年 8 月止，已發行的國內基金共有 835 檔，海外基金部份，證期會共核准 44 家境外基金總代理人，代理 1,022 檔境外基金；如何從眾多基金中選取績效良好的標的，乃是基金投資最基本的課題。

因為籌措退休金屬中長期投資資，故不可只看重基金短期的表現，而忽略其長期的績效。由台大財經教授邱顯比、李存修設計的「四四三三法則」就是最常用來挑選基金的方式之一。

先以一年期為標準，挑出績效在同類型基金中排名前四分之一者，再看入圍名單中的基金今年以來、二年、三年、五年的表現，最後看最近三個月及六個月的表

現是否波動過大，篩選出特定類型中，長期績效表現「穩定強勢」及短期表垷「相對穩定」的基金，作爲投資標的的參考。

我們可以從不同型態（如全球型、區域型、股票型、債券型、平衡型）的基金中，依四四三三法則選取符合該法則的基金作爲投資標的，坊間有所謂的一杯咖啡（或兩杯飲料）投資法，即每天省下一杯咖啡或兩杯飲料的錢，假設一天 100 元，一個月 3,000 元，每月定期定額投資某檔績效良好的基金，35 年後所累積的資產已經可以讓日子過接近舒適型的退休生活了，每月 3,000 元，一年 36,000 元，假設年報酬率 6％，35 年年金複利因子爲 111.4348，35 年不間斷投資，累積的基金金額可達 4,011,653 元（36,000 元 ×111.4348=4,011,653 元），要從國內外基金中找尋長期年報酬率達 6% 的基金並不是一件困難的事。[1]

四四三三法則的意義

1. 第一個「四」：一年期基金績效排名在同類型基金前四分之一者。
2. 第二個「四」：從前面選出的前四分之一基金中，挑選出今年以來、二年、三年、五年期基金績效排名在同類型基金前四分之一者。
3. 後面兩個「三」：從第二個「四」選出的基金中，在篩選出三個月、六個月基金績效排名在同類型基金前三分之一者。

動動腦

請上基智網網站篩選一檔符合四四三三法則的國內一般股票型基金和一檔海外平衡型基金，並概述該檔基金的成立日期、投資策略、風險報酬等級和 1.3.5 年的報酬率。

【請填寫在書末附頁P28】

財務規劃管理是一輩子的事，凡事豫則立，不豫則廢，有適當的規劃和持之以恆的執行，才能立於不敗之地；三天打漁兩天曬網或臨陣磨槍式的投資理財，效果畢竟有限。常見的投資理財方式有房地產、保險、股票、債券、共同基金等，本章僅針對退休財務規劃部分著墨，也就是對如何準備退休金一事，介紹股票、共同基金等幾種比較容易執行的理財方式。如果是以購買股票的方式長期累積退休金，就不會是追逐火紅的飆股，而是購買屬於民生必需，長期獲利、配息穩健的產業；如果是定期定額投資共同基金，也不是追逐流行，購買最新成立名稱聽起來最酷炫的

---

1. 參考基智網 - 四四三三 - 國內基金、海外基金

基金，一樣是購買研究團隊堅強、長期績效表現良好的基金，除了四四三三法則可共篩選之外，也有標準普爾、理柏、晨星、智富、臺灣金鑽等基金獎獲獎名單，可供參考。

知識充電站

明華在大學時期選修過投資理財的課程，對股票、債券、基金等投資有基本的認識；十多年前大學畢業後投入職場，雖然起薪不到三萬塊，扣掉房租、生活費和旅遊支出後所剩已經不多，仍然決定每月從有限的收入中抽出五千塊作為投資理財之用。

因為年紀尚輕，來日方長，承擔風險的能力比較好，想投資股票又覺得沒有時間可以研究產業趨勢和公司的財務報表，於是採取懶人投資法，把研究產業、選擇股票、分析財務報表的工作交給投信公司，選一檔操作績效比較好的股票基金，以最簡單的方式投資理財，儲存將來退休的老本。

在幾番比較之下，選擇了以上市、櫃科技公司為主要投資標的的群益馬拉松基金，按月從薪資帳戶裡定期定額扣款五千元。所謂學貴有恆，投資也是一樣的道理，最怕一曝十寒，為了避免時有時無的情形，自行節制了出國次數和愛買衣服的毛病，讓帳戶裡每個月都有足夠的存款可以投資，幾年下來，投資報酬率遠勝銀行的定期存款。

雖然績效良好，但這檔基金並不配息，很難享受定期收益的樂趣。隨著薪資的增加，更有餘力投資其他標的；思前想後，甚麼基金可以定期配息，報酬率高於銀行定期存款，投資風險又不會太高？挑來挑去，投資標的是民生必需產業的基金最符合這些條件，於是五年前再度加碼一檔國外基金 - 富蘭克林公用事業基金，一樣每個月定期定額扣款五千塊。

隨著時間的經過，不知不覺國內群益馬拉松基金累積已超過百萬元，而投入成本僅六十多萬，累積報酬率超過 50％；另一檔國外的富蘭克林公用事業基金也累積到四十二萬餘元，投入成本僅三十萬，加上每年約 2.8％的配息率，累積報酬率也達 50％以上，遠超過定期存款的報酬率，這也見識到定期定額積沙成塔、滴水穿石的效果，以這樣的方式持續不斷投資，想必到退休的時候可以累積近千萬的財富，過個十分富足的晚年。

（續下頁）

（承上頁）

群益馬拉松基金

報酬率（％）	一個月	三個月	六個月	一年	二年	三年	五年	十年	成立日
單筆申購（02/05）	3.50	9.01	7.69	28.21	46.65	46.27	62.75	146.86	863.50
定期定額（02/05）	3.50	5.84	5.78	9.68	21.21	30.66	36.03	52.58	N/A

成立日期：1996/08/20

基金類型：國內股票開放型一般股票型

投資標的：投資超過 70% 在國內上市、上櫃股票、承銷股票。

風險收益等級：RR4

配息：無

資料來源：http：//www.moneydj.com/funddj/yp/yp012000.djhtm ？ a=ACCA03

富蘭克林公用事業基金美元A

報酬率（％）	一個月	三個月	六個月	一年	二年	三年	五年	十年	成立日
單筆申購（02/05）	3.70	4.37	16.74	28.13	39.71	56.90	110.16	158.45	N/A
定期定額（02/05）	3.70	4.46	8.68	13.37	22.74	31.16	52.13	82.38	N/A

成立日期：1948/09/30

基金類型：單一國家型基金（美國）

投資標的：公共事業股

風險收益等級：RR3

配息：季配

資料來源：http：//www.moneydj.com/funddj/yp/yp012001.djhtm ？ a=FLZ04

本章摘要 | Summary

1. 退休金來源概分為三種，一是來自政府社會安全制度的退休金；一是來自就業時服務機關與個人相對提撥得退休基金；一是來自個人工作期間的儲蓄與投資。

2. 退休金準備的需求，可分設定退休年齡及推算退休後餘命、估算退休後每月所需生活費用、計算每個月退休金缺口及退休金總需求、計算自己應行準備的退休金等步驟。

3. 股票（Stocks）是公司的股權憑證，購買股票意味著將以擁有股份的比例分享企業經營的利益，並在出資額限度內，對公司的債務負清償責任，所以股東是公司利益最後的享有人，也是企業風險的最後承擔者。

4. 債券（Bonds）是政府或企業向大眾募集長期資金所發行的負債型証券，由政府發行的稱為政府公債；由企業發行的稱為公司債。

5. 債券隱含的風險：違約風險、利率風險、匯率風險、通膨風險。

6. 共同基金（Comnon Fund）是由投證券投資信託公司募集，聘請專業經理人操作，將受託資金投資於股票、債券（含國庫券、政府公債、公司債）、貨幣、衍生性金融產品等各種投資標的，並由保管銀行保管投資標的的理財方式。

7. 基金的風險性、波動性、收益性，可藉由風險收益等級、β 係數、標準差、夏普（Sharp）指數等四個指標來判讀。

07

Chapter 8

老人虐待及老人保護措施

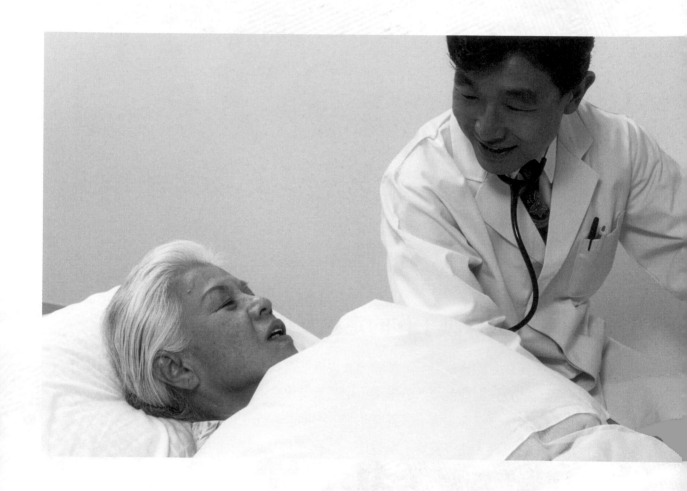

老翁瑟縮工寮，疑天冷心肌梗塞凍死。

氣溫驟降，全台有多名疑似心肌梗塞冷死的案例發生。某修車廠老闆上班時發現工廠旁放零件的工寮，有一78歲老翁衣物單薄，瑟縮在地已死亡多時。

經查該陳姓老翁自老伴去世後即與長子一家同住，相處並不融洽，鄰居多次聽到爭吵甚至打架。事發前一晚，父子又發生爭執，老翁負氣離家，其子並未報案，想不到發生此意外，鄰居不勝唏噓！

8-1　老人保護工作的定義及指標

老人是社會的成員之一，保障老人人權並為其提供妥善的照顧與保護，是國家社會應有的責任與態度。然近年來，由於教育水準的提高，社會倫理的改變，人們不再有「多子多孫多福氣」、「養兒防老」的傳統觀念，情願重質不重量；再加上婦女就業率的提高，使得養育子女變成一種負擔，因此婦女的生育意願降低，少子化的趨勢日益嚴重，使得我國家庭的組成模式以夫妻及未婚子女組成的家庭增多，傳統式的大家庭相對減少許多，代表著臺灣家庭人口數逐漸減少的趨勢愈益明顯；再加上現代社會結構改變，以及多元家庭型態出現，家庭所提供的生理、心理、情感滿足以及生活照顧等家庭功能正逐漸式微，獨居老人缺乏照顧、受子女遺棄或將老人送至機構後棄之不顧的情形時有所聞，因此希望藉由社工或相關專業人員的積極介入，以協助老人改變情境，減少傷害，並提供老人必要的安置措施和照顧資源，以確保老人基本的生活安全。

一、老人保護工作法制及相關服務措施

依據內政部統計，目前國內 65 歲以上的高齡人口有 269 萬人，占總人口數 11.5%，近十年來平均每年上升 0.3%，顯示老人身心照顧問題愈來愈重要；為安定老人生活，保障老人權益，我國早於 1980 年即已制定老人福利法；然社會上仍有部分長輩因家人的疏忽或未善加照顧，致其生命安全、身心健康、基本生活面臨危難及傷害。因此，我國於 1997 年及 2007 年修正老人福利法時，即特別增列保護措施專章，將老人保護工作相關規定具體化，建立安置及責任通報系統等制度，確立了公權力介入老人保護工作的法源依據。在通報網絡的建構中，有鑑於老人受虐情形日益頻傳，政府在歷次修訂「老人福利法」時，將醫事人員、社會工作人員、村（里）長與村（里）幹事、警察人員、司法人員及其他執行老人福利業務之相關人員，列為老人保護的責任通報人（第 43 條）。另外，有鑑於老人因無人扶養，致有生命、身體之危難或生活限於困境者，而現實上有予以適當安置保護之必要，修正條文授權主管機關可依職權直接介入，予以適當安置（第 42 條第 1 項）；另為了使老人保護工作的服務網絡更加完善，爰增列第 42 條第 2 項，規定主管機關執行時，應結合當地村（里）長與村（里）幹事定期主動聯絡、掌握當地老人生活情況，讓老人保護執行工作有了明確周延的規範。

此外，老人福利法第 44 條明定，為發揮老人保護功能，應以直轄市、縣（市）政府為單位，結合警政、衛生、社政、民政及民間力量，建立老人保護體系，並定期召開聯繫會報，以持續強化老人保護網絡。

二、受虐類型及指標

老人受到虐待的方式，大致來說可分為身體虐待、精神虐待、性侵害、遺棄及疏忽等類型。這些虐待的方式，均會在老人身體及心理留下傷痕和證據，茲就上開類型之虐待方式及其徵兆指標分述如下：[1]

（一）受虐定義和類型

1. 身體虐待（依刑法第277條、第278條、第280條、第281條、民法第1052條、老人福利法第41條、家庭暴力防治法第2條）：對老人施行嚴重傷害，使老人身體

---

1. 資料來源：中華民國老人福利推動聯盟

受傷或受痛苦以致於需要送醫治療，或用暴力、武力使老人受傷或死亡，而這些傷害是非意外或因沒有任何預防措施所引致的。

(1) 暴力行為：運用戳、刺、打、捶、擊、推、撞、搖、打耳光、踢、捏及燒等方式對待老人（圖8-1）。

(2) 未接受或拒絕醫療、接受太多或太少或不適當的醫療。

(3) 強迫餵食。

(4) 任何形式的體罰。

圖8-1　身體的虐待，是最常見的老人受虐現象

2. 精神虐待（依老人福利法第51條、家庭暴力防治法第2條）：源於施虐者的言語或行為，以漠不關心、冷落、排斥的態度對待老人，或經常大聲喝罵、批評、挑剔、藐視、藉故責難，造成老人心理及情緒上極度之痛苦、折磨、為難或恐慌。

3. 性侵害、性虐待（依刑法第221～225條、性侵害犯罪防治法第1條、性騷擾防治法第2條）：性侵害係指對於老人以強暴、脅迫、恐嚇、催眠術或其他違反其意願之方法而為性交者；或與無行為能力之老人發生性關係；性騷擾係指未經老人同意而任意撫摸其身體，且包括談論性或看相關書籍和影片。

4. 遺棄（依民法第1114及第1115條、刑法第293條普通遺棄罪、刑法第294條依法令或契約應扶養而遺棄、刑法第295條遺棄直系血親尊親屬之加重規定、老人福利法第41條）：依法令或契約有扶養義務而不予適當照顧，任老人流落街頭等其他處所而違反法令規定者。

5. 疏忽（依老人福利法第41條）：疏忽照顧也是一種老人虐待，老年人有獲得基本生活照顧的權利，照顧者蓄意造成老人之生活基本需要的缺乏及不提供適當的照顧與支持（圖8-2）。

(1) 依法令或契約有撫養義務者拒絕或無法履行對老人之照顧責任與義務。

(2) 拒絕或無法提供老人基本維生，如三餐、水、衣物、藥物、個人安全與衛生用品，及其他因義務或契約所需提供之基本必需品。

6. 失依陷困（依老人福利法第42
   條）：無法定扶養義務人之老
   人，致有生命、身體之危難或
   生活陷於困境者。通常指老人
   拒絕接受或沒有人提供適當
   的生活必需品如水、食物、衣
   著、庇護、個人衛生、醫生指
   示用藥及安全預防等。

7. 財產保護（依老人福利法第13
   條、第14條）：爲保護老人之

圖8-2　照顧者的一時疏忽，也可能造成老人受到傷害

財產安全，直轄市、縣（市）主管機關應鼓勵其將財產交付信託；無法定扶養
義務人之老人經法院爲監護宣告或輔助宣告者，其財產得交付與經中央目的主
管機關許可之信託業代爲管理、處分。

（二）受虐指標

　　依據內政部1999年度研究報告，其中就「老人虐待指標之研究」部分，如果
您發現自己、家人親屬或是身邊的長輩，可能有疑似受到虐待、疏忽等情形，可以
下列指標作爲評估、參考。

1. 照顧者施虐指標—疑似身體虐待
   (1) 身體指標
      ①原因不明的瘀傷：瘀傷是最常見的身體受虐痕跡，在眼框周圍、臉上、唇
        上或嘴邊；在脖子、背部、臀膀、身體兩側、四肢內側及臀部、大腿上；
        身體不同部分同時出現新舊不一的傷；固定部位傷痕，傷痕顯示出經由某
        些工具(如鐵鍊、繩子、橡皮筋綁久所造成的皮下傷痕)所造成。
      ②原因不明的燒傷或灼傷：蓄意造成的燒傷常有規則的傷口，如被香或香菸
        燒傷、燙傷的痕跡，尤其是在腳底、手掌、背部或背部等較不常見燒傷的
        部位；由腐蝕性、酸性物質（如鹽酸）所造成燙傷，包括整隻手或手掌、
        整隻腳或腳掌、背部、臀部有燙傷；明顯使用某些工具（如電流、熨斗、
        火鉗等）所造成的燒傷。

08

③原因不明的骨折或脫臼：頭蓋骨的裂傷；在鼻樑、臉部、肩部或手腕等部位；不同時段發生的骨折；經醫師診斷有多部位骨折。

④因不明的割傷、刺傷、擦傷、裂傷：在眼眶周圍、臉上、唇上、嘴邊、口內或手指；在生殖器及其周圍；在手臂的內側、手背、腿或軀幹上。

⑤原因不明的下腹部傷害：下腹部腫脹；局部性的輕觸即痛；經醫師診斷有腸內血腫（由於踢打重擊）、下腔靜脈破裂（由於踢打重擊）、腹膜炎（由於內臟破裂）、血尿（由於踢打重擊腎臟）。

(2) 行為指標

①害怕與施虐者接觸：當施虐者靠近、接觸他時，會顯得害怕、不安、發抖、閃躲。

②老人口中說出的任何受傷害經歷。

③老人有明顯受傷事實，拒絕透露受傷原因或謊稱沒事。

2. 疑似醫療虐待可能的指標

(1) 身體指標

①老人沒有按時服藥，或一次服用過多、錯誤的藥物（藥物中毒）。

②老人嗜睡或動作遲緩、有呆滯的表情。

③老人輕微的疾病，長久沒有被醫治，而久臥於床。

④因延宕就醫，以致於老人病危或病死。

(2) 行為指標

①老人異常（不明原因）的害怕就醫。

②有關老人被醫療上虐待的傳言。

③照顧者餵老人吃安眠藥。

8-2　老人保護工作的服務網絡

　　老人保護工作是專業、跨機構的專業服務，包含了社政、警政、衛生醫療、民政、司法等單位，依照各自的職掌相互支援與合作，為老人保護工作建立密切的服務網絡。為了提升服務網絡的效能，使老人保護工作的業務更集中化，自 2013 年

7月 23 日起，將老人福利法中所列屬「內政部」之權責事項，改由「衛生福利部」管轄，以期更能保障老人權益，增進老人福利。

　　老人福利法為執行老人保護工作的基本法源依據，根據其中第二章經濟安全、第五章保護措施以及第六章罰則等相關規定，年滿 65 歲以上老人，有下列情形之一，以致其有生命、身體、健康或自由之危難者，任何人均可透過全國保護專線或各縣市政府專責單位通報，茲分述如下：

1. 無法定扶養義務人或未得到基本的生活照顧者。
2. 遭受身心虐待、遺棄、妨害自由。
3. 留置無生活自理能力之老人獨處於易發生危險或傷害之環境。
4. 其他經主管機關認定須接受保護服務者。

一、老人保護服務網絡

　　老人保護服務網絡（圖 8-3），如下所述：

08

通報責任

老人福利法第43條所列有通報責任之人、老人保護專線、社區鄰里、民間團體、家屬或老人本身等。

老人保護主責單任

社福或老人服務中心、家庭暴力暨性侵害防治中心、社會局（處）相關業務單位、受委託辦理老人保護業務之民間團體。

服務網路

緊急救援：
警察局、消防局、衛生局、民間單位。
醫療救護：
醫療機構、各鄉鎮市區衛生所。
社區服務：
居家服務支援中心、居家服務單位、日間照顧中心、文康活動中心、社區照顧關懷據點。
福利申請與轉介：
各鄉鎮市區公所、各直轄市及縣市政府社會局（處）、衛生局、長期照顧管理中心。
行政處分：
各直轄市及縣市政府社會局（處）。

安置服務：
長期照顧機構、安養機構、護理之家、榮民之家、遊民收容所、身心障礙福利機構。
法律服務：
各地方法院、各直轄市及縣市政府法律扶助或諮詢服務專線、各縣市法律扶助基金會。
心理評估與處置：
各直轄市及縣市政府社會局（處）、衛生局（心理衛生中心）、專業社工單位、心理輔導單位。
協尋服務：
失蹤老人協尋中心、各直轄市及縣市政府、衛生署、警政署、法務部、新聞局。

圖8-3　老人保護服務網絡圖　資料來源：中華民國老人福利推動聯盟

二、老人保護服務措施

老人保護服務，就狹義的定義係指對老人虐待或惡意對待等情事，導致老人有生命、身體、健康、自由之危難或生活陷於困境者，提供即時的保護，給予適當之生理及心理的預防和保護服務。保護服務措施包含老人受虐事件的「通報」及成案的「調查評估」兩個階段，主要目的在確認通報案件是否成為開案之「老人保護個案」；茲以中華民國老人福利推動聯盟的老人保護工作流程圖為例（圖8-4），簡要說明如下：

1. 通報：老人本身或是發現老人疑似受到虐待或疏忽時，不論任何人，均可透過24小時的全國保護專線「113」或是各縣市政府的專責專線通報，通報人之身分資料應予以保密（圖8-5）；此外，依據「老人福利法」第43條規定，醫事人員、社會工作人員、村（里）長與村（里）幹事，警察人員、司法人員及其他執行老人福利業務之相關人員為責任

圖8-5　如果發現有老人疑似受虐，可撥打全國通用113求援

通報人，於執行職務知悉老人有疑似老人受虐的情形時，應立即向當地直轄市、縣（市）主管機關通報。

2. 調查評估：老人所在地的主管機關在接獲通報後，應立即處理，必要時得進行訪視調查，進行訪視調查時，可依照情況的危險程度，請求警察協助調查，以保障老人保護工作人員的人身安全。如果通報案件經過「調查評估」後，認為係不屬於老人保護案件時，即可轉介其他福利資源機構或提供相關諮詢。如果通報案件經過「調查評估」後得到「成案」、「開案」的結果，則該案件就列為「老人保護個案」，進入老人保護事件流程。

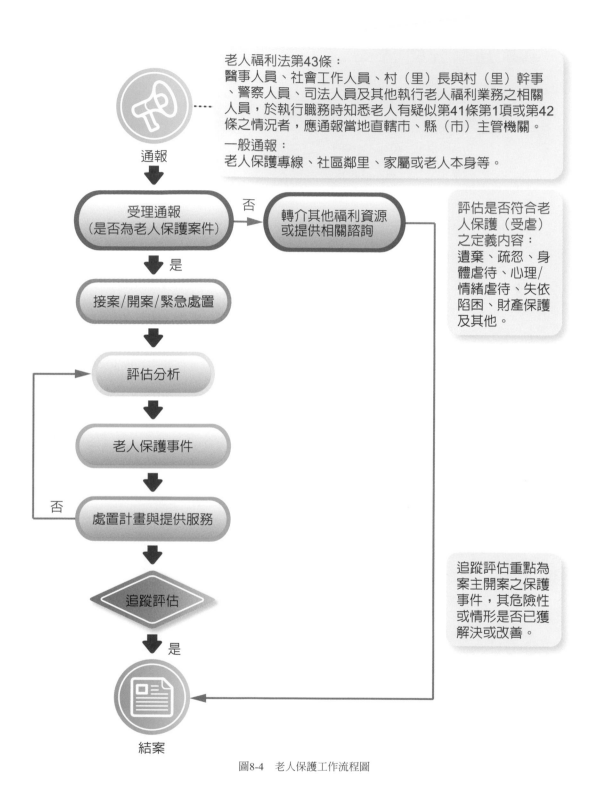

老人福利法第43條：
醫事人員、社會工作人員、村（里）長與村（里）幹事、警察人員、司法人員及其他執行老人福利業務之相關人員，於執行職務時知悉老人有疑似第41條第1項或第42條之情況者，應通報當地直轄市、縣（市）主管機關。
一般通報：
老人保護專線、社區鄰里、家屬或老人本身等。

通報

受理通報
（是否為老人保護案件）

否 → 轉介其他福利資源或提供相關諮詢

評估是否符合老人保護（受虐）之定義內容：
遺棄、疏忽、身體虐待、心理/情緒虐待、失依陷困、財產保護及其他。

是

接案/開案/緊急處置

評估分析

老人保護事件

否

處置計畫與提供服務

追蹤評估

追蹤評估重點為案主開案之保護事件，其危險性或情形是否已獲解決或改善。

是

結案

08

圖8-4　老人保護工作流程圖

知識充電站

全國各縣市老人保護專線

縣市別		老人保護專線	縣市別		老人保護專線
	基隆市	(02)24216299		嘉義市	(05)2253850
	臺北市	0800-024995		嘉義縣	(05)3622914
	新北市	(02)29603456	南部地區	臺南市	(06)2979595
北部地區	桃園市	(03)3339090		高雄市	0800-095785
	新竹市	(03)5219515		屏東縣	0800-009590
	新竹縣	(03)5531972		宜蘭縣	(03)9352165
	苗栗縣	(037)355047		花蓮縣	(03)8345628
	臺中市	0800-099995		臺東縣	(089)320172
	彰化縣	(04)7263135	東部外島地區	澎湖縣	(06)9274167
中部地區	南投縣	0800-009885		金門縣	(082)324648
	雲林縣	(05)5352798		連江縣	0800-060015

資料來源：編者整理

三、老人保護工作原則

　　有關老人保護工作原則內容，參考中華民國老人福利推動聯盟編修之「老人保護工作手冊」，簡要說明如下：

1. 維護老人人身安全為首要：社會工作人員應以老人生命安全為優先考量，得依老人申請或依職權，採取維護老人人身安全之措施。

2. 落實老人與家庭利益兼顧的保護工作：家庭不僅能提供老人最基本的滿足，更是老人生活最自然的環境，如何積極培養第一線老人保護社會工作人員，兼顧家庭及老人的最佳利益、強化保護處置、評估專業知能、建立標準的處遇流程、以及提供及時、有效、安全的保護服務，是老人保護工作首要之務。

3. 尊重老人自主選擇的權利（選擇權）：社會工作人員在處理老人保護的過程中，應協助整合老人及其家庭已具有的才能和資源，幫助他們釐清問題及個人的需求，有效利用老人本身的優勢來造成改變，以培養自我選擇決定的能力。

4. 尊重老人及其家庭尊嚴與權益：當老人受到不適當的對待與照顧，政府有權介入以維護老人的權益，但在處理案件的過程中，對受虐者、施虐者及其他關係人都應給予適當尊重，讓案主及其家庭持有更正面之價值與態度，去除社會預期，並採用增強模式幫助案主因應困境，解決他們所遭遇的困難，協助案家改善互動情況、強化家庭功能。

5. 「家」是老人終老的適宜場所：遵循「在地老化」的概念，在以不損害老人生命與健康為前提，儘量促成案主維持其家庭完整性，讓老人能留在所熟悉的家庭與社區中，保有穩定的生活型態，安享天年（圖8-6）。

圖8-6　家是老人終老最適宜的場所

8-3　老人保護服務的展望

　　「老人福利法」係我國推動老人福利相關業務之主要法規，歷次修正公布以來，相關的老人保護政策及法規更形完備，再加上民間社團、基金會的大力提倡和宣導，讓老人保護工作更符合福利發展趨勢與社會需求。「老人福利法」在老人保護的實踐上擴大了保護範圍，如擴大安置保護對象、延長安置期間、授權主管機關可依職權直接介入等，再再突顯我國對老人保護政策理念之落實和權益之保障。

　　然而這些年來，老人受虐事件仍層出不窮，成案的老人保護個案逐年增加，為使老人保護政策更為落實，減少老人虐待事件的發生，除積極制定更為完備的老人保護法令外，還需各方的努力與合作，共同營造福祉社會。

一、強化老人保護網路功能及服務網路之整合

　　我國在老人保護工作上，雖然提供了包括通報、調查、安置和追蹤等方案的服務輸送體系，但專責相關單位缺乏全面性的協調聯繫，亦因各縣市政府處理流程、資源分佈及認定指標之不同等，常常需要花費許多時間做溝通協調，影響個案的權益。因此明確訂立服務流程，並將落實情形納入指標項目，結合司法、醫療、警

政、衛生以及社政等機構和民間團體，透過各部門的權責分工，建構整合性老人保護服務體系和網絡，確保服務品質。

二、穩定老人保護社工人力

老人虐待事件日益嚴重，然地方政府長期以來面臨老人保護人力不足，為強化社會工作服務能量，行政院業於 2010 年 9 月核定公告「充實地方政府社工人力配置及進用計劃」，於 2011 年至 2015 年間，五年擴大增員計劃，補助地方政府增加社工人力 1,462 名，其中六成人力以正式編制方式進用；另 2012 年至 2025 年進用 1,490 名正式編制社工員，分 14 年逐年納入組織編制，以期協助地方政府充實社工人力，提升服務工作品質。

第一線的社會工作人員在時間和精神上的付出有目共睹，也承擔極大工作負荷和壓力，主管機關應給予合理之危險津貼、加班費等，並提高職等和專業加給，讓專業人員能夠得到合理的薪資待遇，避免老人保護社工人員流動率高，專業經驗和知識難以累積，造成經驗傳承的不足。

三、加強老人保護社工專業能力

老人保護案件中，老人若欲對相對人提出告訴或請求損害賠償時，主管機關應協助之，「老人福利法」第 41 條第 1 項後段定有明文。因此，當相關業務人員進行老人保護案件相關的法律途徑行為時，所涉及的法規除了老人福利法外，還有民法、刑法、家庭暴力防治法等法規，然相關法令的規定和施行細則常常是社會工作人員在執行相關業務過程中所欠缺的，因此，需要透過持續的在職訓練，加強老人保護工作者的專業教育，提升社會工作專業能力之品質與專業倫理。

為了使老人保護工作的業務更加落實集中化，老人保護相關工作已進行業務調整，統一由衛生福利部保護服務司專責管轄，提供專責督導和統籌業務推動，如此一來，老人保護工作可以借鏡參考其他保護性工作如兒童保護、家庭暴力防治、性侵害防治等業務發展的經驗、資源服務以及橫向聯繫機制如何連結等，建構以家庭為中心的老人福利工作，以期更能保障老人權益，延緩老人失能、增進老人福利，讓老人得到安全及妥適的照顧，享有尊嚴與健康、免於恐懼的老年生活。

動動腦

1. 到附近縣市政府拜訪社會局（處）的保護科或社工科，了解去年一年，疑似老人受虐通報事件有多少？他們的受虐型態是什麼？

2. 進一步了解：這些疑似案件，正式成案的有多少？他們的受虐類型是什麼？

3. 再進一步了解：這些成案受虐事件，獲得正式解決（含和解及判決）的有多少？他們的類型有什麼？

4. 思考：疑似案件與正式判決案件之落差爲什麼這麼大？該如何解決？

【請填寫在書末附頁P31～32】

1. 老人受虐的類型，大致可分為基本受虐、精神受虐、性侵害、遺棄、疏忽等。

2. 疑似身體虐待可能的指標，有不明原因的瘀傷、鞭傷、灼傷、割傷、骨折或脫臼、下腹部傷害以及可疑的行為表現等。

3. 不論任何人，發現有疑似老人受虐事件時，均可撥打113全國保護專線。

4. 醫事人員、社工人員、警察人員、司法人員、村里長、村里幹事及其他執行老人福利事務之相關人員為責任通報人。

5. 老人保護服務的展望有：強化老人保護網絡、穩定保護社工人力、加強老人保護專業能力等。

Chapter 9

老人社會工作與長期照顧

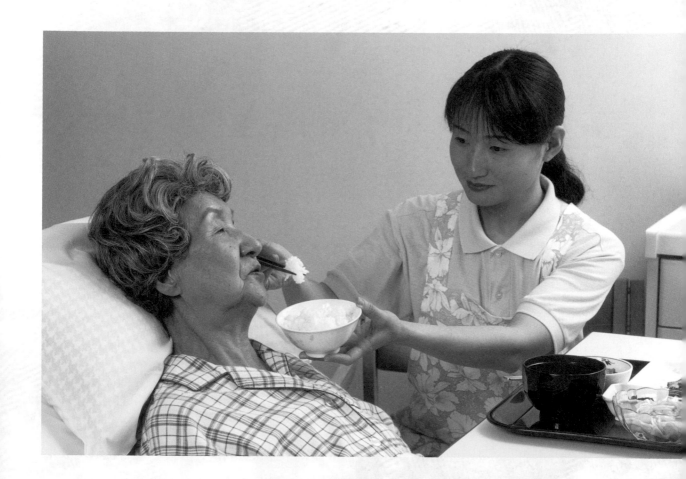

1. 瞭解老人長期照顧的發展及其服務的必要性
2. 探討我國長期照顧服務需求人口數的成長趨勢
3. 認識臺灣長期照顧政策過程和發展問題
4. 當前老人社會工作提供長期照顧 -- 居家服務的申請使用與做法的認識
5. 瞭解老人社會工作結合老人福祉科技，發展老人長期照顧的未來趨勢

故事真理

　　近年來，媒體經常報導因長期照顧問題而發生駭人聽聞的事件，例如「八旬翁釘死久病愛妻」的新聞事件。[1]這則新聞就是有一對老夫婦因子女長期住在美國，倆老住在臺灣，而老太太因罹患帕金森氏症必須由老先生照顧，老先生說，妻子患有帕金森氏症，只要發作，嚴重時四肢至全身都會不斷震顫，外加搖頭和言語不清；而妻子在中秋節前還摔斷腿，裝了四支鋼釘，行走不方便。他並不是不願意照顧妻子，但看她這麼辛苦的活著，實在很捨不得……。這位老先生在長期壓力和不堪負荷之下，最後用鐵釘打進老太太額頭，表示不忍心看太太長期的臥床和受苦，要給予安樂死，事後自己自首，最後也遭到判刑……。

　　由此可見，老人長期照顧的問題若要單靠非正式支持系統－家庭力量來提供長期照顧，不但已經不足以因應長期照顧的需求，且具有相當高的社會風險性，尤其現在社會的老人居住方式以獨居和倆老同住的方式為最多，因此當獨居老人生病時，誰來照顧？當倆老同住的一方配偶生病時，常是老人照顧老人，試想一般人長期照顧失能、失智的老人都已經心力交瘁，何況是由年輕的老人照顧失能的老老人，其照顧壓力是我們難以想像，非外人所能瞭解的……。故老人長期照顧問題是高齡化社會人人都會面臨的問題，目前大都以「家庭照顧模式」最多，而近年來申請「外勞照顧」和使用長期照顧的「居家服務」也在急速成長中，故老人長期照顧是極需老人社會工作的服務介入。

1.　袁志豪、張榮仁、張宏業，2010

9-1　老人長期照顧服務的必要性

老人社會工作已進入專業服務的新時代，尤其老人長期照顧／長期照護（long-term care，以下簡稱「長照」）需求的急迫性與服務的複雜性，極需要專業的政策規劃介入和服務的協助。長期照顧係指不分年齡、身分別、障礙別之身心失能，而且有長照需求者，但因老人的身心功能自然衰退快，所以極易成為長期照顧的主要人口群，尤其是 80 歲以上的「老老人」，其身體功能的「快速衰退」和經常發生「跌倒」意外的事故，其身體功能障礙的盛行率更明顯提升，對長期照顧需求更為迫切，因此人口老化的國家為因應高齡此社會的長期照顧需求，相繼發展長期照顧政策和服務方案之管理。

我國人口老化程度雖不若其他先進國家來得歷史悠久，但人口老化速度卻較各國為快，問題更顯嚴重，而且因為我國長期以來老人長期照顧工作都由「家庭」來提供，但因社會結構和慢性疾病型態的改變，現有的家庭功能已無法承受和滿足老人長照的需求，長照問題也已經不是傳統的孝道文化或現代的家庭所能支撐的，故需要國家政策的主導，而且已是政府不得不去面對的老人福利服務和重視老人社會工作之問題。

臺灣人口老化的速度和數量相當驚人，比預期的還要來得快，尤其年紀更長、更老者（即 85 歲以上的老老人）的長照服務更顯迫切。我國自 1993 年起即邁入高齡化社會，2014 年 7 月底，65 歲以上的老人共 275.3 萬人。其實在 2016 年 2 月底我國 65 歲以上老人人口數已達 296 萬 9,778 人，占總人口數的 12.64％人。老年人口依賴比例也由 1990 年的 9.3％上升至 2016 年 2 月底止的 17.11％；而扶養比也由 1990 年的 50％下降至 2016 年 2 月的 35.42％，老化指數由 1990 年的 23.0％上升至 2016 年 2 月底的 93.5％。

知識充電站

失能人口

世界衛生組織（WHO）對「失能（Disabilities）」所做的定義為：因生理或是心理失去功能，而造成功能表現的限制，在正常情況下，缺少某種能力而使個人做某些動作時失去控制，並依其失能程度做出 3 種失能狀況的界定，分別定義為：缺陷、失能、障礙。依其失能程度分為 3 級：輕度失能、中度失能及重度失能。

資料來源：李惠卿（2013）。

依據衛生福利部社會保險司的資料分析，我國長期照顧服務的需求人口數，
2015 年為 76 萬人，2016 年為 78 萬人，2018 年為 82 萬人，2021 年為 89 萬人（圖
9-1），而衛生福利部社會保險司推估，2015 年全人口失能人數 76 萬人，2031 年快
速增加至 120 萬人，失能人口係以每 5 年約 20％之成長率增加，又對照人口年增
加率呈現逐年下降趨勢，於 2026 年之後即呈現人口負成長，再依據勞動部統計處
公布至 2016 年 2 月底止，我國外籍看護約有 22 萬 5,618 人。這些數據均顯示未來
隨著老年人口比例增加及工作人口比例減少，因此，如何因應大量的老人及長期照
顧服務的需求，為整體社會的一大挑戰。故老人長期照顧的需求人數不斷上升，扶
養比的急速下降，已顯示老人長期照顧問題和服務供給的壓力，並凸顯此一問題不
再是個人問題或家庭問題，它已進入國家安全層次的政策問題，因此就老人社會工
作和長期照顧的問題，是當前需迫切解決的老人福利與社會照顧。

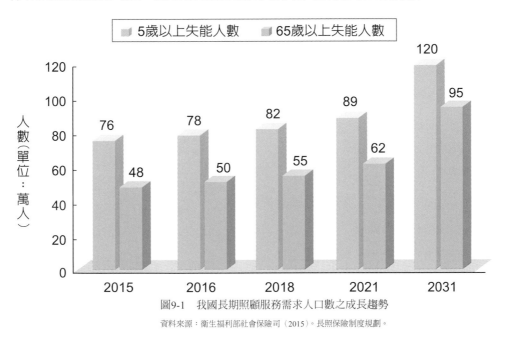

圖9-1　我國長期照顧服務需求人口數之成長趨勢

資料來源：衛生福利部社會保險司（2015）。長照保險制度規劃。

當前老人長照問題在現代家庭居住結構之下，是社會潛藏的風險和嚴重的危
機，政府有責任認真且嚴肅的去面對這個新問題。長期照顧問題一生可能只發生一
次，但也可能因此持續一生，他對於個人及家庭均帶來重大身心及財務壓力，因此
必須全盤考量分析其服務評估的系統和現行服務的問題。因此，為了資源運用效率

的問題外，基於分配的公平性與滿足民眾基本需求的殊價財（merit goods）考量，國家有介入長期照顧服務的必要性[2]。然而，我國由家庭提供長期照顧的壓力和財務負擔向來都相當沈重，且社會服務的提供也不夠普及，品質無法確保，造成人人怕老了生病沒人照顧的恐懼。基此，長期照顧的政策法規、發展現況和服務都需要深入探討，才能提供一個確實可行的老人照顧方案，促進老人社會工作的服務品質。

殊價財

殊價財是不依消費者選擇而強制提供的財貨。殊價財與公共財二者的區別在於殊價財適用排他原則，公共財不適用排他原則，且由於具有「殊價性」（meritorious），消費者因為消費不足時，此類財貨應歸政府經營。殊價財另一個特性是，它的利益是「外溢的」，但也是「內延的」，但公共財的利益則多其「外溢性」，而缺乏「內延性」。

資料來源：殊價財。國家教育研究院（2000）。網址：http://terms.naer.edu.tw/。

動動腦

請上網查下列資料各發生哪一年？

1. 臺灣老人人口占全人口數之 7%、14%、20%。
2. 臺灣人口最大值。
3. 臺灣首次 65 歲以上人口數多於 18 歲以下兒童人口數。

【請填寫在書末附頁P35】

9-2 臺灣老人長期照顧的政策發展

為因應人口老化的照顧問題，發展我國的長期照顧制度已成為國家的重要施政方向，不過檢視目前我國對長期照顧的相關投入還是十分有限，各項政策方案執行方面不僅缺乏連結，資源分散、零碎，也阻礙整個體系發展機制的統籌運作。雖然政府政策已朝向包含建構管理機制、協助民眾引進服務，提升成本效益，並規劃評估長期照顧的合理財務機制。[3]依據我國長期照顧的發展歷程，行政院衛生署所做

---

2. Osterle, 2001

3. 吳淑瓊、陳正芳，2000

的政策分析曾歸納爲下列五期：混沌期、萌芽期、制度建構期、資源快速發展期、產業化時期（表9-1）。[4]

表9-1 我國長期照顧的發展歷程

第一階段	混沌期	1985 年以前
第二階段	萌芽期	1986 ～ 1993 年
第三階段	制度建構期	1994 ～ 1997 年
第四階段	資源快速發展期	1998 ～ 2001 年
第五階段	產業化時期	2002 年以後

資料來源：陳惠姿等（2009）。長期照顧實務。

我國的長期照顧資源出現彼此間缺乏銜接性和資源常有重疊性，此乃起因於社政和衛生部門分立，因此中央政府於 2013 年 7 月 23 日將社政（內政部的社會司）、衛政部門（衛生署）合而爲一，正式掛牌爲「衛生福利部」，但在基層的地方政府迄今仍然未合爲一體，社會局（處）和衛生局（處）或鄉鎮公所的行政作業仍然照舊，加上一般民眾對這些相關資源原本就因不熟悉，以及申請條件的複雜，而難以充分利用，造成老人照顧服務的受限。

我國的長照政策和發展方案向來分散於多項政策之中，且宣示性意義大於實質性的效益。若仔細探究，從我國老人社會工作和長期照顧有關的政策是 1970 頒布的老人福利法，該法於 1997 進行第一次修正和 2007 年進行第二次大修法時，就希望提供多元化的老人照顧服務，以達成在地老化的目標。這從 1981 年訂定老人福利機構設立標準，1997 年行政院衛生署發表「衛生白皮書：跨世紀衛生建設」提出長期照顧發展重點以健全發展長照體系爲主，該計畫方針確定長照發展目標，以居家式、社區式照顧爲主（占 70％），機構式照顧爲輔（占 30％）。同年，行政院經建會正式將長期照顧納入「跨世紀國家建設計畫」之中。

而 1998 年 10 月行政院又核定「老人長期照顧三年計畫」，其中除了要普及機構式長期照顧外，強調社區化長期照顧體系之建立，並鼓勵充實社區化照顧設施，其具體措施包含：建立整合性服務網絡，設立「長期照顧管理示範中心」，試辦「單一窗口」制度，希望長期照顧者經由專業評估及個案管理方式，可以「就近」得到妥適之照護安排。同年（1998）又制訂「加強推展居家服務實施方案」、「加強老人安養服務方案」，1999 年行政院又公布實施「建構長期照顧體系先導計畫」等這一

---

4. 陳惠姿等，2009

系列的政策方案的制訂都是為了因應我國高齡化社會快速發展的老人照顧需求。

　　再按又基於發展完整之長照服務制度的理想，於 2002 年 5 月在全國社會福利會議第五分組簡報中，特別提到老人長期照顧的需求資源、財務與管理機制的發展問題，希望可以提供「可近性」、「適切性」的服務品質以及合理的服務成本，並在對策上則包括發展多元化的服務體系、建立各級政府長照資源整合與管理機制、提供醫療與長期照顧銜接的連續服務等。而有鑒於國內長期照顧需求殷切、社區照護資源普遍不足，2002 年行政院也提出「照顧服務產業政策方案」，這是照顧服務的重大軸心轉變，並將照顧服務納入國家經濟建設方案，由政府提供服務供給轉向鼓勵產業加入，以發展商業化、產業化的供給市場，希望以專業化、企業化的方式，提供失能國民所需的日常生活服務，並創造國民就業率為目標。

圖9-2　臺北市照顧管理中心（圖片來源：全華提供）

　　而在 2011 年通過的「新世紀健康照護計畫」中，以各縣市「長期照顧管理示範中心」（圖 9-2）為服務據點，建置轄內長期照顧資源整合與配置的網絡，以有效結合社政及衛政之照護資源，提供民眾長期照顧專業的諮詢評估與轉介、輔具租借、教育訓練與家屬支持團體等適切的服務。[5]

圖9-3　財團法人中華基督教廈門街浸信會是老人社區照顧關懷據點之一。（圖片來源：全華提供）

　　而從行政院於 2007 年 3 月核定行政院於 2007 年核定「我國長期照顧十年計畫：大溫暖社會福利套案之旗艦計畫」（2007 ～ 2016 年）；2008 ～ 2011 年為發展基礎服務模式，2012 ～ 2015 年為擴大服務對象並健全長期服務資源網絡，並預計於 2016 ～ 2017 年為銜接長期照顧保險法。為執行「推動長期照顧服務機制」計畫，當時內政部更積極規劃推動長期照顧體系，例如鼓勵各縣市普遍設立「社區照顧關懷據點」（圖 9-3），提升老人福利機構安養照護服務品質，推動「行動式」老人文康休閒巡迴服

09

務、健康促進活動等等，希望讓社區老人獲得「在地化」的充分照顧。[6]

而為確實面對和因應我國高齡化所導致失能人口急速增加的長期照顧需求，建構我國完整長期照顧體系，行政院經濟建設委員會也於 2009 年就開始進行長期照顧保險制度之規劃研究，並於當年底完成了長期照顧保險對象及組織體制的初步規劃構想：在保險對象方面，為了發揮「社會互助」、「社會連帶」的精神，全民加入長照保險，較符合風險分攤的互助公平原則，初步規劃構想為「全民納保、全民給付」，提供全民無隙的服務與保障；在組織體制設計則著重課責，建構一個權責相符的體制，使長期照顧保險運作順利；在組織體制方面，希望「長期照顧服務法」及「長期照顧保險法」使該制度的實行具備足夠法源基礎。

知識充電站

新世紀健康照護計畫

負責推動單位：衛生署（目前已改為衛生福利部）

推動時間：民國九十年一月至九十三年十二月（共計四年度）

提出時間：經行政院民國八十九年七月二十四日函示由經建會審議，該會民國八十九年九月間邀請專家學者及相關機關會商審議，復經該會委員會於民國九十年二月七日討論通過；後奉行政院民國九十年三月台九十衛字第○一○四五○號核定同意在案。

鑑於歐美各國、日本和韓國都已實施長期照顧政策，我國也在各界的積極努力下，將有關長照制度研擬出兩個重要法案：「長期照顧服務法草案」和「長期照顧服務保險法草案」。其中，「長期照顧服務法」已於 2015 年 5 月 15 日在立法院三讀通過，並預計於二年後（2017 年）實施。至於「長期照顧保險法」則因政黨對財源是採「保險制」或「稅收制」或其他混合的方式，仍在爭論中，尚未通過。

動動腦

拜訪附近的社區照顧關懷據點，請教老人對臺灣長期照顧的實施，有什麼期待？又有什麼意見？並思考：社區照顧關懷據點在我國長期照顧的實施上，可以扮演什麼角色？【請填寫在書末附頁 P36】

6. 陳燕禎，2009a，2009b，2012a

　　綜合我國老人長期照顧法令制定過程和各項政策服務方案的評估報告中，已顯示政府對高齡化社會的長期照顧問題將排山倒海而來的嚴重性，因此也希望透過這些相關法令的制定，整合長期照顧的既有資源，建立「本土化」的長照服務，以紓解家庭長期照顧的壓力和負荷。

9-3　臺灣老人長期照顧與福利服務之推動

　　老人長期照顧服務已從傳統的由非正式系統（家庭照顧）逐漸轉向正式服務系統（機構照顧）（圖 9-4），或由外勞（外籍看護）或居家照顧的模式，加上照顧產業化的發展，照顧的市場模式也不斷的興起，趨向多元化和市場化的照顧模式，這些模式的轉變主要起因於社會結構變遷和

圖9-4　臺北市信義老人服務暨日間照顧中心（圖片來源：全華提供）

家庭居住模式的改變。「以家庭為中心」是中國孝道文化的照顧模式，而不管在現在或未來，各模式也都是以老人需求模式為中心，因為它使老人擁有自己獨立的住處和自由外，更能維持自尊的生活。[7]

　　現代家庭多為雙薪家庭，家人相對能投入親自照顧老人的時間自然減少，子女已不得不選擇使用政府系統或市場所提供的長期照顧的協助方案：如居家服務、日間照顧、外籍看護或機構照顧等來替代由傳統家庭照顧的模式，[8] 以維持現代小家庭的正常生活作息（圖 9-5）。總之，從之前內政部社會司推動「社會福利社區化」政策方案開始，此一方案就受到國內學者與社會

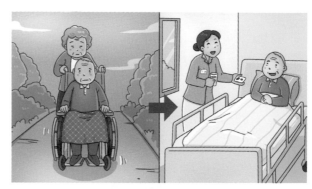

圖9-5　老人照顧由家庭照顧轉變為機構照構

7.　陳燕禎，2006

8.　陳燕禎、謝儒賢、施教裕，2005；陳燕禎，2007

工作實務者的熱情回應，也提出了許多省思與改進的目標，而為了老人健康維護
的需求，期延緩老人住進長期照顧機構的時間，內政部社會司也於2005年又推動
「建立社區照顧關懷據點實施計畫」，並列入「我國健康社區六星計畫」，做為社福
醫療面向的指標性計畫，並推動了長照十年計畫（全稱為「長期照顧十年計畫」），
希望能滿足國內的老人長照的需求；而又為落實「在地老化」（aging in place）理念，
政府也提供失能、失智老人的居家式服務、社區式和機構式的照顧服務模式。

　　整個長期照護制度的發展階段，以及衛生福利部公布已實施結束的「長期照顧
十年（2008～2011）年計畫推動成果」，其成果有：

（一）建立長照服務輸送模式

1. 建置長期照顧管理中心：各縣市已設置長期照顧管理中心（目前有22個中心、
   38個分站）作為受理、需要評估及整合、連結、輸送長照服務單一窗口，確保
   長照服務提供的效率及效益。
2. 建置長期照顧服務需求綜合評估機制：各縣市已建立標準作業流程，並依衛生
   署統一制定之評估工具，執行需求評估。

（二）建立多元長照服務方案

　　為增進民眾選擇服務的權利，落實在地老化，優先發展居家和社區式服務方
案，含生活照顧及醫事照護服務，包括：

1. 居家護理。
2. 居家及社區復健。
3. 喘息服務。
4. 照顧服務（居家服務、日間照顧、家庭托顧）。
5. 輔具購買/租借及居家無障礙環境改善。
6. 老人營養餐飲服務。
7. 交通接送。
8. 長期照顧機構等。

（三）建立階梯式補助及部分負擔機制

　　為提升民眾使用長照服務的可負擔性，且同時避免資源濫用，依失能者家戶經
濟能力，政府提供不同額度補助：一般戶政府補助70％、民眾部分負擔30％；中
低收入者政府補助90％、民眾部分負擔10％；低收入者由政府全額補助等。

（四）發展長照服務人力資源

　　隨著各長照服務方案的推展，內政部與衛生署（即衛福部之前身）積極推動各類長照人員（照顧服務員、社工人員、各類醫事人員、照顧管理人員）之培訓。未來將更進一步檢討過去培訓課程，並完成長期照護醫事人員及照顧管理人員各三個階段課程規劃。截至2015年底長照直接服務人力有照顧服務員8,357人，外籍看護工5,449人，社會工作人員1,147人，護理人員4,645人，服務相關之專業人員1,291人，其他人員1,701人。

（五）提升長照服務使用比率

　　推動長照十年計畫，已獲致具體成效，服務量占老年失能人口比率，從2008年之2.3%，2009年為5.7%，2010年為16.3%，至2011年底提高到21%，增加9倍。從衛生福利部公布的「我國長期照顧十年計畫2012年至2015年中程計畫」報告指出，臺灣為發展完善的長期照護制度，該制度發展的規劃分三階段，希望逐步加以建置：

1. 第一階段—長期照顧十年計畫：為長期照護服務模式建立與量能的擴展時期，自2008年開始推動，為建構我國長照制度及長期照護網絡前驅性計畫。
2. 第二階段—長照服務網計畫：建立我國長照服務體系，長照服務法於2011年報立法院，然尚未通過（該法於2015年才獲得通過）；而為充足我國長照服務量能，使服務普及化，並做為長照保險實施的基礎，長照服務網均需加速推動。
3. 第三階段—長期照護保險法：當第二階段之長照服務法通過並順利運行以後，緊接著將啟動長照保險法的立法工作，之後即可正式實施長期照顧保險，整個國家的社會安全保護網絡趨於更完備。

　　此外，衛生福利部也針對長照十年2012～2015年的中程計畫提出努力的目標、挑戰及執行策略如下：

（一）目標

1. 強化長照服務輸送效率、效能及品質。
2. 強化各類人才培育，提升整體服務能量與品質。
3. 加速資源整備，提升失能民眾服務使用率。
4. 推動新制身心障礙鑑定制度。

（二）挑戰及執行策略

經檢討現行長照計畫所面臨之挑戰，研擬 2012 ～ 2015 年中程計畫相關因應執行策略，如表 9-2。

表9-2　我國長照十年2012～2015年的中程計畫之挑戰及執行策略

挑戰	執行策略
1. 符合現行長照計畫服務對象失能人數成長快速。 2. 長照應服務對象未全面含括於長照計畫。 3. 長照服務輸送體系仍待加強。 4. 長照機構之品質仍待整合提升。 5. 長期照護資訊系統待整合。 6. 長照人力資源亟待培訓及發展。 7. 長照相關法規有待建立。 8. 外籍看護工申審制度待檢討。	1. 逐步擴大長照服務對象。 　(1) 預定 2014 年起將 49 歲以下領有身心障礙手冊且失能納入服務對象。 　(2) 擬自 2015 年，依長照服務網計畫，視長照服務資源整備及財源情形，逐步將全失能人口納入。 2. 長照機構管理之整合及品質提升。 3. 長照服務管理機制之強化。 4. 資訊系統之強化、建置及整合。 5. 長照服務網計畫之規劃及推動。 6. 長照人力培訓規劃。 7. 外籍看護工申審制度之規劃。 8. 研擬自 2013 年調整照顧服務費每小時之補助基準，由 180 元修正為 200 元（本項已於 2014 年 7 月實施）。

資料來源：衛生福利部（2013）。

此外，目前我國約有 1,521 個社區照顧關懷據點，提供社區老人的基礎服務和健康照顧，並開發社區內非正式社會資源，以及結合當地民間團體及志願服務的資源，希望在我國各個角落都能就近的普設社區照顧關懷據點，方便老人福利服務的「就近」服務的取得，此外還針對輕度失能或居住社區內之老人，提供「初級預防」的健康照顧，以擴大老人健康管理和健康促進。

9-4　我國長期照顧的服務特性與內容

一、長期照顧的服務對象

長期照顧需要性係指因為生理的、精神的或心理的疾病或障礙，對於其一般的日常生活起居造成影響，以致可能需要長期藉助輔具或依賴他人之輔助，才能遂行個人身體照料、飲食起居以及家務處理等個人維生服務。而長期照顧對象有先天或後天失能者，提供長期綜合性與連續性的服務輸送。

二、長期照顧的服務內容

　　一般而言，長期照顧的服務內容包含：預防、診斷、治療和復健等健康照顧（health care），支持性和維護性的個人照顧（personal care）以及社會性服務（social services）。然而各年齡層人口都會發生長期照顧的需求，只是老年人因身心功能的退化，因此成為長期照顧的主要人口群，對此長照需求更為殷切。[9]

　　臺灣的長照計畫涵蓋的服務項目則以協助日常生活活動服務為主，就是所謂的「照顧服務」的提供，包括：居家服務、日間照顧、家庭托顧等；另為維持或改善服務對象之身心功能，亦將居家護理、社區及居家復健納入。另外，為增進失能者在家中自主活動的能力，故提供輔具購買、租借及居家無障礙環境改善服務，並以喘息服務支持家庭照顧者。期待經由臺灣未來長照體系之建置，能提供有照顧需求的失能民眾多元而更妥適之照顧服務措施，增進其獨立生活能力及生活品質，維持尊嚴與自主的生活，以達「在地養老」的目標，並支持家庭的照顧能量。

三、長期照顧的服務對象與項目

　　長期照顧事故在風險性質上不同於急性醫療保障事故，其特性有五項[10]：
1. 照顧需要性不是疾病，而是因生活自理功能喪失，長期需要經由他人協助遞補，才可維持一般人生活狀態的維護。
2. 長期照顧需要發生率雖較一般疾病為低，但可能持續至生命終結，因而照顧與財務負擔可能非常鉅大，非一般家庭所能負荷。
3. 長期照顧需要與年齡高度相關，通常伴隨慢性疾病出現多重需要。
4. 長期照顧需要常不具恢復性，醫療處置成效有限，且照顧專業及管理制度與醫療保障並不相同。
5. 非正式照顧的提供比例相當大。
　　臺灣長照對象資格，在長照十年計畫中，其規範對象如下：
1. 65歲以上老人。
2. 55至64歲的山地原住民。
3. 50至64歲的身心障礙者。
4. 僅IADLs失能，且獨居之老人。

09

---

9. 鄭文輝等，2005；Scanlon, 1992; Cambois & Robine, 1996；Osterle, 2001
10. 林志鴻，2000

於 2015 年通過的「長期照顧服務法」第 3 條定義長期照顧的規範對象為:「長期照顧(以下稱長照):指身心失能持續已達或預期達六個月以上者,依其個人或其照顧者之需要,所提供之生活支持、協助、社會參與、照顧及相關之醫護服務。」而該法第 9 條則規定長照服務的提供方式分為:「居家式」長照服務、「社區式」長照服務、「機構住宿式」長照服務、「家庭照顧者支持服務」及經中央主管機關公告之服務方式,且各服務方式,長照機構得合併提供之等等。而就社會工作需要提供的服務項目或內容,則分別規定在第 10 條、第 11 條、第 12 條、第 13 條等(請見長期照顧服務法)。

總之長期照顧的主要服務項目包括:居家服務、日間照顧、家庭托顧、輔具購買(租借)及居家無障礙環境改善服務、老人餐飲服務、交通接送服務、長期照顧機構服務、居家護理、社區及家庭復健,以及喘息服務等。

檢視中央的照顧服務管理資訊系統之功能與設計,發現仍不甚符合系統使用端的實際需求,管理資訊系統操作不易,且缺乏提供相關的教育訓練,加上部分縣市使用自己開發的資訊管理系統,導致中央與地方資訊系統分立。因長期照顧管理中心的統籌與整合功能發揮有限,問題的癥結有長期照顧管理中心組織定位不明、長照中心照管專員勞動條件不佳、專業觀點影響評估與處遇的適切性。[11]

知識充電站

1. 身心失能者:指身體或心智功能部分或全部喪失,致其日常生活需他人協助者。

2. 家庭照顧者:指於家庭中對失能者提供規律性照顧之主要親屬或家人。

3. 長照服務人員:指經本法所定之訓練、認證,領有證明得提供長照服務之人員。

4. 長照服務機構:指以提供長照服務或長照需要之評估服務為目的,依本法規定設立之機構。

5. 長期照顧管理中心:指由中央主管機關指定以提供長照需要之評估及連結服務為目的之機關(構)。

6. 長照服務體系:指長照人員、長照機構、財務及相關資源之發展、管理、轉介機制等構成之網絡。個人看護者:指以個人身分受僱,於失能者家庭從事看護工作者。

資料來源:長期照顧服務法第 3 條

---

11 黃源協、吳書昀、陳正益,2010

四、長期照顧─老人居家服務申請流程

　　長期照顧服務管理資訊系統有時亦難以發揮作用，且民間機構並不一定具備配合系統運作之軟硬體設備。因此，民眾可瞭解居住所在地的長期照顧服務申請使用流程及服務流程，使自己更快速獲得服務輸送的安排，其申請流程見圖9-6。

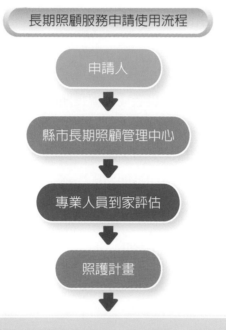

長期照顧服務申請使用流程

申請人

縣市長期照顧管理中心

專業人員到家評估

照護計畫

· 照顧服務（含居家服務、日間照顧、家庭托顧）
· 輔具購買、租借及居家無障礙環境改善服務
· 老人營養餐飲服務　· 長期照顧機構服務
· 交通接送服務　　　· 居家護理
· 社區及居家復健　　· 喘息服務

圖9-6　長期照顧服務流程與服務內容　資料來源：行政院衛生福利部（2010）。

動動腦

　　到所屬縣市政府的長期照顧管理中心了解一下：長期照顧服務申請流程為何？並與服務使用者會談，了解整個流程尚有哪些可能改進的空間。

【請填寫在書末附頁P36】

9-5 老人長期照顧實務所遭遇的問題

一、經費來源

目前有關長期照顧所需費用，醫療相關部分由全民健康保險提供慢性病床及有限度居家護理給付；在社政單位僅針對低收入、中低收入老人提供機構及居家式服務的補助。但也由於長期照顧的經費來源分散於政府各部門，有來自中央政府的補助，也有來自地方政府的自編預算，致使在經費申請或核銷的作業上費時費力，承辦人員與主計人員的要求也不一，也造成承辦長期服務的民間機構的困擾。就目前送進立法院審查的「長期照顧保險法草案」，如長期照顧保險需收多少保險費等，要得到社會各界團體和民眾支持，必須不斷地與民眾進行溝通與說明。不管如何，高齡化國家發展老人長期照顧保險和長期照顧服務是必要的趨勢，也是高齡化國家達成在地老化、健康老化的重要社福政策，縱使過程如何艱難，仍要努力推進。

二、申請外籍看護的問題與現況

在我國提供長期照顧的重要人力來源是外勞，長期照顧機構也極度依賴外勞人力（圖9-7）。我國提供長期照顧服務的人力資源，居家服務、失能家庭幾乎都仰賴外籍看護，外勞為長期照顧服務系統的重要人力來源。目前申請外勞（外籍看護）路徑為：

圖9-7 外勞是長期照顧老人的主力

1. 至醫院經醫生評估，採用「巴氏量表」計分，分數在30分（含）以下即可取得申請資格。
2. 若已經持有經醫生診斷，政府核發的「身心障礙手冊重度者」可直接到長期照顧管理中心申請看護。
3. 現行申請外籍看護應具有下列條件：
   (1)特定10項身心障礙重度等級項目之一者、經醫療專業評估，認定需全天24小時照護者，巴氏量表評估總分不超過35分，可向勞動部申請1名外籍看護工，再透過外勞仲介人力公司進行人力媒合。

(2) 勞動部也對社會各界的需求和申請困難的聲音有了反應，尤其是年老失能的老人，因此研議放寬申請外勞的條件，在2012年9月17日公告高齡老人申請外籍看護對象放寬條件為：年齡80歲以上老人，若符合「巴氏量表」60分以下者，評估為「嚴重依賴」者，即可申請外籍看護。然而有關高齡老人申請外籍看護的資格條件還需要再放寬，因為許多高齡85歲以上的老人，雖然只是輕度失能，但卻需要有專人陪伴和給予生活上的協助，而且高齡老人很容易發生跌倒而造成臥床的意外。

　　由於長期照顧人力需求市場愈來愈大，因此政府為了創造就業機會和培養勞工的職業技能，積極推展照顧產業政策。在照顧產業市場的人力發展措施為：發展在地照護產業，採漸進式由本國中高齡人力來取代外籍看護的需求和發展，希望掌握本土長期照顧產業的龐大工作機會和經濟機會。例如，目前我國培訓本國看護訓練已有四萬多人，其中上過居家服務員課程培訓，並至 2013 年 10 月底止取得照顧服務員證照有 29,108 人，雖然我國政府為保障國內勞工的就業機會，嚴格規定機構本國籍與外國籍看護人力為 3：1，即雇用三個本國看護才能雇用一個外籍看護，但在實施「長期照顧十年計畫」的相關服務中是禁用僱用「外籍」服務員的。雖然我國中高齡者失業嚴重，政府以法令保護其就業機會，但國人願意從事老人長期看護工作的人仍然相當有限。

巴氏量表

　　巴氏量表（Barthel Index）是一種日常生活功能之評估量表，此量表是由美國巴爾地摩（Baltimore）市州立醫院之物理治療師巴希爾（Barthel）於西元 1955 年應用於測量住院中復健病患的進展狀況，並於西元 1965 年此量表發表於醫學文獻，自此巴氏量表（Barthel Index）就被廣泛的應用於復健、老年病患的領域，主要用來測量病患的治療效果及退化的情形等。

資料來源：巴氏量表（Barthel Index）知多少？。彰基院訊電子報（2011）。網址：http://www.cch.org.tw/。

三、申請老人居家服務的使用與付費方式

　　我國長期照顧的使用項目以居家服務最受歡迎，因為它符合傳統孝道文化的需求，其使用績效約占所有老人服務項目的 80％。其申請方式為申請人至長期照顧

管理中心申請，照顧管理員為評估人員，均為社工和護理專業背景者，一經民眾提出申請後，照顧管理員會在 10 天之內完成評估，長期照顧中心的個案管理師會到宅進行服務需求評估，使用 ADL 計分，在 85 分以下即可核准使用；若是獨居老人或失智老人還會改採更寬鬆的 IADL 計分，讓獨居和失智老人受到照顧。

　　每月服務居家服務時數，依「失能程度」分三類核定：90 小時、50 小時、25小時；而申請身分若為政府核准的低收入戶則一律免費使用，若是中低收入戶身分則必須有部分負擔，負擔比率為 1：9（民眾負擔 10％，政府負擔 90％）；若是一般家庭則需負擔較多，負擔比率為 3：7（民眾負擔 30％，政府負擔 70％）。依負擔比率收費，若超出使用核定時數，則可採用「完全自費模式」購買服務使用。長照的照管師評估核定補助時數後，居家服務的社工督導員就會到個案家進行服務需求的確認和簽約，隨即安排居家服務員到宅服務。

　　雖然整個長期照顧居家服務的評估工作流程朝向制度化，然而就作者多年實務經驗和訪談，多位從事長期照顧個案管理師（以下簡稱個管師）和居家服務的資深社工督導（社工師）均表示：目前執行長照居家服務所面臨的實務困難有，長照中心的評估機制仍不夠明確，隨著長照中心評估的個案管理師（簡稱個管師）專業背景不同（如有來自於護理師、社工師、營養師等），加上其訓練不足，導致評估時所重視的面向不同、標準不同，因此長期照顧中個案管理師的審核結果，常和提供居家服務的社工督導實際到宅服務的評估結果有所落差，難免造成申請使用者（老人或家屬）的抱怨；以及在長照的資訊服務系統方面，現行長照資訊系統功能不足、不符實際使用需求，及人力不足，個案量負荷過重，造成審核時間過久等問題，導致民眾的諸多抱怨。

四、長照顧中心的功能與角色

　　各地方政府成立長期照顧管理中心所提供服務推動的功能與角色，多元而複雜，包括：長期照顧資源評估、協調與開發；長期照顧需求追蹤、評估與市場調查；供需資訊整合、傳遞、諮詢與交換；資源轉介、個案管理與供需資訊管理；委辦器材輔具之研發與相關服務、其他相關功能等。故為提升長照資訊系統使用的便利性，採行的方法與策略如下：

1. 整合中央與地方長照資訊系統。

2. 提供友善的系統操作介面。

3. 強化專業人力的在職教育和補充照顧管理師的人力。

　　我國長照服務方案多元化、多樣化，不勝枚舉，有各種服務申請，如外勞服務申請、長期照顧申請、有居家服務申請，以及其他的長照服務方案的申請等（喘息照顧、送餐服務、日間照顧、家庭托顧、機構照顧等），而且服務評估系統都不同，各有一套評估流程，不過目前評估服務的提供還是以行政掛帥，故實務上仍「以行政爲中心」在推動服務業，而非「以案主需求爲中心」，因此目前尙無法提供「客製化」的服務模式，這是急需改善和整合的地方，因此也希望透過未來長期照顧服務法和長期照顧保險法的力量來規範；至於在行政體制方面，衛生署和內政部社會司已於 2013 年併爲「衛生福利部」，將達成長照服務資源系統的整合建置。

五、老人長期照顧社會工作與福祉科技

　　高齡化國家對人口老化的照護政策應有「多面向」發展規劃和「多層次」的安排，從全方位到一次到位的養老服務，服務內容須包含生活照顧、健康促進、居家環境、交通運輸與休閒活動等領域。老人長期照顧的問題，除設計長期照顧的政策方案外，未來一定要朝向市場化、產業化的方向推進，產業界都看到了無限商機，市場發展和福祉科技商品的設計也趨向以老人爲對象的通用設計。[12]

　　目前人口老化的國家已紛紛將資訊科技導入老人長照產業的領域，希望提供遠距照護的在宅醫療及居家照顧服務，以減少醫療支出。[13] 近年來，爲提升老人獨立尊嚴的生活品質，國際積極發展老人福祉科技，[14] 老人福祉科技可分爲以下的服務系統：1. 終身運輸系統（lifelong transportation）；2. 健康的家（healthy home）；3. 個人溝通系統（personal communication）；4. 高生產力的工作環境（productive workplace）；5. 對照護者的支持（supporting to the care giver）。

　　老人社會工作和長照服務是需要藉助「跨專業團隊的合作」和「異業資源連結」，必須善用科技力量，並透過資訊平台和雲端數位資源分享的服務，發展老人

09

---

12. 陳燕禎，2011，2012b

13. Kevin et al, 1996

14. 徐業良，2012；Coughlin ,1999

所需的服務產業。老人的長期照顧和社會工作必須藉助老人福祉科技和人因工程設計輔具的力量，讓失能、失智的長者也能藉由福祉科技過著有獨立自主的晚年。而未來老人社會工作和長期照顧的發展，是必需有更寬廣市場發展規劃和佈局，從預防性的健康促進、養生產業到事後的長期照顧服務，這些都需要透過政策全方位的周全規畫，以評鑑、標章認證制度為導向，並將法令鬆綁，才能鼓勵更多產業加入長期照顧和老人社會工作的服務行列。

9-6 結語

目前長期照顧有待解決的問題，如：民眾偏好使用外籍看護工，照顧服務資源發展不易；長期照顧服務輸送體系尚不健全；長期照顧資源及服務輸送，城鄉存有差距；行政體系和法規分歧；缺乏完善長期照顧制度財務規劃；專業人力不足及人力素質問題；長期照顧資料庫不完整等。[15]

行政院也針對已實施的「長期照顧十年計畫」提出評估報告，發現執行過程中的常見的問題有民間服務提供單位缺乏經驗、服務人力不足、民眾偏好使用外籍勞工（外籍看護）、照顧管理制度尚未完善、服務品質標準尚未建立、資源（社政與衛政）未能有效整合等。許多的研究問題和政府所評估的問題大致相近，可見老人長照顧問題的複雜性和需求的多元性，政府必須積極作為和協助。臺灣長照制度已有長照十年計畫做基礎，有關長照保險制度的相關立法也都在進行中，雖然長照法案在立法過程爭論甚多，但一個制度要推出時，爭論、討論愈多，代表可預防的問題愈多，政府部門應做的準備也愈多。

---

15. 蕭金源，2009

1. 臺灣長期照顧的發展歷程，可分爲混沌期、萌芽期、制度建構期、資源快速發展期、產業化時期等五時期。

2. 「長照十年2008～2011年計畫」推動的成果：建立長照服務輸送模式、建立多元長照服務方案、建立階梯式補助及部分負擔機制、發展長照服務人力資源、提升長照服務使用比率等。

3. 長期照顧的主要服務項目包括：居家服務、日間照顧、家庭托顧、輔具購買（租借）及居家無障礙環境改善服務、老人餐飲服務、交通接送服務、長期照顧機構服務、居家護理、社區及家庭復健，以及喘息服務等。

4. 提升長照資訊系統使用的便利性，採行的方法與策略如下：整合中央與地方長照資訊系統、提供友善的系統操作介面、強化專業人力的在職教育和補充照顧管理師的人力。

5. 「長期照顧十年計畫」執行過程中的常見問題：民間服務提供單位缺乏經驗、服務人力不足、民眾偏好使用外籍勞工（外籍看護）、照顧管理制度尚未完善、服務品質標準尚未建立、資源（社政與衛政）未能有效整合等。

Chapter 10
長照機構經營管理

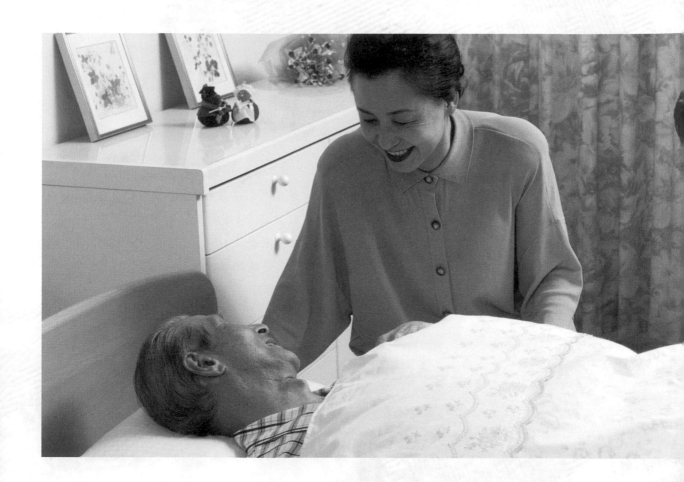

學習目標

1. 了解長期照顧機構的意義和現況
2. 了解長期照顧機構面臨之困難
3. 知悉長期照顧機構的經營管理方法

故事真理

　　賴董是戰後嬰兒潮世代及傳統產業（運動鞋工廠）企業家。因國內工資上漲，土地取得不易，且國內教育政策改變，高等教育普及，年輕人幾乎人人上大學，以致基層工作沒人願意投入，造成人工短缺。常因找不到人員加班而延後出口，使得訂單大量流失，不得不忍痛遠走他鄉。又逢大陸投資熱潮且同文同種，因此在 15 年前整廠輸出到中國深圳當台商。

　　此時大陸工資低土地取得容易，又有三免二減之各項稅賦優惠。賴董感受到投資利基大展身手，擴充在臺灣 5 倍以上之生產線，賺進大把鈔票。但中國大量資金技術移入後經濟起飛，也致使工資上漲。沿海城市找不到工人，大量西部地區來的工人又不穩定且素質不佳，加上各項費用如社會保險費及各項交際費等不斷增加，致使獲利逐年衰退。且年紀又日漸增長，賴董再度面臨抉擇，是否再整廠轉移到越南、印尼，或落地生根衣錦返鄉。最後在家人呼喚下決定回饋臺灣，以從事有意義之工作。

　　想到臺灣面臨人口老化及少子化影響的老化需求，再加上兩岸媒體報導人口老化嚴重，各項銀髮相關產業商機龐大。再加上賴董在大陸經商期間父親中風，自己無法照顧委由國內私人老人養護中心照料。後來父親雖已過世，但仍想要回台投資質優且價格合理的長照機構，來回饋臺灣更多的長輩，並弭補自己無法親自照顧父親的遺憾。賴董以其投資者之立場，一定會面臨老人機構之現實困難，及目前臺灣機構在經營上面臨的問題，以及爾後各項經營管理問題與最大變數等各項評估。尤其長照服務法即將上路時，機構之因應策略等等。

10-1　長期照顧機構的興起和現況

　　臺灣因經濟發展及醫藥技術進步，使得老年人口逐年增加，臺灣地區於 1993 年 9 月 65 歲以上老年人口已達聯合國衛生組織（WHO）所訂定之高齡化社會指標 7％以上。截至 2012 年 12 月老年人口數已達 2,600,152 人，占總人口數之 11.15％。但同時臺灣地區的總生育率卻又屢創新低，截至 2011 年底出生之新生嬰兒不到 19 萬人，可見未來人口結構將急速改變。

　　早期農業社會老人就養照顧工作藉由家中子女、媳婦等人負責，但進入資訊化社會以後，婦女勞動參與率逐年增加，再則家庭結構也由三代同堂之大家庭居住模式，轉變為小家庭式的核心家庭。因此老人居住方式以獨居或只與配偶居住的比率，則有明顯增加之趨勢。但當老人罹患慢性疾病生活自理能力缺損，家庭又無照顧資源及技能時，機構式照顧需求與日俱增。因此依據老人福利法（第 34 條）規定，由政府自行或結合民間資源設立老人福利機構。機構以長期照顧為主，其種類依失能狀況及程度分為長期照護型、養護型、及失智照顧型三種。另依護理人員法設立之護理之家及照顧特殊族群為主的榮民之家，也提供相當多的照顧資源。

　　隨著民眾對機構需求逐日增加，也造就了各種不同功能機構之迅速成長。回顧臺灣機構發展模式，可區分幾個階段，在 1997 年以前設立老人福利機構皆須以財團法人之非營利組織型態成立。未立案小型機構（49 床以下）大量且普遍存在各地方提供服務，此一時期需求大且又無罰則，因此可規劃為機會利潤時代。因未立案無法有效管理，也因而衍生相當多的問題。

　　在 1997 年老人福利法修法將小型機構正式納入管理，依法 5 床～ 49 床以下機構皆須申請立案許可，並允許在三不條件下（不接受政府補助、不接受外界捐款、不享受稅捐優惠），不用成立財團法人組織。此一時期大量合法的小型機構設立，再加上政府大量補助軟硬體之補助款給財團法人機構申請設立，此階段機構已進入了管理利潤時代，以產品生命週期而言，也可說是由成長期步入成熟期。合法機構大量設立競爭者多，再加上法令及政府各項要求增加，也增添了相當多的成本，在此管理利潤時代裡，唯有提升管理技巧才能獲得合理的利潤。

　　到了 2007 年老人福利法再度修法，除了提升各項設立標準條件及門檻外，也增列了各項罰則，不但提升了老人照顧品質及保障，同時也增加了機構經營成本。

因設立門檻不高進入障礙少，再加上政府、民間資源逐漸減少，且一般家庭經濟能力不如以前，不管財團法人、小型機構或護理之家，完全進入以競爭為中心的經營利潤時代，此時只有加強各項管理技能及正確的經營策略，才能勝出永續經營，尤其小型機構因經濟規模小且無政府補助（三不政策），立案數量又多（約占長期照顧機構之 85.84%）競爭格外激烈。

臺灣目前機構主管機關有原社政、衛政（於 2013 年 7 月合併為衛生福利部）及退撫會三大體系，在名稱上依立案法規也有不同稱謂。社會暨家庭署為長期照顧機構，護理及照護司則為護理之家，退撫會稱作榮民之家，三大體系中有公部門成立機構及民間資源成立的私立單位。機構依成立宗旨又有財團法人、私立小型機構，

圖10-1　老人福利機構（圖片來源：海青老人養護中心提供）

甚至公私部門合作之公設民營（委託經營）等不同屬性，因屬性的差異，規模、設置條件亦不相同（圖 10-1）。

各機構也針對需求、規模、區域等，提供不同的服務內容，有單一照顧內容如：長照、養護、失智等，也有為了因應長輩失能條件逐漸加重，及滿足其就地照顧之依賴性，為提供綜合類別的服務內容，另設長照區或養護區甚至失智區。另外機構為滿足區域及老人多元需求，發揮機構效率及提昇競爭力，也發展多元類別的各項外展服務，如送餐、老人保護、日照中心之社區式服務，及居家式照顧之居家服務等。各體系機構可提供床位數、使用率如表 10-1。

表10-1　全國老人福利機構資源分佈表

105年1月人口數	105年1月老年人口數	需求床位數（老人數*0.127*0.3）	老年人口比率%	長期照顧、安養機構（105.1.31）				護理之家（104.12.31）		榮民之家（104.12.31）		總床數	供給－需求
				家數	床位數	收容人數	收容率	家數	床數	家數	床數		
23496068	2955517	75070	12.28	1069	59933	46196	77.1	499	37032	16	7841	104806	29736

資源來源：社會及家庭署

　　機構式服務中以依老人福利法立案之家數及提供床位數最多（其中就規模而言以小型 49 床以下居多），服務型態則以養護型（約 90.62%）多於長照型（約 5.72%），就屬性而言私立（約占 97.89%）則多於公立，礙於各項法規趨嚴，立案家數有趨緩現象。依護理人員法立案之護理之家的規模大小仍以小型為主，立案屬性則以私立為主。該體系有針對區域供需控管，同樣有成長趨緩的現象。另外，退撫會提供之機構皆屬公部門立案，礙於需求日益減少，應不太可能增加，甚至為求平衡及效率，已有提供自費型之養護服務。如以供需而言進住率整體只有七成多，呈現供過於求且有地域性落差現象。但對於特殊性且需求日益增加之失智型照顧，因礙於空間規劃、人力資源、成本效益等等因素，是大家想介入但又不敢介入的另一區塊。

1. 假如您是賴董，您會選擇設立哪些機構（長照機構、護理之家）？及要克服的問題有哪些？
2. 您會選擇設立財團法人或小型之屬性機構嗎？為什麼（考慮因素有哪些）？

【請填寫在書末附頁 P39】

10-2　機構經營目前面臨的問題及衝擊

一、機構經營目前面臨的問題

　　老人人口日益增加亦即需求增加，且子女家庭照顧功能式微，而長輩觀念也逐漸開化，不管自願或非自願入住機構的接受度增加了。再加上即將上路的長照服務法，開放了營利法人及個人經營各類機構，各種因素顯示機構經營應是一大利多。但機構目前面臨以下問題，也造成了經營上的危機。

（一）人力資源不足

　　機構社工、護理及照顧員皆屬法定之專業人員，其人力充足與否影響了服務品質。但礙於待遇、工作環境成長性及價值觀等因素，社工及護理人員往往將機構列

為最後之選項，但其又屬於不可取代性工作，所以有人力不足的現象。就規模而言以小型機構最為嚴重，區域性方面則以花蓮、臺東、離島地區較缺乏，地區性則以鄉下較難找到足夠的專業人力。照服員是機構人力資源中比例最多的專業人力，但因社經地位較低，無法吸引年輕人投入，以中高齡婦女居多。政府為提升基層人力水準，鼓勵二十多所大專院校設立老人照顧或管理相關科系，因定位問題無法滿足其需求，所以投入者相當少。因此目前相當大比率為外籍看護工，約有近一萬人提供服務（以越南、印尼居多），但因語言、生活習慣、技術及居留時間等因素，造成素質參差不齊影響照顧品質甚鉅。

（二）供需失衡、惡性競爭

由老人福利機構資源分布表資料可知，臺灣地區需求總床位數（老人人口×12.7％×20％）為66646床。目前三大系統提供總床位數96988床，進住率只有75.20％呈現供過於求的現象，只是區域分布不均衡，仍有部分縣市供給低於需求。但從其整體收容率而言，仍然只達百分之七十幾。而機構設立時，未考慮供需及區隔、定位等問題造成機構重疊性高，再加上機構收容人數之黑數，導致惡性競爭，完全以價格為導向，進而影響了照顧品質。

（三）法令限制

老人福利法2007年7月30日修正通過後，新機構設立或機構變更、擴充、遷移、復業、負責人變更，皆須依新設立標準，而原機構如各項設施標準未符合者，須於五年內改善完成。因該標準第3條規定，設立時應符合建築法、消防法、土地使用管制規定、飲用水品質標準及其他相關法規之規定。只是舊機構受限於原設立時之較鬆條件，雖有緩衝期仍無法達成其標準，或是必須投入相當大的成本才能徹底改善。另外諸如所得稅法將銷售貨物或勞務所得（看護費等），排除在免稅範圍，再加上印花稅（收據、契約等）造成相當大之負擔。

勞動基準法明訂老人福利機構於1998年7月1日起納入適用行業。因機構可說是勞力密集且以中高齡為主的產業，尤其外籍看護工也適用此法，造成營運成本提高及勞資緊張的壓力。另外相關法令規定不勝枚舉，但設定時只考慮品質，而忽略這些衍生出來之問題及成本，進而造成經營上的困境。尤其，近來很多機構因外勞管理問題及雙方溝通不佳，受其不實指控，經遭檢舉後被依違反人口販賣條例處

理或起訴，一經受理，全部外勞皆集體被強制安置，大量個案被強制轉介出去造成經營上之最大風險。

（四）財務壓力

在供需失衡下造成殺價之惡性競爭，另外也因景氣之結構性未見改善，產生收費無法隨物價指數波動調整（大部分縣市以公費進住每個月 16000 元，近 20 年皆無調整），甚至有逐年下滑現象，更嚴重的是呆帳比率逐漸增加。同時受限政府財政預算補助款減少，外界捐款也受到幾次大天災而有影響，尤其以地區型機構最為嚴重，造成整體收入減少。但各項營運成本如硬體更新、薪資調整等又顯著增加，產生了極大之財務壓力，在惡性循環下也影響了照顧品質。

（五）經濟規模不足

小型機構受限於 49 床以下，醫院也將一小部份病床釋出轉型護理之家，但仍以小規模為主。因經濟規模小、早期又無罰則，再加上大量需求，經營不成問題，但在各項新法規通過適用後成本大量增加，要達成損益兩平相當困難，尤其在 40 床以下之規模，生存條件日益艱難。

在臺灣，養護型長期照顧機構，最適經營規模之研究（賴添福，2013）中小型機構之平均收費標準（R）為 20599 元，固定成本（FC）為 463232 元，單位變動成本（V）為 11035 元，其 QBEP 為 48 床。如在加上 15% 之利潤（P）其 QBEP 將提高為 62 床，顯然已超過小型機構之法訂立案床位數（5～49 床），為求生存只有提高收費標準，24 床時為 30336 元，38 床時為 23225 元。惟靠收費標準（R）之增加求其合理之損益兩平床位數（QBEP）。而財團法人機構經研究，其平均收費（R）為 19752 元，固定成本（FC）為 728435 元，單位變動成本（V）為 15618 元，QBEP 為 176 床，如再加上 15% 利潤（P）QBEP 為 246 床已超出法訂立案標準 5～200 床，只有靠政府服務費補助則其 QBEP 為 116 床，或靠捐助收入，但此項收入皆屬不穩定收入。

（六）消費者意識高漲

個案進住機構前雖經護理、社工、照護等專業人力評估，也告知各項進住條件及個案可能發生之問題，同時也依「公平交易法」簽署定型化契約，告知雙方之權益及義務，此時家屬為能順利進住，皆表示同意及理解。但如發生個案走失、

跌倒、約束、個案間衝突，甚至伙食、活動等，家屬常會提出質疑或無理要求、訴訟，造成工作人員極大的壓力，及經營管理上的風險。

（七）服務內容無法滿足多元需求

社會多元化老人需求也因社會進步、觀念開放、及自主性提高而越多元。再加上機構介入門檻低、競爭激烈，若無法更新各項軟、硬體設備，只以舊思維提供單一服務內容，將無法滿足其多元需求，如飲食方面：無法滿足個別需求的多元選擇權（如素食、粥、飯、麵食、點心等），其他如宗教信仰亦是如此。機構如無法隨著政策改變做適度的調整，提供更多元的服務模式及規模，則將失去其競爭力。

二、機構經營面臨之最大變數～長照服務法實施

為因應衛生福利部成立後，整合社政、衛政及退撫單位之長照服務系統，避免民眾混淆不清、服務多頭馬車，立法院於 2015 年 5 月 15 日三讀通過長期照顧服務法，並經總統於 6 月 3 日公布，臺灣長照即將進入新階段。該法重要內容及影響在民眾方面，重新定義長照內容，服務對象由原失能者增加家庭照顧者。居家外籍看護工聘僱方式，由家庭聘僱增加長照機構聘僱之雙聘制。在長照機構方面，機構設置分為居家式、社區式、住宿式機構。

長照人員皆須經訓練、認證及登錄，並於實施後 2 年內銜接完成。因此該法通過前所稱機構是屬住宿式機構，原住宿式機構設立是由財團法人或私人設立，改變為財團法人及社團法人（公益及非公益型），現行機構須在 5 年內完成改制銜接或轉型（居家式、社區式）。在產業方面，原由非營利組織經營的居家式、社區式服務，開放給民間個人及法人參與經營，同時也開放小規模多機能、團體家屋等整合性服務，即含居家、社區、臨時住宿服務。

在長照財源方面有兩種不同方案主張，即保險制（開放全民納保費率 1.19%，補充保費 0.48%，負擔比例雇主：個人：政府分別為 4：3：3，每年可收 1200 億元左右），及預算制（政府每年編列預算約 350 億元），這兩種主張各有優缺點。保險制可增加覆蓋率由目前 20% 提升到 100%，且收入穩定，易成產業，但必須增加人民、雇主負擔。而預算制則由政府全額稅收負擔，可減輕人民負擔為最佳優點，但被質疑稅收來源不穩定且覆蓋率不足。兩項主張孰優有賴於政府審慎評估，找出最佳策略讓長照可長可久。

10-3 長期照顧機構的管理

　　由機構設立之過程及發展歷史可知，其時間皆不算長，且早期又以公立或大型救濟院之社會福利型態為主。近年來小型規模之機構大量設立，以第一線最基層或醫院看護工的實務工作者投資成立，在經營上並無完整之經營模式。再則社工、護理背景的專業能力亦無管理訓練背景，在法令上也以照護品質為導向，至於效率、效能及危機管理，甚至到最後的永續經營皆無著墨。面對即將到來之產業化趨勢，機構的經營者勢必學習各項管理技能，即使 NPO（非營利組織）也得以經營管理方法創造永續經營的目的。

一、人力資源管理

　　機構的人力成本約占總成本的 40%～60%，其中又以提供勞務獲取所得為主。以產業型態而言可謂是勞力密集產業，而人力對機構的影響，就如企業之於員工，人力資源是機構最大的無形資產也是重要關鍵之一。但與一般產業不同的是其專業人力必須符合專業系所及訓練方可擔任，這也是人力資源管理最大的挑戰。人力資源管理（HRM）的功能包括選才、育才運用及留住人才，其工作內容及具體做法如下：

（一）人力獲得

　　依機構設立標準及發展需求，訂定合理配置之人力需求計畫。在招募與任用方面，新進人力透過外部管道及內部員工之推薦取得，幹部則透過內部依職涯規劃培訓而來，如有緊急或斷層則以外聘方式聘任，著重品德及專業技能、態度等。其中占照服員近一半之外籍看護工，則依就服法（第 34、35 條）委託合法仲介公司聘用，減輕爾後之溝通、管理等壓力。

（二）人力發展與運用

1. 完善的教育訓練在於規劃、帶領及考核之新進人員職前訓練。在職員工則依專業人員資格及訓練辦法，實施每年二十小時訓練，

圖10-2　教育訓練

並依職稱、部門、職位別做不同的規劃，機構年度計劃之內、外部訓練課程，甚至到國內、外績優機構參訪，以提昇人力素質（圖10-2）。

2. 由資深員工、部門主管組成，並由主任擔任召集人成立工作標準及稽核作業小組，透過實做及分析訂定合理化之工作流程。

3. 各組由下而上開會確認考核對象、頻率、方法、項目及權重之公開、公平的考核制度。

4. 每一位員工在聘任後，依其專長、特質、向心力、年資等面向，透過各項專業訓練及考核，建立完整的職涯規劃。

（三）人員激勵與維持

每一位員工（含外籍）依據勞基法、勞退條例、勞健保規定，訂定合理的福利制度，內容有：薪資、休假、獎金（年中、年終、生日、年節）旅遊、進修、參訪、勞健保、退休撫恤金等。

1. 針對每一位員工（含外籍），隨時依考核成績或特殊事蹟，實施立即而有效之激勵措施。

2. 以保障員工安全衛生，建立合諧勞資關係及訂定合理紀律管理（含外籍員工之各項管理規章），提供美好之工作職場。

人員是機構的最大資產，但同時也是機構最大的成本，如何提升其附加價值將是經營者最大的課題。

二、行銷管理

行銷是機構創造、溝通與傳遞價值給客戶（個案、家屬、政府），但同時也讓機構及其利害關係人受益的一種功能與程序。但老人福利法（第37條）規定，機構不得有營利行為或利用其事業為任何不當之宣傳。受此影響機構幾乎沒有行銷概念，但在機構經營面臨產業化趨勢衝擊下，為求績效提升競爭力及對個案的服務水準，就不得不引進行銷概念及管理手法。

在1997年以前機構經營有如企業之生產導向，以機構提供之服務為主。到了2007年機構面臨各項挑戰後，唯有透過行銷導向亦即消費者（個案、或其家屬、甚至提供公費之公部門）導向，了解個案的動機與行為及市場動態，達成滿足個案

需要及機構營運目標之雙贏目的機構始能茁壯生存。各項行銷決策、行銷運作分為策略面及執行面，兩相配合無往不利。茲介紹如下，即目標市場行銷三步驟，市場區隔（S）、選擇目標市場（T）、確立定位（P）簡稱 STP。及執行面之行銷組合有產品、價格、推廣、通路稱為 4Ps。

（一）市場區隔（Segmentation）

　　長照照顧模式有居家式、社區式及機構式等，其中機構式照顧依立案法源有護理人員法之護理之家、老人福利法之長期照顧機構（依失能狀況又分為長期照護型、養護型、失智型）以及國軍退除役官兵輔導條例之榮民之家，甚至身權法之身心障礙機構等。另依機構屬性目前有財團法人機構、小型機構。經營方式有公立、民營、公設民營等不同。甚至有在經濟部立案非社會福利機構之產業化型態營利單位，如以五星級飯店結合之飯店式住宅，與醫療養生、文化社區結合之養生村，結合度假旅遊之旅居式養生住宅，跨世代同堂之銀髮社區等。如此龐大之市場需求及樣態，但機構本身資源有限，必須將市場化分成不同區塊，謂之區隔。

（二）選定目標市場（targeting）

　　依市場區隔產生之不同區塊，選擇其中一個區塊進入作為機構之目標市場。選擇該市場必須考慮市場情況（如市場規模、未來成長率、經營風險等），市場競爭者（如該區域現有及潛在介入者之家數）其目標市場規模大小，使用策略（如品質、價格等）及機構本身條件（擁有資源、競爭優勢、甚至未來發展方向及目標等三因素）再配合劃分市場區隔之區隔變數（有地理環境、區域如北中南東部地區，人口密度之都會、鄉村），或閩南區客家莊或眷村區，及人口統計如性別、年齡、所得、教育、婚姻狀況等。另外也考慮心理變數等，如消費者生活型態、價值觀等。經以上因素總和分析評估後選擇最有利基之目標市場進入。

（三）確立定位（positioning）

　　定位是機構建立優勢及吸引目標市場之形象，亦即當消費者有需求時，能在其腦中如同知名品牌般占第一位置。同時也能協助宣傳提高市占率，擴大市場基礎。機構定位就是與競爭者產生差異化，讓消費者知道「我和其他機構有甚麼不一樣？我又好在哪裡？」塑造成功的定位可依機構屬性、功能、利益作為基礎，如已具公

信力、非營利為目標之公設民營、財團法人機構專門照顧低收入戶為使命之機構。或是以社區化、方便探視之小型機構為屬性，或以專業護理或專門照顧失智，解決家庭煩惱為屬性之機構，皆是成功之定位。當然定位一段時間後可能因大環境如法令改變、競爭優勢不再、消費者需求更多元無法滿足需求時，機構可能依其改變而應變的重定位（repositioning）再創高峰。

（四）產品（product）

產品用以滿足消費者需求或利益，其型式包含製成品、服務，甚至理念皆是可謂相當多元。機構之產品是以提供服務為主。其內涵由最核心利益（解決個案、家屬照顧問題）、基本服務（包含個項設施設備及專業人力配置）、期望服務（期待有更多空間、清新空氣及有家的感覺等環境）附加服務（提供更多元專業人力如營養師、職能、物理治療師服務或提供感官治療等附加服務）到潛在服務（提供遠端照顧、及建構智慧型環境與生產系統，有關懷、提醒、樂趣、警式等功能）。提供之服務可透過 BCG 模式（即市占率及成長率之矩陣），了解目前產品位處何種位置（問題、明星、落水狗或金牛）及 PLC（產品生命週期）了解目前該服務是處於導入期、成長期、成熟期或衰退期，以訂定不同之經營策略。

（五）價格（Price）

指消費者要取得機構提供之服務，必須付出的金額。個案或家屬從詢問到決定是否入住，往往都將價格視為決定因素，尤其它是機構收入（捐款除外）唯一來源。如何訂出對機構最有利又能被目標市場接受，甚至大環境轉變時能機動調整之價格將是經營上一大挑戰。若價格太高雖可塑造形象但接受者少，太低則接受者多，但要再提高價格則很困難。影響訂價因素有成本、消費者及競爭者。由此因素之考量點有不同之訂價方式，有確保獲利之成本導向定價（如加成訂價、損益兩平之目標利潤訂價）。以消費者價值觀而定之消費者訂價導向，因消費者的認知有時比成本更受到重視如品牌觀念。著重區域內競爭者價格互動之競爭者導向訂價，依價格領袖之機構來調整自己的服務價格。當然在推出新服務方案或潛在產品時，可利用吸脂訂價法以高訂價取得較多利潤。

（六）通路（Place）

通路就是機構的服務轉移到個案的過程，兩者中間階層越多其成本越高，追求

的通路當然越短越好。中間階層公費部份則屬公部門只有行政成本，但需先取得接受委託資格，即必須評鑑通過（以甲等以上為優先）。機構大部分的通路是透過配合醫院的看護工或醫師，其通路成本較高。如何透過網路及平時社區活動，提升機構能見度及形象，直接取得個案進住，屬零層通路為最佳狀況。一般機構的通路策略在通路階層（通路長度）採用零階通路。因為中心係提供服務，無實體商品所以無法透過批發商、中盤商或零售商等通路來完成交易。通路系統方面機構一般皆採用水平行銷系統，平時與合作醫院或配合主管機關（社政、衛政）配合辦理社區衛教方案，加上社福單位之相關連結，學校相關科系之產學合作，甚至透過各里民大會宣導老人福利介紹中心服務內容等等，有效運用異業合作創造雙贏。

（七）推廣（**Promotion**）

指將機構與服務與服務訊息傳播給目標市場的活動。它的主要焦點在於溝通，即提醒、告知或說服消費者，以利品牌經營及行銷目標的達成。機構之推廣工具組合有大眾傳播、客制化與互動式溝通二種。

1. 大眾傳播

 (1) 廣告內容

  ①電子媒體廣告：透過地方社區廣播電台或有線電視系統製播公益廣告或活動等。

  ②傳單：製作機構之彩色ＤＭ等。

  ③看板：戶外重要街口豎立廣告看板等。

  ④展示：於政府機關、醫院、活動中心等陳列機構之DM供消費者免費索取。

 (2) 促銷可利用

  ①周年慶：以該時機減價促銷回饋。

  ②敦親睦鄰方案：以機構所在行政之鄰近社區予以不同優惠價格。

  ③升等優惠方案：依個案家屬配合度及個案照顧狀況，予以升等優惠，如由原來5～6人房→3～4人房或單人房，一段期間內升等但不加價。

 (3) 公共關係內容

  ①社區關係經營：參與里民大會宣導各項優惠方案，或參加各項當地廟會活

動，或與當地社區小學合
作各項生命教育活動等
等。（圖10-3）

圖10-3　公共關係（社團慰訪活動）

②捐贈：捐贈社區巡守隊、
環保志工隊活動的加菜金
等。

③新聞稿：配合各項節慶
如：母親節、中秋節、父
親節等，或辦理創新活動，如感官治療、植物輔療、懷舊活動等發佈新聞
稿，提供媒體參考報導。

④研討會、演講等：利用社區關懷據點演講、志工訓練及接受縣政府委託辦
理各項社福相關研討會，介紹機構及宣導。

⑤發行季刊：每季發行刊物介紹機構各項服務之內容及活動，並做好各界捐
款之責信工作。

2. 客制化與互動式溝通內容

(1) 人員介紹：利用消費者到中心詢問時，提供舒適空間，並由專人負責招待
及詳細說明，事後並做電話追蹤，或協助及解答其問題，或提供其他資源
供其參考。

(2) 網站溝通：開放中心網站之詢問產生互動，影響潛在消費者特定之需求。

三、財務管理

　　機構專業經理人皆以專業技能為主，對財管較為陌生，涉獵較少，但它又是衡
量機構經營績效，甚至永續經營之依據。也就是在考量提升照顧品質的同時，更需
考量整體成本，甚至評估機構規模再擴充，還是發展多元創新照顧模式，皆以此為
重要考量因素，因為所有一切經營措施到最後，都展現在財務報表上（表 10-2）。

表10-2　長照機構財務報表（資產負債表）

XX老人養護中心平衡表 X年12月31日			
科目	金額	負債及權益	金額
流動資產		流動負債	
現金		短期借款	
銀行存款		應付票據	
減：備抵呆帳		預收款項	
其他應收款		暫收款	
用品盤存		流動負債合計	
預付貨款		長期負債	
其他預付款		長期借款	
流動資產合計		其他負債	
固定資產		存入保證金	
減：累計折舊		負債總額	
運輸設備			
減：累計折舊		本期餘絀	
固定資產合計		淨值總計	
其他資產			
存出保證金			
開辦雜費			
其他			
其他資產合計			
資產總額		負債及淨值總額	
董事長：	主任：	會計：	出納：

（一）財務報表及分析

　　機構主要之財務報表有平衡表（資產負債表），及收入餘絀表（損益表）兩種。平衡表係在了解機構在特定時間點的財務狀況是否健全，而損益表則可看出機構在某一會計期間的經營績效。可利用分析方法從兩報表中找出有效的數據，供經營者做得失分析及訂定未來方針，投資者或融資單位可依此作為投資或融資的參考。透過百分比分析法了解各項收入、成本科目各占多少百分比之結構比重，與同業間的比較瞭解其競爭力，做為對策的研究。比較分析法是為動態分析，了解各項收入、成本的變動趨勢，以為發展之應變措施。比率分析則透過相關科目的比率，如機構的償債能力分析（流動比率＝流動資產／流動負債），財務結構分析（槓桿比率＝負債總額／資產總額），經營績效分析（總資產週轉率＝銷售貨物或勞務收入／總資產額），獲利能力分析（資產報酬率＝稅後損益／資產總額）。

（二）財務計畫及預算

　　機構依發展需求訂定短期（年度計畫），中長期（3 年以上策略方針）目標，並依預算法考量及調整其因素（個案量、收費標準、通膨、效率、國民所得、同業競爭等）。編列財務規劃及流程如下：

　　確立機構目標（短、中長期）→編製預算（經營預算、財務預算）考核→研擬行動計畫→評估→目標再修訂（短期工作計畫、中長期策略方針）（決算）

（三）成本管理

　　早期機構屬機會利潤時代，完全以品質為導向並無成本概念，但進入成熟階段後競爭者眾，尤其面對產業化的到來，勢必惟有在品質維持下降低成本，也就是提升機構附加價值才有競爭力。以損益兩平點了解機構基本床位數，或基本收入額的經濟規模，才能評估及研擬各項永續經營或競爭之策略方案。損益兩平點即無盈虧，其公式如下：

$$損益兩平點服務量（床位數）＝\frac{總固定成本}{單價－單位變動成本}$$

　　高於此點之床位數則會產生盈餘，低於此點則產生虧損（圖 10-4）。

　　成本依習性區分為固定成本即不會隨著個案增加而增加的成本（如租金、折舊

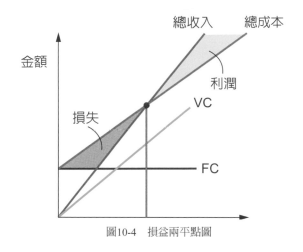

圖10-4　損益兩平點圖

等），變動成本則會隨個案增加而增加的成本，如伙食費，也有科目係屬半固定或半變動成本，損益兩平點重點在於成本習性，硬要詳細分析有其困難的限制。

（四）稅務規劃及管理

因財務規劃沒做好將影響著稅務，再加上經營者的不清楚，稅務往往是其年初結算申報時最為頭痛的地方，尤其對稅法稅務名稱不了解，不慎違反規定遭受處罰造成機構損失，也加重經營者的壓力。與機構關係密切的稅務內容有所得稅、印花稅、牌照稅，另外財團法人屬性機構的土地稅、房屋稅、土地增值稅，如以法人名義持有則享有免稅優惠。

1. 所得稅：NPO部分依所得稅法（第4條第13款）規定，符合行政院的免稅標準將可免納所得稅。但該標準雖從寬規定只要與創設目的相關之費用占總收入之60%即可免稅，表面上要達40%盈餘不容易，也就是要繳稅門檻很高，相當友善，只是卻將占機構收入90%以上的勞務所得（養護費）排除，因此如無謹慎規劃或善加利用折舊，將造成稅務成本（稅率17%）嚴重支出。PO屬性之機構則以收入之固定比率（85%）為費用，亦即營業額的15%為利潤，列入負責人的個人執業所得，申報規劃上需注意負責人或合夥人分散利潤申報即可。

2. 印花稅：此稅屬地方稅且稅少（收據千分之四，合約千分之一），常未受到機構重視及忽略。但其處罰相當重，可處稅額5～15倍所以不可不慎。

3. 牌照稅：NPO屬性機構經主管機關證明，每單位可申報三輛牌照稅免稅。依此可優先規劃排氣量大的汽車適用之以為節稅，但小型機構受限三不政策而無此優惠。

四、服務品質管理

企業對品質管理常言道：「品質不是由檢查而來，而是製造出來的」，只有透過每一位員工投入，才能提供讓消費者滿意，且符合企業經營目標的優良產品品質。

照顧機構雖不像企業生產線的產品產出，是以提供服務讓每一位接受服務的個案、家屬、政府滿意，且符合機構永續經營目標，所以每一位工作人員必須全心投入，就如同企業所言，是每一位員工「製造出來的」。在「消費者導向」下唯有做好服務品質管理，其它的人力資源、財務、行銷管理，甚至創新活動才有意義。

　　機構照顧品質除了平時家屬、個案滿意度調查的指標外，最重要的也是影響機構經營關鍵的定期政府評鑑成績。評鑑是機構定期經營成效的總體檢，有賴於平時努力外，更需運用品質管理技巧及工具方能達成。

（一）機構評鑑

　　為提升機構服務品質，確保受服務者得到優良的照顧服務，各級主管機關依老人福利法第 37 條訂定評鑑實施計劃。小型機構由機構自評，縣市政府複評。財團法人、公設民營、公立機構等則由機構自評，縣市政府初評，內政部複評。依指標內容涵蓋了機構結構、活動過程、經營結果三大面向，2012 年政府訂定及公告之評鑑指標，詳細內容分為行政組織及經營管理、生活照顧與專業服務環境設施與安全維護、權益保障、改進創新等五大類。為強調重要性及關鍵性，將指標分為一級、二級、普通指標，影響評鑑等第甚鉅，各類配分比重、指標等數量（表 10-3）

表10-3　機構評鑑項目表

評鑑項目	分數	一級指標（項）	二級指標（項）
總計		11	14
壹、行政組織及經營管理（占總分20%）	92	4	1
一、行政制度	48		
二、員工制度	44	4	
貳、生活照顧及專業服務（占總分４０％）	100		3
一、社工服務	32		2
二、醫護、復健及緊急送醫服務	72		1
三、膳食服務	20		0
四、生活照顧與輔具服務	28	2	
參、環境設施與安全維護（占總分25%）	112	7	10
一、環境設施	72	2	9

（續下頁）

（承上頁）

評鑑項目	分數	一級指標（項）	二級指標（項）
二、安全維護	16	4	0
三、衛生防護	24	1	
肆、權益保障（占總分 13%）	48		1
伍、改進創新（占總分 2%）	8		

備註：評等原則是以上指標中一級指標 11 項，其中參、環境設施與安全維護的安全維護有三項任一評鑑項目未達到「A」級者，不得列為優等及甲等機構。其餘 8 項一級指標若有三項一級指標未達到「A」級者，不得列為優等機構，若有四項以上一級指標未達「A」級者，則不得列為甲等及優等機構。二級指標 14 項，四項以上二級指標未達「A」級者，不得列為優等機構。

　　104 年開始，政府為因應中央政府組織再造，由原內政部社會司業務併入衛生署成立衛生福利部，照護方面整合衛政之護理之家及社政之長期照護機構（含老人及身障），推出長照服務法的同時，也整合評鑑指標，依序 104 年開始新指標評鑑護理之家、105 老人福利機構、106 年身心障礙機構。

　　該指標與原先舊指標最大差異在於溶入了管理內涵及指標內容中之項目重要性原則。每一指標皆涵蓋管理內涵，即先有計畫（P）再依此計畫執行（D），執行三個月後再行評估（C），就其差異進行分析及修訂之行動（A），依此循環運行之（P → D → C → A）。而內容項目重要性依序為 1、2、3、4、5…，即第一項

　　最重要，如此項未達成，如未設計畫辦法或規範，則縱然準備了 2、3、4、5 項該指標也只得列 E（0 分），在準備上不得不注意不能像以往方式只有準備好其中三或四項至少可以得到 B（80%）或以上之分數。

　　評鑑過程含書面審查（圖 10-5）、人員訪談及實地參觀。因此平時各項會議、活動、紀錄等資料就要實在詳細舉證及歸類，設施設備要確實維護，尤其各項一、二級指標更不能疏漏，工作人員平時更要演練，落實各項設備操作及照顧技巧，及熟悉自己工作職掌、內涵，加強應對及表達，總之平常心面對不用慌張，展現平時準備的最好成果。準備流程，如表 10-4。

圖10-5　評鑑準備

表10-4 評鑑前準備期程圖

項次	工作項目/距評鑑前×月	12	11	10	9	8	7	6	5	4	3	2	1	評鑑當月	備註
1	評鑑涵蓋各項範圍	○	○	○	○	○	○	○	○	○	○	○	○	○	
2	內部宣導					○	○	○	○	○					
3	評鑑指標內涵研究							○	○						
4	指標與實務比對落差							○	○						
5	加強與改善							○	○	○	○				
6	分組改善執行							○	○	○	○				
7	設備檢修保養規劃							○	○						
8	表單檢閱與整理									○	○	○			
9	資料製作										○	○			
10	資料修訂與說明										○	○			
11	評鑑自評														期限前
12	答詢分工與資料擺放										○	○	○		
13	態度、安全加強教育										○	○	○		
14	各項資料確定										○	○	○	○	
15	設施設備修復完成											○	○	○	
16	就緒											○	○	○	
17	穩定情緒												○	○	

（二）全面品質管理（TQM）

　　機構內所有活動透過所有成員努力改善品質，且以持續不斷方式，讓每一位被服務者達到滿意。其方式是成立全員推動小組，由主任擔任召集人。而同一單位或跨組每組 5 ～ 7 人組成一品管圈（Q.C.C），由組長或推舉一人為圈長，就個案、員工、家屬、政府單位、志工等相關人員提出的抱怨事件或意見，或各單位活動、照顧技巧、設施設備、環境衛生等缺失。甚至改進創新，亦即可依指標的內涵或不足處成為改善題目。每三個月為一期，利用時間每週至少開會一次，以腦力激盪法以搭便車方式討論，利用各項報表、異狀單等蒐集現況資料，使用魚骨圖等工具分析原因改善計畫，則依：P（計畫）→ D（執行）→ C（考核）→ A（行動）之管理內涵、循環運行之。並將結果以成果報告書提出，另與提案制度及獎勵措施連結，並利用年終發表會，進行觀摩及表揚。

五、風險管理

　　機構各項經營問題都有一定的徵兆，也是一點一滴累積而成，只要正視問題都有一定的緩衝期，可以進行改善。對機構而言通常不會有立即的風險，但唯獨緊急危機意外事件令人措手不及，又須在最短的時間內立即反應處理與善後，如果處理不當將造成更大的損失與傷害，甚至必須退出市場，可說集各項經營問題之大成，所以不可不慎。

（一）危機事件的類型

1. 天然災害：地震（921地震）、風災（納莉風災）及引起的水災與土石流。
2. 人為過失：常見的過失是有跌倒、噎到、食物中毒、感染、壓傷、給錯藥、灼燙傷等。
3. 環境設施設備意外事件：有庭園池塘溺斃、停電、煞車失靈、電梯故障、高樓跌落、門禁走失、地板浴室臥室公共空間溼滑造成跌倒、火災、瓦斯中毒等。
4. 其它意外事件：則有自殺、打架、自殘、厭食等。另外經營常見的呆帳、掏空、損失、週轉不靈造成的財務危機。

（二）危機事件處理原則

　　預防勝於治療，由主任、院長或負責人擔任召集人，制定危機處理管理辦法，平時負責蒐集問題及分析資料，並模擬現況演練（圖 10-6），尤其加強夜間訓練。財務部分則實施定期盤點及催收，另外為減輕風險負擔，依法購買足額的相關保險。依老人福利法第 39 條第 2 項規定，老人福利機構應投保公共意

圖10-6　消防演練

外責任險之保險範圍及保險金額規定如下：

　　許可設立規模為收容老人 100 人以下及 101 人以上規模之機構：

1. 每一個人身體傷亡：兩種機構皆為新臺幣二百萬元。
2. 每一事故身體傷亡：分別為新臺幣二千萬元及新臺幣四千萬元。
3. 每一事故財產損失：兩種機構皆為新臺幣二百萬元。

4. 保險期間總保險金額：分別為新臺幣三千四百萬元及新臺幣五千四百萬元。

另外除以上公共意外責任險之外，也加購汽車險及天然災害（水災、地震等險）。

當事件發生時，處理原則是先了解事件詳細情況，以防止事件惡化，並透過通報系統向上級及相關單位及人員通報，並做好因應措施，最後面對媒體由專人負責統一發言，報告事件始末及善後原則。善後措施首先安撫住民、家屬、及工作人員，並召集相關單位、人員，檢討事件原因及可進行的改進措施。待各項軟硬體重建後，再取得住民、家屬及主管機關信任，與大眾的認同。事件的預防重在事後的補救，在硬體應注意而注意，應改善而改善。軟體方面加強各項紀錄（社工、護理及設施設備、公安消防），再做好認真而確實的演練，及公共關係（政府、社區、媒體等），讓危機永不發生或將它轉化為轉機。

管理模式可以發生頻率為縱軸，損失程度為橫軸之矩陣來呈現（圖10-7）。或依 80-20 理論，將事件發生頻率低（20％）但災害損失卻高達 80％之事件列為加強自我檢查控管及演練。

圖10-7　管理模式

六、組織創新

創新係指找尋創造價值的新方法及開創新價值。管理大師彼得杜拉克名言「不創新便等死（innovate or die）」，由此可知創新的重要性。尤其機構各項經營條件越加困難時，唯有透過不斷的創新與變革，才能永續經營。

創新依對象分為產品的創新及程序創新。產品創新係針對現有產品或服務，依其實體、功能或模式做改變，以全新產品呈現。如開發遠距照護系統取代醫師到

機構巡診的功能，或導入居家式服務之用藥管理。程序創新則針對產品或服務流程做改變做重新調整。如個案洗澡之流程順序改變，不要一開始就沖頭讓個案驚嚇或不舒服。另外機構混合照顧改變為單元照顧形塑成家的感覺，或為適應失智長輩照顧，將房門鎖位置提高到其頭部以上，以防止直接開門走失。

　　以創新的新穎幅度可分為：

1. 連續性創新：指就現有產品、服務或技術做局部改變。因不涉及基本功能且幅度不大，故消費者不需改變使用行為即可使用，如紙尿褲的吸水量，以減少更換時間。杯子外觀印上個案或其家人合照的照片，以作為區隔及個案的喜愛。又如傷口照護之濕敷法，在消毒後利用紗布沾生理食鹽水，並常保傷口處的濕潤，即可增加傷口的癒合率；或利用呼吸訓練器吹氣，以增加長輩肺功能之擴張能力。

2. 動態連續創新：指已經改變現有產品、服務的基本功能或使用方式，消費者必須花較長時間改變使用習慣，調整原有行為及適應，方能使用新產品或服務。如傳統血壓計改變為自動數位血壓計方便量測及判讀。普通床改變為電動摺床，方便個案起臥及加強舒適感，包紮式紙尿褲改變為穿脫式紙尿褲提供個案之尊嚴及喜愛。

3. 非連續性創新：指開發新產品、服務或技能。消費者必須就新產品或服務的使用方法及功能重新學習方能使用（圖10-8）。如普通電話改為網路電話節省大量行政費用。利用遠距照護節省個案到醫院之勞碌，及減少感染機率。利用床頭按鈴之信號由工

圖10-8　虛擬活動～阿公阿嬤遊苗栗

作人員身上手機接收，可就近得到照顧及需求。開發多功能介面之床頭面板，可提供個案提醒用餐、天氣叮嚀、觸控或音控之遊戲軟體、連結家屬之視訊問安、及進入浴廁之安全警示等整合性多元功能；或使用重量差之床墊感應器，或床下腳踏感應器，了解個案離床動作，以為個案夜間照顧之安全需求。

　　以上依創新層面而言，又可分為技術面創新如電動摺床、急救接收器等及管理面創新，如洗澡流程改變、杯子外觀圖案等。另外如 U-Care 之遠端照顧系統，則包含了技術及管理面之創新。機構為求差異化及提升競爭力，應多鼓勵員工使用創造力技術（如腦力激盪法、屬性列舉法等）來產生新構想。當然組織更應塑造多鼓勵員工之創新文化如接受模糊、對不切實際的容忍及強調開放式系統態度等。

動動腦

1. 老人機構與賴董原先設立之製鞋業皆屬勞力密集工作，只要做好人力資源管理就等於成功一半。何謂人力資源管理（HRM）？其內容及具體作法為何？

2. 賴董係製作運動鞋，透過行銷創立品牌賺取大量財富。但老人機構受限法規限制，不得利用其事業為任何不當之宣傳。但為提升競爭力必須導入行銷概念。何謂行銷？其行銷三步驟（STP）及執行面之行銷組合（4PS）其內容及具體作法為何？

3. 賴董雖為回饋鄉親不以營利為目的，但為永續經營仍然必須分析各項成本。何謂損益兩平點？其公式為何？如總固定成本 60 萬元，單位變動成本 1 萬元，每床收費 25000 元其損益兩平之床位數為何？依此算出之床位數其所得稅如何計算？

4. 賴董最重視品質管理方能行銷全世界，相對的政府為確保老人機構服務品質，規定每三年評鑑一次。每逢評鑑皆讓機構人員人仰馬翻，一級指標中哪三項最重要為什麼？指標皆有管理內涵（程序）為何？

5. 賴董最重視緊急意外事故之處理，因不小心聲譽可能毀於一旦，造成無可挽回之傷害，甚至退出市場。因此賴董無不詳加叮嚀及強調各項預防措施。危機事件處理之類型有哪些？處理原則含管理模式、理論、保險為何？

6. 賴董在產業界國、內外做生意一輩子，深知產品創新之重要性，不創新就如同等死。所以在其機構常見各項創新措施，與一般社工或護理為背景之經營機構有相當大的差異。何謂創新？什麼是產品創新？請舉例之？非連續性創新之定義並舉例之？

【請填寫在書末附頁P39～41】

　　以經濟學觀點而言，老人人口比率不斷快速增加，其需求也急速增加，亦即市場成長率也將逐年增加，照護機構經營理應充滿機會。但上述提列之各項經營問題及品質要求，成本不斷上升，但相對的各項收入（含公費、自費）卻無法相對增

加，經營困難可見一般。因此老人人口增加到底是機會還是危機。爲求永續經營有下列經營策略。

（一）以顧客（案主）～客製化爲導向

長照產業化過程中，機構式照顧需求最早，市場也最成熟，依統計資料可知有供過於求現象，平均住床率只有 75.2%，機構間常以價格競爭爲中心，影響品質惡性循環下造成經營困境。每一位個案進住皆有其背後原因或故事的需求，唯有以案主需求客製化，提供服務之特別照顧計畫，才能聚焦機構資源，滿足其不同的多元需求，創造個案照顧價值。脫離價格競爭，重新塑造機構之定位。

（二）兼顧成長與獲利之差異化服務

在現有激烈競爭中，惟有提昇機構競爭力才能永續經營。競爭力是附加價值 / 成本，如一味以降低成本爲策略，將難以兼顧高價值。況且機構成本結構中人事成本約占總成本 40%～ 60%，但各項人力皆以法定專業人力編制配比，很難有彈性空間，唯有在成本合理控制下，創造附加價值方能取勝，亦即將競爭爲中心轉換成價值創新爲中心。提升人力資源附加價值，創造內部之服務模式、策略、及資源連結之外部創新活動。前者具體作法有配合長輩懷舊的有機農場、懷舊音樂欣賞、社區民俗活動、懷舊走廊及家屬 e 化服務、感官輔療等等。後者有連結大型慈善基金會、寺廟、善心人力，取得設施設備或活動經費補助。與地檢署合作，辦理社會勞動服務及緩起訴金之補助。配合社區中、小學辦理生命學習教育，提供大專院校學生，職前實習訓練及專業交流的產學合作。

另外，結合應用臺灣最具優勢的 IT 產業提昇服務品質，如建構智慧型環境與生活系統，提供生活關懷（家人、子女、老朋友、機構等語言、文字留言），生活提醒（起床、尿床、檢知、用藥、用餐及夜間地板檢知功能），生活樂趣（個人益智、尋寶遊戲、多媒體功能）、生活環境（建築物內外溫溼度、情境燈光、影像功能）、生活警示（緊急、如廁、危險區域之警示功能）的結合等等各項創新活動，取得競爭優勢或超越競爭的差異化服務。遠端照護系統，可透過遠距生理監測設備建構健康資訊整合平台，結合醫療系統，提升照護服務能量，更具有成長空間。

10

（三）擴大經濟規模及經營模式

　　機構在老人福利法修法通過後，各項設立標準提高，增加了經營成本，也同時增訂了各項罰則。尤其當長照服務法實施後，產業化趨勢下，如無法達到基本之損益兩平點，將受到市場淘汰。未來在社區化理想下，可適度增加經濟規模。另外單一經營服務項目將無法提升營運收入，及滿足市場需求影響競爭力。機構可朝多元服務內容規劃，滿足個案多層次需求，擴展各項外展服務如居家服務、日間照護、送餐服務等多機能的經營模式，以求最佳利基點。

（四）策略聯盟

　　機構受限於法令、區域、環境等條件，無法提升經濟規模，且又無法滿足個案多元需求時，可尋求同業間差異性服務內容，達成區域性橫向資源整合之策略聯盟。另外也可透過上、下、垂直整合如與醫院之亞急性、慢性病床往下整合，或與生命事業公司的龐大會員量由下而上結合，更可當作已產業化之各項新興照顧模式後送的結合單位。透過以上各種橫向同業或縱向垂直整合的策略聯盟，可達成金融、物資、資訊、人力資源、專業技能的流通，滿足龐大且不同的市場需求。

　　總之，老年人口逐年快速增加是不可避免的趨勢，雖然需求增加，但相對各項不利經營的困境也日益加重。福利漸漸式微，產業化更趨明顯，如何應用各項經營管理技能克服經營困境，運用各項經營策略，發掘新需求、擴大新市場、完成新市場區隔、開創機構新立基，追求機構永續經營，將是每一位經營者面對的新課題。

動動腦

　　賴董認真投入長照機構經營，績效相當優異又具意義，也想擴大經營及投資。但也發現各項成本不斷增加及經營問題，如法規問題。尤其長照服務法實施後之變數，到底是機會還是威脅？他在思考各項經營策略。

1. 機構未來經營策略有哪些類型及方式？
2. 何謂策略聯盟？
3. 如何兼顧成長與獲利之差異化服務，作法為何？

【請填寫在書末附頁P41～42】

本章摘要 |Summary

1. 臺灣因人口老化且家庭照顧功能式微，大量長照機構崛起。但因各項成本增加，而收入無法相對提高下競爭格外激烈。

2. 目前機構以護理之家、長期照顧機構及榮民之家三大體系。以長期照顧機構家數最多（又以小型機構為主），護理之家次之，榮民之家最少。

3. 目前機構經營面臨問題有：(1)人力資源不足、(2)供需失衡、惡性競爭、(3)法令限制、(4)財務壓力、(5)經濟規模不足、(6)消費者意識提高、(7)服務內容無法滿足多元需求，並面臨長照服務法開辦後之最大變數。

4. 機構經營之管理方法有：(1)人力資源管理（人力獲得、發展與運用、激勵與維持並建立勞資和諧關係）、(2)行銷管理（行銷三步驟STP及行銷組合4Ps）、(3)財務管理（報表分析、財務計畫書及稅務規劃與管理）、(4)品質管理（評鑑準備及全面品質管理TQM）、(5)風險管理（危機類型、處理原則及管理模式）、(6)組織創新（創新對象、幅度與層面）。

5. 機構永續經營之經營策略有：(1)客製化之顧客導向、(2)兼顧成長與獲利之差異化服務、(3)擴大經營規模及模式、(4)展開策略聯盟等。

10

Chapter 11
老人長照機構服務創新

學習目標

1. 瞭解老人長照機構基本功能
2. 瞭解老人照護機構提供之服務
3. 認識不同創新型態
4. 瞭解服務創新對老人長照機構之影響與重要性
5. 學習運用服務創新思維強化長照服務

故事真理

　　王老太太的兩個兒子小明與小煌兩兄弟由於工作關係，一個居住在臺北，一個住在臺中。因此，王老太太都與丈夫兩個人住在嘉義縣鄉下過著相依為命的生活。但是在 2014 年，王老先生過世後，年邁 70 歲的王老太太成了孤身一人在嘉義鄉下生活，因王老太太年老與身體健康因素，加上王老太太不願增加兩兄弟的負擔，而選擇自己居住，照顧問題成了兩兄弟最大的煩惱。

　　小明與小煌考慮到王老太太有高血壓及小中風病史，行動不便以外，亦需要有人定時提醒她服藥來控制病情，孝順的兩兄弟有意願採輪流照顧的方式將王老太太接過來同住，但是王老太太不願意加上王老太太口中常提到大家都在上班，若輪流與兩兄弟同住也是一個人在家，不固定的居住環境又造成她的不安全感。另外，兩兄弟考慮固定投藥與長時間照護的需求。基於上述各種原因，兩兄弟經討論溝通與協調後認為長期照護中心是一個適合媽媽居住且提供醫療照護的理想模式。

　　兩兄弟在經過探訪多家長期照護中心後，發現 H 長照機構最為特別，該機構設置有感官治療中心、宗教信仰中心、失智老人遊走迴廊、定期戶外旅遊等創新的服務與作為，所以，H 長照中心成了兩兄弟的首選。兩兄弟還發現 H 照護中心除與醫療院所合作建立網絡式醫療照護網，更考慮到長輩身、心靈發展，提供有別於其他照護中心的情感支持服務，讓他們可以無後顧之憂。

　　無論個別組織、機構或在經濟活動中，服務所扮演的角色，對於整個價值鏈活動舉有舉足輕重的影響力。服務更高度依賴在人力資本的提供與無形服務技術的投入；因此，顧客高度參與及組織機構投入創新的服務活動，已成為服務提供者與顧客間價值創造與競爭優勢最重要的來源。因此，本章以傳統創新理論為基礎，來做為長照機構服務創新與管理之借鏡，找出服務創新與其對長照機構之影響，進行全面性探討。

11-1　老人長照服務機構

　　長照機構主要是對提供有長期醫療與健康照護需求之顧客（老人），透過完善醫療設備與服務，提供專業醫療與健康照護服務。簡單而言，老人長照機構種類依失能狀況及程度分可分為長期照護型、養護型與失智照顧型三種。護理之家與照顧特定族群的榮民之家，也可進一步納入長照機構，主要是因為此兩種機構也提供相當多的醫療與照護資源。因此，老人長期照護機構是以服務老人且是顧客導向為主之機構。

　　從經濟發展過程的軌跡來看，長照機構扮演重要角色。因為臺灣地區消費族群教育水準提升、觀念開放、經濟自主獨立、功能自主，導致臺灣社會越來越趨向於老人自成一個自主的生活圈，且愈來愈多的老人選擇與伴侶或自己獨居，或與子女分隔居住方式。另一方面，臺灣經濟成長與教育普及已直接強化使用者付費的觀念，使老人長期照護的需求大為增加。人口老化的趨勢，導致長照硬體居住空間與設施、軟體長照專業醫療服務的提供，更緊密的結合在同一長照機構中，所以更突顯連續性長照服務提供的重要性。

　　目前，長照服務機構正逐漸進入產業化，勢必提供更多元、多樣化的醫療照護與服務來符合各式各樣老人長照需求。因此，臺灣地區老人長期照護產業之發展已呈現高生活品質化（high quality of life）、多樣化照護服務（diversity service of healthcare）、個人化的健康照護服務（personalized healthcare service）等趨勢；從長期照護提供者的角度觀之，在發展與提供老人長期照護時，應突破傳統單純與片段性醫療照護的思維，取而代之的是以整合性、系統性地提供多元化的健康醫療照護服務為出發。

　　近年來，各類報章雜誌與媒體爭相報導，臺灣已正式進入銀髮海嘯（人口老化時代）浪潮，然而對於長照需求如此高的情況下，目前市面上針對長照機構所提供之醫療服務與照護服務管理、甚至探討創新服務（innovative service）導入到長照醫療與健康服務的文章與書籍卻相當稀少。對於長期健康照護組織而言，導入完善服務人員、服務技術、服務方法、服務流程，甚至是創新地服務活動與概念之引進，所建構出完善長照醫療與健康醫療照護系統的重要任務，需更進一步來討論。

　　以臺灣的醫療產業而言，過去的醫療服務，多是以傳統醫療服務提供者的角色，提供各類專業分工的醫療服務，彼此間的整合性較低，若有交流也僅止於策略

聯盟或是締結姊妹醫療院所方式進行醫療服務交流，較無涉及實質醫療服務與資源共享。再者，因為傳統健康醫療服務是由醫療院所所提供，且所提供之醫療照護服務大多以「提供病人」照護與醫療模式進行醫療服務提供，因此，提供醫療照護服務時，只是一昧地從醫療服務來提供最基礎醫療服務，較少組織或是機構主動積極推動，並創造具顧客價值的長期健康醫療照護模式。部分原因是傳統醫療產業中，各類醫療院所的組織較少進行緊密互動、交流與學習、抑或醫療資源共享，而阻礙了醫療產業的成長與創新。傳統醫療產業也相對較少積極導入並落實企業式經營管理與策略性服務思維，而採取單打獨鬥的醫療經營管理模式，傳統醫療經營者也較缺乏將「創新」思維導入到醫療經營策略與醫療服務中，本章節主要係從長期照護機構經營管理者角度來著眼，提供讀者以創新服務活動之概念與原理，提供後續長照組織經營與管理，在進行創新之服務整合之參考。

　　老人長照機構係指專業醫療機構、單位、服務及人員，進行整體性、系統性地規劃、管理、提供顧客（需照護的老人），所需的健康醫療照護服務。因此，長照服務中心提供老人醫療照護服務時，需以系統性與連續性的醫療服務機制，來真正落實長期照護服務。此與傳統醫療機構單純提供病患健康醫療與治療有所不同。

　　長期照護重視的是長照服務提供者提供老人醫療與健康照護需求時，應以完整設備、專業醫療照護、服務機構管理人員、提供長期以「顧客導向與顧客需求」的服務設計模式給所需長照需求之老人。顧客導向與顧客需求長照服務的設計、開發與提供並非以長照服務提供者的角度出發，而是以顧客的期望、需求與認知來設計與提供長照醫療產品與服務。以顧客導向的觀點來看，長照服務機構是一個組織或系統，提供顧客專屬醫療服務與照護的機構。換句話說，長照服務中心是以「老人照護」為核心的思考模式，提供一套整體性長期照護的健康及照護醫療需求，並克服傳統醫療服務片段式醫療服務提供模式，而以網絡式長期醫療服務模式提供多元健康醫療與服務照護服務需求為思維。

　　本章輔以財團法人海青老人養護中心（以下簡稱海青）為例，海青以顧客導向為思維之經營哲學，發展出特有之整合性長期健康照護網絡（Integration long term healthcare networks）。面對銀髮海嘯的來臨與長照醫療各類多元與專業服務需求下，海青以顧客導向為出發，提供長期健康照護服務網絡，落實整合性與系統性照

護的概念；海青以長期健康及醫療服務眞正的需求來思考，提供整合性健康醫療服務網絡，將其健康醫療服務觸角深入其他健康及醫療服務階段。在垂直整合部分，如與社區老人安養中心、社區老人養護中心與居家照護服務進行健康醫療服務之延伸，強化與其他健康照護機構互動與整合，建構更多元長期健康醫療服務；在水平整合部分，海青積極結合西醫與中醫連結並提供服務，在既有的健康醫療服務中，增加健康醫療夥伴間策略聯盟。海青將上述長期健康照護之提供透過完善規劃、設計、整合到長期健康醫療照護「服務創新」網絡思維中，創造出具顧客價值的長照醫療之服務供應鏈。

11-2　老人長照機構服務創新與管理

　　老人長照機構是否需要創新？答案是肯定的。如同傳統製造業創新活動一般，我們每個人都體驗過或是接觸過創新活動與內涵；就服務創新而言，我們在家中可以透過電話進行披薩訂購，享受與體驗服務創新所帶來之好處。我們在家中即可透過網路進行轉帳、匯款、繳款等功能。然而服務創新與傳統創新思維存在諸多差異，如服務創新不再只是依附在傳統有形產品或服務流程中，服務創新所表現出創新方法與形式也不同，服務創新可以是從傳統製造業中衍生出來、不同活動融合所產生、制度與社會環境所產生、技術進步的產物或是社會進步下的產物。因此，以服務爲導向之老人長照機構，也是產品、組織、服務流程、醫療技術與健康服務照護之集合體，也包含各式各樣的創新活動。

一、傳統創新的內涵

　　廣泛地說，創新（innovation）是新的思維、新的方法、新的材料，即可稱爲創新的過程。學者從不同的角度來定義創新，例如古典經濟學派中最具代表性的學者 Schumpeter，在 1934 年所提出創新最初概念，成爲創新領域的先驅。Schumpeter 主張創新是經濟成長最主要的驅力，在經濟體系中扮演了至關重要的角色，創新不只是運用破壞式創造來驅動產業經濟成長；另一方面，創新活動也是企業利用新的資源或新的方法來滿足市場與顧客潛在的需求。換句話說，創新是把市

場機會轉換成新概念的一個過程,並運用新知識、技術、方法與先前累積的經驗發展出新產品與服務,並進一步推廣到市場上,使得技術、產品或服務都符合顧客的期望。不同的活動、形式,從無形技術的改善到有形產品的改良、傳統生產製程的改善、行銷活動與新服務的發展。

此後 Drucker 在 1986 年,以廣泛的角度來討論創新,如社會或組織結構的改變都可以被視為創新活動的一環;另一方面,以 Schumpeter 創新理論為基礎,後來研究者 Holt 在 1988 年重新對創新見解再詮釋,創新為組織運用關鍵的資源、知識、經驗或是資訊,重新組合而創造一個新的產品、服務或是程序並導入到組織中或是市場,來滿足組織所需與市場需求的方式均視為創新。

因為創新定義差異極大,後續學者亦提出不同詮釋與解讀,例如 Daft 與 Becker 兩人在 1978 年時提出,創新是新構想引發新行為的產生(或者說是由新行為是新構想的產出),是組織回應外部環境變動所產生的先發行動,同時也是組織變革的一種手段。組織在高度不確定環境下藉由新技術、知識或管理的導入,來達到目標的行為。若以組織與其所處環境來定義創新,創新學者 Tushman 與 Nadler 在 1986 年時兩人共同指出,創新是組織從內部或外部環境採用一個新的管理技能、流程、技術、產品或服務,並在其經營行為上逐步轉換的過程、修正和累積來提供市場新產品與新服務的方式。

近來,因為全球服務業的興起,許多專家學者紛紛針對服務業進行探討,其中最著名的是在 2004 年 Drejer 以更廣泛的角度來詮釋創新,如 1. 導入新產品或新服務的生產方式,並以高效率且更低成本的方法將其創新產品推廣至市場;2. 調整產品生產方式、保存方式或傳遞之過程亦是創新行為的表現;3. 開發新市場、新顧客及發掘潛在顧客;4. 開發新的投入資源或是原料投入的新來源,包含加入新的知識;5. 組織的變革、調整,人力資源的重整等。綜合上述學者對創新之詮釋可以發現,傳統理論對於創新的定義較為廣泛,且大都以組織新技術、新方法、新知識、新程序與新行銷方式之引進,甚至是社會結構或組織變革都可以視為創新。換言之,創新即是一種新的方法、知識、程序與新的管理方式導入有形產品或無形服務的過程。

若以創新的目的來探討,創新專家 Drucker 在稍早 1986 年即指出,組織進行創新最主要目的在於利用相關的知識、資訊來創造或引進新的事物,並善用各種

不同的機會，進行有系統性的開發新事業或提供新的服務，改變舊有資源賦予新內涵，創造新價值，並提升組織績效。同一時間，創新學者 Tushman 與 Nadler 亦對創新的研究進一步解釋：組織進行創新的方式可以透過新的管理技能、流程、技術、產品或服務，來滿足市場對新產品與新服務需求的方式。服務創新專家 Drejer 在 2004 年觀察服務導向時代，他指出創新的目的是透過結合新舊方法、資源與技術等方式來進行持續改善的行為，並協助企業與組織利用更具效率的方法來發展其經營模式。

以創新的類型的觀點來看，以傳統創新理論進行分類（表 11-1），其中最著名的有 Utterback 與 Abermatht 在 1975 年所提出之創新類型，可以區分為產品創新（product innovation）與流程創新（process innovation）兩大類。產品創新是指引進或改善或新的產品並在市場上推出，產品創新通常會伴隨流程創新，兩者相輔相成。例如，位於苗栗通霄的海青老人長照中心設置協助有照護需求之家屬進行老人入住健康檢查，每周固定醫療健康檢查與專業醫療健康諮詢服務。海青長照中心更是突破傳統單純照護方式，率先引進日照型（daily care）來提供臺灣老人長照市場之特殊需求。流程創新是指透過新技術、流程與原料來進行改善生產產品或服務過程中。海青定期與不定期舉辦健康醫療諮詢與服務，甚至是心靈健康課程引進與交流，目的在提升與提供居民對於長期健康照護服務之價值與健康照護服務品質。

著名創新學者 Afuah 在 1997 年也從技術創新（technology innovation）的觀點來詮釋創新，使用新的技術或市場知識，提供顧客新的產品或服務。例如，海青引進完善 e 化遠端數位探視技術系統，提供住民家屬 24 小時全天候探視方式，只要家屬有需求，即可透過網際網路探視親屬在海青享受健康照護醫療之服務。

英國學者 Freeman 在 1987 年，以創新變化幅度大小，對服務創新進行分類，並提出激進式創新（radical innovation）與漸進式創新（incremental innovation）為兩種不同但相關的創新模式。其中，激進式創新是指新知識、新技術、新方法的體現，且對全世界而言是全新的。激進式創新是非連續事件，通常是科學技術上中大發現或是發明有關，其創新過程較為漫長。漸進式創新是指對產業或是企業而言，原本就已熟知的部分，而對現有技術、方法做細部或是部份調整。此類創新普遍存在於每一個組織內部，許多漸進式創新是來自於生產技術、人員、方法所衍生。

美國學者 Schilling 在 2010 年進一步對創新提出不同見解，她對創新進行能力強化創新（competence enhancing innovation）與能力摧毀創新（competence destroying innovation）來個別解釋；其中能力強化創新之定義為建立在既有知識與技巧上的創新。而能力摧毀創新是指非現有能力或技術的強化，而是指推翻傳統（舊有）技術與能力的創新。此外，她更進一步提出元件（模組）創新（component innovation）與架構創新（architectural innovation）。

元件創新指一個或多個元件的改變不至於影響整個系統架構的創新模式，或是局部性產品、技術或服務的創新。架構創新指改變整個系統設計或其元件彼此互動方式的創新，或是重新設計產品與服務結構以及元件之間連結的方式，換句話說，架構創新是對產品與服務的元件與核心設計進行根本性創新活動。兩者之差異為：結構性創新會影響整個系統設計並產生改變，因此結構性創新除了元件互動方式改變外，也會對內在元件產生改變，如從輔助拐杖的使用轉變到高效能的電動車。

老人長照機構創新上，有的會設置基督教祈禱專屬空間，提供基督教徒進行心靈沉澱與祈禱之私人空間；還設置佛教徒專屬佛堂，提供佛教徒誦經祈佛之專屬空間，或設置感官治療室（圖 11-1）為機構中老人進行視覺與聽覺感官刺激與治療。

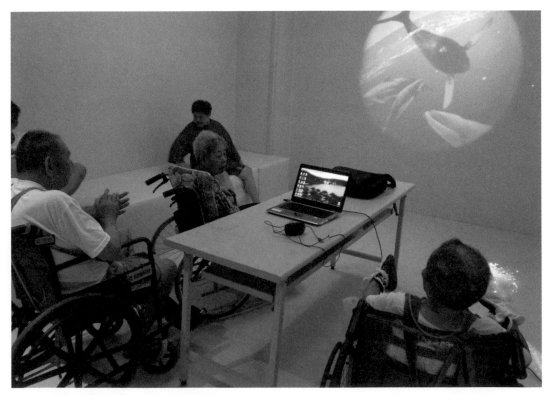

圖11-1　創新式感官治療　（圖片來源：編者提供）

此外，海青並定期派專責人員進行操作、講解、訓練、刺激，來提供機構老人定期身體各類感官刺激與治療，此乃臺灣地區少數機構之創舉，此乃元件創新與架構創長照機構最佳案例之一。

表11-1 不同學者對創新類型之定義

創新學者（年代）	創新類型與定義
Utterback 與 Abermatht（1975）	產品創新：引進或改善或新的產品並在市場商推出
	製程創新：透過新技術、流程與原料來進行改善生產產品或服務過程中
Afuah（1997）	技術創新：使用新的技術或市場知識，提供顧客新的產品或服務
Freeman（1987）	漸進式創新：藉由微小幅度的修正來強化產品功能或效率的創新行為
	激進式創新：顛覆傳統之技術、產品功能、市場等大幅改變之行為
Schilling（2010）	能力強化創新：建立在既有知識與技巧上的創新
	能力摧毀創新：推翻傳統（舊有）技術與能力的創新
	元件創新：一個或多個元件的改變不至於影響整個系統架構的創新模式
	架構創新：改變整個系統設計或其元件彼此互動方式的創新

資料來源：編者整理

從創新演化理論（innovation evolution theory）的角度來看，目前創新理論發展已至開放式創新（open innovation）與服務創新（service innovation）。開放式創新包含由外而內與由內而外的創新模式，突破傳統封閉式創新思維，開放式創新是指組織的創新活動應該走出傳統方式，多與外部來源（合作夥伴、競爭對手、大學、研究機構、政府單位）進行共同創新合作，並將多餘技術與資源授權甚至是賣給外部的合作夥伴（此非本章探討範圍，故只稍微概念性進行介紹）。本章主要重心在服務創新，後續章節依序詮釋。

（一）新興服務創新理論與內涵

已有許多學者之研究提出，因服務本身所具備的特性，導致服務創新不同於製造業內的技術創新，例如服務業中創新學者 Gallouj 與 Weinstein 在 1997 年之研究中指出，服務創新需要以不同的觀點來詮釋。因為服務之特性與傳統產業差異極大，所以服務創新須以更廣泛且多面向之觀點進行探討。首先，服務創新比傳統製造業創新包含更廣泛，如新技術、新產品、新流程、新方法、新知識的引入、新市

場的擴展都是服務創新範疇。第二，服務創新過程更為複雜，主要是因為顧客高度參與其中創新過程，且服務創新是跨部門、跨功能之創新模式。第三，服務創新過程高度交互作用，包含創新人員、組織功能或是部門間均高度的交互過程，服務創新過程與顧客高度的互動已成為雙向式合作創新模式；此外創新過程中與技術提供者與供應商間互動，來進行高度創新互動。所以，服務創新更是組織內部流程與功能綿密內部網絡間的交互作用所形成。第四，服務創新的方法與方式是多元，且無既定模式，在組織所處的產業、技術領域、社會互動、制度環境、管理方式形成多元多面向服務創新之特性。第五，服務創新沒有專屬 R&D 部門，因服務創新是多元、多樣且在組織、社會甚至是不同制度體系下，均可能呈現出服務創新活動與作為，因此，服務創新無專屬 R&D 部門。

綜合上述，可以發現服務創新與傳統創新差異極大，尤其是在產生方式、創新呈現方式、組織管理、甚至是生產方式完全不同，因此，服務創新須從不同的角度與思維來切入，方能有助於對服務創新內涵的深入理解。

（二）服務創新的內涵

何謂服務創新（Service innovation）？對於服務的定義與解釋，早在 1987 年許多專家學者紛紛對服務創新有所著墨如學者 Betz 在其文章指出，服務創新是指搭配新技術或其他新的服務流程來提供服務，以滿足顧客或市場需求之服務。以服務的流程來討論，如 Landry 等人對服務創新進行解讀，他們指出服務創新應該視為是一種過程，是組織在不同環境下與不同顧客間互動，透過經驗分享與知識交流互動過程中的學習與交換，而提供服務的方式不僅包含正式形式與非正式形式呈現。近年來服務業之興起，更吸引許多學者在服務創新上鑽研，或以更廣泛的角度來解讀，如在 2005 年著名服務創新學者 Hipp 與 Grupp，指出服務創新是一種結合技術創新、組織創新、管理創新以及客戶需求創新的新結合來提供顧客全新的服務，其最大的核心概念在於提供新的服務，並對顧客有深入瞭解。

隨後，在 2008 年 Rometty 則進一步指出服務創新對於全球經濟的重要性有增無減，組織所提供之服務系統必須邁向科學化，藉由有效的發展和可測量的方法，從而謀求有關服務提供系統之分析、設計、執行和傳送。換句話說，服務創新必須要兼顧服務提供技術、組織資源配合，管理能力的投入來提供顧客需求與高度價

值的服務。服務創新就是讓顧客認知並體驗不同於以往且具新穎的服務內容，服務
提供者以創新的服務來吸引顧客，這些都必須透過服務提供者與顧客間互動，來提
供、強化、補強服務價值鏈所有活動。

　　專家學者已經明確指出，傳統服務與創新服務的提供，本質上有極大的差異，
如最近藺雷等人與王仰東等人，不約而同地分別在 2007 年與 2011 年提出，傳統服
務的提供只重視顧客在服務提供過程並參與服務活動，非以顧客導向觀點出發，而
創新的服務不只是將顧客納入服務提供與傳遞過程，更進一步結合新技術、經驗以
及將顧客的互動過程中所獲取的資訊，全部導入服務流程中，以顧客導向出發，以
整合出高於顧客預期且更具獨特性更能滿足顧客的新服務。因此，創新服務的發展
必須要將服務的傳遞媒介、服務提供者與顧客間的互動模式等一併列入考慮，提供
顧客一種嶄新的服務或是提供超越原本服務價值的一些額外服務。

1. 從服務提供者角度而言，服務創新是藉由新方法與新技術來提高服務的效率、
　　降低服務成本與提供更專業且精緻的服務。

2. 從顧客角度而言，服務創新是在相同情境下獲取更新穎且更具效率的服務方式
　　來得到新的服務。

　　創新的服務發展必須藉由對顧
客的深入了解，結合服務者本身理
念和新技術等，才能創造出全新、
更精緻且更具價值的服務。海青為
提升機構中老人對院方之關懷與愛
之感受，更不定期舉辦分享愛之新
服務活動（圖 11-2）。

　　從服務的內涵來看，服務是一
種行為、過程、表現，具有「無形

圖11-2　分享愛之新服務活動　（圖片來源：編者提供）

之特性」。服務發生於雙方的互動關係，一方為顧客，另一方為服務人員、實體資
源、商品或為顧客提供的問題解決系統。傳統製造業的產品是有形的實體商品，而
服務業則是藉由運用實體商品以提供顧客服務，如長照機構即是利用機構無障礙設
施與專業照護人員提供老人照護需求。與傳統製造業相比，服務本身並沒有實體的

11

商品，這是一種無形性。因此，服務只能透過創新、改善、強化，提供新的方法與元素來強化價值鏈活動與其價值。服務最難的部份，在每個人的認知與感受是不同的、變化的，因此，新興服務科學主要目的是在協助每個人對於服務接受之認知與感受，換句話說服務是賣感覺，而不單單是一般單純的有形實體交易。服務在提供或是創造的同時，也被消耗。

這種「同時性」進一步形成了服務管理的另一個特徵「無法儲存性」。例如長照中心床位的空額，都是一種服務機會的喪失，因為長照服務是有需求時才會進駐，卻無法事先儲存的。再者，服務是針對顧客不同的需求，提供個別、不同的服務，它是一種高度「客製化」的產品。長照中心所提供的照護醫療服務，針對不同顧客的需求，提供因人而異的醫療照護。綜合上述，服務的特性包含服務提供者與顧客參與、同時性、無法儲存、無形性、異質性等五個特性。海青為了提升老人對臺灣環境與文化之深刻體驗，更舉辦不老環台活動（圖11-3），強化機構中老人對臺灣印象與傳統中華文化體驗。

圖11-3　不老環台新服務活動　（圖片來源：編者提供）

　　綜合上述各學者對創新類型之定義，創新所涵蓋的範圍相當廣泛，大都從技術、產品、組織結構與製程等有形資產的角度來解釋與區分創新的類型。但是，從製造服務化的觀點來看，傳統製造產業環境已逐漸轉變為服務全球化的經濟型態，服務的應用與創新更直接影響傳統製造、生產與銷售技術上，創新的服務活動成為服務經濟時代成長的驅動力，更深入影響價值鏈（Value chain）的每一個環節。加上，產、官、學領域近年來對服務創新的研究數量急數增加，顯示了服務創新的概念已被廣泛的重視。

　　另一方面，由於服務經濟時代的來臨，組織不應只重視傳統內部創新活動如產品、流程與技術創新，更重要的須審視外在環境的影響。尤其在以服務為導向的時代，組織更須直接面對顧客提供更好的服務，方能保有競爭力。因此，服務創新已儼然是服務導向時代不可或缺的作為，組織更應積極提供創新的服務，才能在服務經濟體系中保有競爭優勢。

二、服務創新的發展與系統觀

　　根據 Tamura 等人在 2005 年，在其研究報告中清楚指出，全球經濟已經正式進入服務經濟時代（service economy era），在服務經濟時代下，創新的服務活動被視為是經濟增長的主要動力來源，也是經濟成長最主要的力量；許多組織與學者亦證實這個論點，如 IBM 在 2012 年提出服務科學的發展報告與 Tamura 等人與 Wölfl 分別在 2005 之研究中，都清楚指出創新的服務對服務經濟的重要性。

　　以臺灣地區就業人口比例而言，根據主計處研究調查顯示，臺灣地區服務業人口就業比例在 1990 年約為 40%，在 2000 年約為 52%，到了 2010 年服務業人口比例已高達 60%。就臺灣經濟結構而言，行政院主計處調查研究指出，臺灣的生產毛額（GDP），在 2005 年農業產值占 GDP 產出比重為 1.8%，工業為 24.6%，而服務業已高達 73.3%。而以人口就業結構觀之則分別為 5.9%、35.8% 及 58.3%。這些數據說明了臺灣經濟與產業已正式邁入「服務經濟時代」。產業結構的變化讓臺灣企業不得不正視透過創新的服務提供來獲利的種種可能性。

　　另一方面，臺灣人口老化結構的變化趨勢來看，至 2012 年底全台老人人口比例高達 11.15%，如此高比例老化人口表示臺灣長照產業需求之大；然而目前對老人長照機構所提供之長期健康醫療服務與其創新性服務之論述卻相當缺乏，因此，

本章以此為出發以傳統創新理論為基礎，進一步衍生出創新的活動或是作為，概念性介紹與探討如何將創新的服務導入到長期照護機構中。

服務經濟既然如此重要，服務創新更是未來提升競爭力的主要的方式與作為，但是針對提升服務創新能力的培養與其相對投入的資源卻遠不如製造業。管理大師彼得·杜拉克曾預言：「未來，服務經濟將取代傳統製造經濟」，傳統供需則已無法有效回應消費者多變需求，如今，從技術研發、商業行銷到文化藝術，均應考慮服務所能帶來之效益。事實上，服務創新可以是在不使用技術情況下產生，如新金融工具的使用（以網際網路進行線上交易）、新的規則出現、新的市場開拓、新的組織型態（如，海青的醫療照護網絡體系，詳見後續海青個案說明）等，然這些「無形」的服務創新均發生並建立在傳統技術基礎上，因此，可以發現服務創新已經存在我們日常生活中。

目前全球對於服務創新之發展，大都建立在 Schumpeter 所提出創新理論上加以演化而來。服務創新為比較抽象概念，在實務界專家與學術界研究者因為觀察角度與論點的差異，導致至今尚未有明確且廣為接受的定義。目前多數產業專家與學者大致認為服務創新就是因應外部市場環境變化快速與競爭增加，且產品與服務之提供以顧客導向為基礎，發展出新穎產品、服務、流程、方法，並整合市場的需求，進而針對既有實體產品與無形服務進行改善、修訂、強化、整合稱之。

早期如 Meyer 在 1984 年對服務創新大都是在概念性發展與解釋，且會依組織投入相關資源後所產生創新程度之差異，對服務創新分成漸進式服務創新、卓越服務創新與突破式服務創新。後來，在 1997 年 Tax 與 Stuart 對服務創新進行較完整定義，他們對服務創新之定義可以從兩方面來進行：第一，是改變現有服務系統的範圍；第二是指基於操作的過程和參與者的改變。此兩種觀點均是以服務過程的概念中進行定義，兩者都指出顧客和員工在互動與溝通過程中主要內容，突顯出何者才是他們期望接收和提供的藍圖；根據他們對服務創新的定義，進行了更完整且清楚的定義，尤其是針對無形服務之詮釋更加深刻的描繪，Kotler 在 2003 年指出創新服務是組織透過活動提供另一群體的相關利益，這些活動是無形且無法產生任何所有權。換言之，創新服務表示新服務的產生可能和某項實體有關，亦可能無關。

服務創新理論發展過程中最具代表性的，莫過於 Den Hertog 在 2000 年所提出四個服務創新構面，且被廣為應用與參考，此四個構面包括：新的服務觀念、新

的顧客介面、新的服務傳送系統、新的服務技術（尤其是資訊科技的運用）。以此四個構面爲基礎，Drejer 進一步對服務創新再進行詮釋，服務創新除成功開發新服務、新產品之外，亦包含修正和改善現有產品、服務和傳遞系統的所有創新活動，均可以稱爲服務創新的範疇。

Drejer 所提出之服務創新四大構面，已經更能具體說明服務創新之範疇與內涵，2008 年 Panesar 與 Markeset 也進一步指出，服務創新應隨著時代的演變而不同，從早期的產品創新、創新行爲與創業家精神，轉變爲今日的服務創新；在提供創新服務的過程中，顧客和服務提供者與供應者之三方的互動與協作，變得日益重要；尤其是，市場需求是創新過程之最重要的驅動要素，顧客回饋是服務創新之最重要的激勵要素，投資報酬率是創新可行性之最重要的決策評估要素。

從創意發想的角度來思考，服務創新通常是非計畫性的，服務創新的出現大部分是因應服務經濟時代的來臨所衍生的創新活動。根據創新演化理論觀點，服務創新大部分是因服務業本身特有要素、屬性、技術、方法與活動，所交互產生的創新形式，許多都是來自於不同屬性服務業所衍生出來之服務創新，如諮詢服務業中所衍生出來的服務創新模式，即是以顧客—服務提供者高度互動所衍生出來之創新模式，由顧客與服務提供者共同完成。

在此一模式下，服務創新的產生是高度依賴於服務企業本身知識與能力，並進一步由高度交互作用中顧客與組織專業知識與能力交互衍生而成。再者，以服務提供者的角度來看，服務提供是持續累積與學習的過程，在這過程中持續地被解讀再詮釋、重複使用、擴散，而形成服務廣大知識累積，因此所有

圖11-4　藝人宅配到府活動　　（圖片來源：編者提供）

過程都可能產生服務創新活動，所以說服務創新通常是非計畫性的，甚至是有時候是服務過程中意外發現的創新。海青爲了強化機構老人與機構成員之互動，特地創新式地舉辦藝人宅配到府活動（圖 11-4）。

　　根據上述這些對創新與服務創新之定義與其發展過程，我們可以發現在服務經濟導向的時代，創新的服務應該以全面性、流程與系統性的觀點來探究，服務內涵極為複雜，且差異性極大，因此，以更系統性、全面性思維來進行，才能創造出貼近且符合顧客需求的服務。在服務導向時代，不只傳統產業需以此觀點為考量，以服務為基礎之企業組織更需要以此為出發，來設計與發展出客製化的創新服務。目前，因應少子化與人口急速老化趨勢的來臨，臺灣目前的長照機構如雨後春筍般的設立，面對老人異質且多元的需求，因此如何透過老人照護服務模式的創新，提供創新的服務作為，來滿足多元老人照護的需求更是當前重要的課題。

動動腦

1. 上述內容介紹了各種創新理論，您覺得上述創新活動對老人長照機構提供那些啟示？
2. 老人長照機構要如何進行創新的服務呢？
3. 如果您是長照機構之管理者，您會導入創新的服務作為嗎？為什麼？

【請填寫在書末附頁P45】

三、服務創新對企業的影響

　　創新服務活動的導入，所能帶來的好處已被廣泛證實，例如在 2002 年 Menor 等人對服務業之進行研究時，明確指出創新服務發展的效益能夠強化獲利性、吸引新顧客、改善顧客的忠誠度、拓展市場的商機。所以導入創新的服務作為，是服務時代下企業組織必須的管理作為。在 2008 年研究服務創新的學者，更主張組織進行創新活動應該是由執行服務的前線人員，須配合適當的學習工具，收集與理解顧客的需求，服務提供者和執行服務的前線人員可充分掌握顧客需求，並提供符合需求之服務，可以強化服務生產力而影響整體的經營績效。

　　服務創新最主要的目的，就是透過創新來提升組織的競爭力與績效；以此為出發，服務創新融入更多的技術與方法，來提升現有的服務，針對目前服務提供價值鏈上所有活動，進行創新元素與活動進行強化、整合，才是服務創新真正的本質，也才能進一步為服務提供者與接收者共創價值。

　　從服務創新網絡的觀點，服務創新提供了學習與成長的機會；服務創新網絡對於企業組織在新技術取得、新穎知識的獲取、新合作夥伴的開發、新興領域的進入，都有直接的關係，透過創新網絡的建立更可以延伸企業版圖、建立起技術策略版圖，提升企業成長。服務創新網絡可以從服務價值鏈中，獲取更多的參與調整與修正服務機會、從價值鏈中發覺更多具價值的服務，強化企業組織與價值鏈中其他成員與市場直接對話與交流，更有助於獲取最先進知識與服務的技術趨勢，來發展組織創新能力，為顧客與夥伴創造更多價值，才能有助於績效之提升。服務創新是一種持續不斷的學習過程，組織必須保持與供應鏈網絡中成員互動與交流，持續不斷的學習與累積，才能有助於組織內部知識的積蓄與開發。

　　服務創新網絡更提供組織獲取外部互補資源的機會。網絡式技術創新活動強調的是，在合作創新網絡中，服務創新是一個具有一個高度交互作用的創新過程，服務創新活動發生在組織內部與組織外部之間的知識、技術與創新活動大量交互作用與創造、結合與交換所結合起來並進一步創造出新的知識與技術。服務創新網絡的驅動力主要有二，第一是來自組織內部，如產品開發能力與技術、服務流程改造、跨功能合作與服務技術，抑或團隊合作所發展出來的過程；第二是來自組織外部，即服務創新合作網絡中之供應商、顧客、合作夥伴、學校、研究機構、競爭者，共同建構出來之服務創新網絡。這兩種服務創新力量，提供組織服務創新重要來源與力量。

　　組織進行網絡式服務創新活動日益受到重視，主要是傳統創新活動大都來自組織內部自己研發（in-house R&D），並將內部研發成果銷售給代銷商或是以直接銷售方式賣到市場上，然而，此種傳統由內而外的創新模式卻未思考創新實用性，換句話說，就是創新的成果是否真正反映出市場需求，即廠商自己所開發出來的產品/服務是否被顧客接受。在此狀況下，由外而內的創新活動，即創新活動是由外部合作夥伴，如供應商、顧客、大學與實驗室所共同研發與開創出來之產品/服務，如此眾多合作夥伴所形成之價值共創模式，進一步衍生服務創新網絡具有全面性創新能力，如此所發展出之產品與服務更具市場競爭力。此也提供服務創新更多啟示，服務創新需要以網絡模式來思考，提供符合市場與顧客需求的服務。以下以海青長照機構實際案例說明。

11

11-3 海青長照中心案例

　　海青長照機構之服務創新為例，該中心所提供之長照醫療服務係以整合式長期健康照護網絡（integrated long-terms healthcare networks）進行醫療資源整合與健康照護提供。海青以健康、專業、尊嚴、舒適為核心價值來建構與其他專業健康照護部門與單位之合作關係，提供老人長期照護與健康醫療服務。

　　海青發展出獨特創新服務網絡，結合社區照護、區域醫院、居家照護、遠端數位醫療與區域醫院等相關健康醫療組織資源，形成綿密且完善的老人健康照護系統，提供有長期照護需求之顧客，即老人照護；因此，在海青長照醫療系統與健康照護網絡中，顧客享有健康醫療專業服務。此一服務創新健康照護網絡系統，提供有長照需求之老人，可以在其網絡內獲取長照醫療資訊，可獲得跨醫療機構之所有健康照護醫療資源，並取得整合式醫療照護服務。海青長照中心真正落實以「長照照護提供者」的「顧客導向」之經營理念，創造出與顧客間價值共享、價值共創模

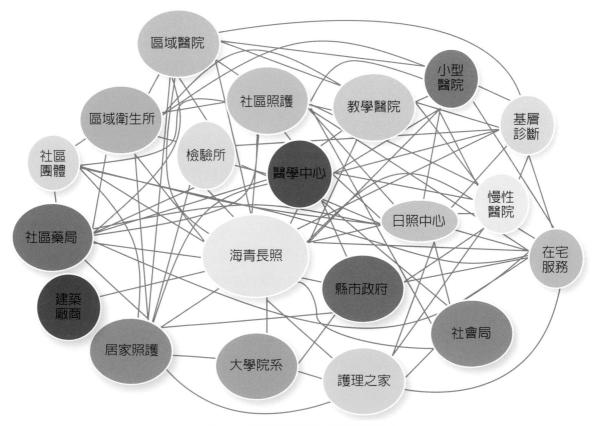

圖11-5　海青長照之網絡式服務創新體系

式。基於上述經營理念與網絡式長期健康照護模式，海青突破傳統照護服務，而逐漸將長照經營模式與其他健康與醫療結合，並在既有的長照醫療服務中，增加醫療夥伴的連結，形成健全長照醫療策略聯盟網絡（圖 11-5）。

上述海青長照中心所具備的長照醫療網絡，提供整合性長期健康照護醫療服務網絡給此系統中顧客。長照顧客（居民）在此醫療服務體系下，可以獲得完整且完善之長期照護服務。此種海青長照所發展出來專屬且獨特之多元服務組合（diversity service portfolio），已進一步整合所有區域醫療資源，所以海青同時扮演健康照護與長期照護醫療服務提供的雙重角色。

綜合上述，可以發現海青所提供之長照醫療與照護服務是最符合目前長照市場所需求，醫療與健康照護之提供完全以市場與顧客導向為出發，發展出健康與長期醫療照護之長照經營與管理模式；海青更考慮老人身心機能逐漸老化與行動不便，特地與當地建築業者整合，共同規劃、開發與設計出硬體居住空間與軟體照護服務結合之系統，該中心已完全考慮老人身心機能變化，配合相關軟硬體設施，例如，軟體方面與大學研究人員開發出即時數位身體檢測與監控系統，硬體方面，更是結合建築設計，來發展獨具特色之生活與活動空間；所以說，海青與傳統安養以及養護機構所提供的健康照護截然不同，已成為真正「長期照護機構」。

以服務創新的觀點來看，海青醫療照護網絡體系間形成複雜的交互作用，服務創新由此以複雜的交互作用與過程產生，提供長照中心老人與顧客極大的價值，此種共創價值即是服務創新所帶來的好處。海青所形成長照醫療照護服務鏈（long term healthcare service chain）所發展出來專屬與獨特長照與醫療服務，形成獨特的服務創新。此種服務創新活動可以提供顧客（住民）不同程度的照護服務，創造出更多顧客價值。海青為了使顧客住民擁有尊嚴自主與獨立生活場所，開發出機構無障礙生活空間，且將長期健康照護方式提升至住宅層次之生活場域，為此海青更進一步結合建築學、空間設計、硬體設備規劃與醫療服務之整體性居住與休閒環境。

我們可以發現，海青所提供長期健康照護服務，已是一種「整合式網絡」醫療照護服務創新系統，以提供顧客健康照護需求的長照服務供應鏈，且成為長照醫療範疇經濟（economies of scope）及規模經濟；其中範疇經濟是指海青經營的長照醫療服務系統，已提供多樣照護事業與產品／服務，即在該長照醫療照護服務系統內，顧客可以獲取多元化醫療照護服務。

圖11-6　宗教信仰心靈之旅　（圖片來源：編者提供）

　　服務提供的內容不斷創新，持續整合組織與外部資源，創造被需要的條件。目前，海青在硬體設備上，設置不同宗教信仰專區，並有專責人員協助，提供中心老人心靈信仰慰藉，海青亦提供戶外信仰服務之旅（圖11-6）。海青設置失智老人專用遊走迴廊與其休息區，提供失智老人散步與休息之專業設施。此乃針對特定顧客（失智者）所提供之服務創新，用來避免失智症者走失的一種創新，此種創新對顧客而言可以說是全新的設計；在醫療服務專業創新中，爲配合政府長照政策，海青在創新服務提供者與顧客介面間發揮關鍵作用。

　　目前，因應政府政策與外在環境需求，海青在硬體上積極建造日照看護中心（日間托老所），準備提供老人長期日間照護醫療服務需求。另一方面，夜間照護也是海青正積極建設之專業化創新，未來將提供有夜間照護需求之顧客。上述兩種創新活動，均高度仰賴專業長照中心所提供專業醫療照護服務；這也是源自於醫療照

護服務提供者與老人間的介面創新，是一種相互學習與累積的過程。從社會環境創新的觀點來看，海青長照中心積極與當地社區連結，結合社區資源並強化「在地化」服務，不定期與當地社區民眾進行交流、團康活動、統一超商收衣、四天後取回、3 件大衣 199 元。上述措施，是一般長照中心所缺乏且不願意投入，海青秉持服務提供即是「入住老人滿意的旅程」，以顧客爲導向持續不斷投入服務創新作爲。

動動腦

1. 海青案例中，若以 Den Hertog 所提出四個服務創新介面（新的服務觀念、新的顧客介面、新的服務傳送系統、新的服務技術）來檢視，您認爲還有哪些服務創新，還可以運用來增加機構中老人之照護價值？
2. 上述海青服務創新網絡提供給長照機構中老人那些付加價值？
3. 海青獨特的網絡式老人長照服務創新模式，提供您那些啓示？

【請填寫在書末附頁P46】

11-4 服務創新與長照機構

長照服務機構屬於服務導向之組織，醫療照護服務提供者與需求者間之高度且緊密的互動，形成長照機構最主要服務提供。根據 1998 年 Sundbo 所提出之觀點，即服務導向組織所提供之服務創新係建立在內部員工，銷售部門與外部顧客身上，交互作用所形成整體的服務，此三者進一步形成服務創新重要來源。組織內部員工（長照機構中之照護員）可以是創新想法最重要的來源，因爲照護員是提供醫療服務的最主要成員，照護員還可以透過提供顧客醫療照護過程中與長照機構中之老人間交互作用，產生更多創新思維，而管理者即在其中扮演關鍵的角色。

服務業的核心價值在「顧客導向」，在服務提供與傳遞系統中，服務提供者與接收者間之交互作用來共創價值。長照機構中即是以提供老人長期醫療照護爲主，醫療照護提供結合有形醫療器材、照護醫療設施和照護員提供服務的相互搭配（bundled offering），以提升照護組織和老人照護的品質。

目前長照機構面對環境激烈變化和市場競爭加劇，服務創新是為滿足老人照護需求而進行設計與發展的各項創造性服務與作為。具體而言，就是在傳統服務的基礎上，尋找適合長照機構的知識與技術，並與資訊科技連接，系統性地進行資訊收集和篩選，將有價值的資訊與資源重新加工、組合、開發，形成重要產品與服務，來提供給有需要老人，創造價值。例如，Vang 與 Zellner 從創新服務對顧客所創造價值的觀點來看，服務創新是企業組織因改善服務流程、方式、設計以及因應顧客不同的多樣化需求，進而提高企業之產品或服務的價值。

服務創新對於長照機構而言為何如此重要？可從「長照醫療服務整合」策略的角度出發：首先，長照健康醫療服務具長期且是連續性的照護服務，醫療照護服務是無法分割的，且醫療照護服務與老人間密集互動。長照機構所提供之醫療照護服務倚賴全體機構所有功能、成員所形成之交錯醫療服務網絡來提供服務，而非片段式醫療服務；所以長照機構組織是其功能與其成員密集互動與高度整合的醫療服務價值網絡。

第二，長照組織所提供的醫療服務具高度專業性，存在於機構所提供醫療服務價值鏈中不同階段，無法被抽離開來，醫療服務具有高專業性，因此在進行醫療服務規劃、設計、實施時須以整體概念來思考其服務運作。醫療服務的提供比一般服務業，更具專業性，進行所有醫療服務變動時，機構中所有功能與成員間之協調更顯重要，此也進一步衍生下列特性。

第三，長照醫療服務與照護系統內，是一個高度緊密協調與溝通所共同建構的結構關係，此種關係具有高度鑲嵌關係（embeddedness）。換句話說，長照機構中所有功能高度重疊，且牽一髮則動全身，任何醫療服務的改變，都會影響長照醫療機構內部的醫療規劃與運作。因此，創新活動導入到長照醫療服務中，必須以整合的觀點出發，來協助整體長照機構之健全運作。換句話說，老人在長照機構中所需的醫療照護服務都能夠獲得一致性、系統性的醫療照護服務，即獲得無隙、連續性的最適化照護健康醫療服務。

服務創新之產生不應侷限在傳統單一技術範疇中，它與服務本身特性功能、新方法、新流程、顧客與服務提供者、顧客與生產者等，這些所產生的交互作用，與新的產品與新的服務息息相關。也正是因為這些因素導致服務創新較傳統創新思維與方法更為複雜，甚至許多服務創新是顧客與服務提供者、或是顧客與生產者間緊

密互動、合作所衍生之服務創新活動。此也符合創新通常無法單一元素所產生之概念，誠如 Bilderbeek 等人（1998）與 Den Hertog（2000）提出服務創新四種概念模型，該服務創新概念模型提出新服務概念、新的顧客介面、新服務傳遞系統、新技術發展等交互作用的四個構面，此四大構面是緊密且重疊的。

1. 新服務概念：是指在服務業中，提出新的概念或想法，此新的概念與想法大部分是由外部市場驅動所衍生的創新概念，因此來源可能從現有顧客服務中衍生出來、目前市場發展趨勢導致、新的技術所衍生、新的服務與生產過程中衍生出來。例如，海青因應老人長照市場需求所衍生出日照健康醫療照護服務，此為一個典型的「新服務概念」。

2. 新的顧客介面：是指生產或服務提供給顧客介面的設計，包括產品與服務提供給顧客的方式、方法或是合作關係。例如，海青與建築商合作建立無障礙生活空間，建立失智老人專屬「遊走迴廊」，並在迴廊兩旁設立扶手與座椅提供給失智老人休息空間。除此之外，為因應機構中老人不同宗教信仰，海青設立了不同宗教信仰祈福、禱告與膜拜專屬空間。為強化住民健康與感官刺激，海青更首創設置感官功能治療室，提供專業感官治療專屬空間，提供住民在感官功能上之醫療服務與健康照護。

3. 新服務傳遞系統：運用組織內部管理與服務提供，開發符合市場與顧客需求的傳遞方式。此介面強調的是組織提供的產品與服務在員工與顧客間交互作用的方式。

4. 新技術發展：技術在服務創新中扮演著重要角色，許多服務的提供大都是依賴在特定技術之上，如海青以完整醫療網絡系統的建置，提供給顧客（住民）先進醫療技術，這些醫療網絡與技術已成為服務創新中最重要驅力。資訊科技（Information Technology，IT）也是目前服務創新另一股重要力量，健康即時監測系統技術，提供醫療照護管理人員對於顧客（住民）及時健康狀況之管理與監測。所以新技術如資訊科技，在服務創新四維模型中占有舉足輕重地位。

根據財團法人海青長照中心一連串創新服務的作為，可歸納如表11-2所示：

11

表11-2 財團法人海青長照中心服務創新彙整表

新服務概念	新的顧客介面	新服務傳遞系統	新技術發展
· 醫療照護風格—住宅 · 非傳統照護醫療 · 安全、專業與舒適生活環境 · 提供照護、失智、長期照護之醫療服務 · 網絡式長期照護醫療系統	· 無障礙生活空間 · 失智老人專屬遊走迴廊 · 專屬宗教信仰專區 · 感官功能治療室 · 多元長期健康照護系統	· 芳香療法導入健康照護服務流程 · 音樂療法導入醫療照護服務 · 有尊嚴的健康照護服務系統 · 連續性健康照護服務概念	· 日照中心 · 夜間照護 · e化遠端數位探視與管理系統 · 數位健康狀況偵測與管理系統 · 紅外線感應系統

1. 假設您是長照機構領導者，您將如何檢視機構內創新服務的導入？承上所述，您如何發現新服務是適合長照機構的？哪些創新的服務與作為，是可以提升或強化長照服務成效的呢？
2. 讀完上述的服務創新與長照機構關係後，請您思考：長照機構如何建構獨特創新服務作為？
3. 倘若您被長照機構的管理者指派進行創新服務導入，您會如何進行？

【請填寫在書末附頁P47】

11-5 顧客導向老人長照服務機構

長照機構也要積極建立獨特資產，尋找競爭優勢。1959年，Prenose在《廠商的成長理論》（The Theory of the Growth of the Firm）指出，長照組織所提供的照護服務，應視為無形資產，且將服務視為組織維持競爭優勢重要的資產。長照組織所提供一連串連續性健康醫療服務系統為重要資產。因為這連續性之照護服務提供高度鑲嵌於專屬長照組織中，包含醫療設施、服務提供者、管理者、組織文化、制度等等，服務介面須以顧客導向為出發，其功用如下：

顧客導向就是顧客（照護需求者）與長照中心所有成員所產生的交互作用時，所提供的照護服務能夠滿足老人的需求。

1. 照護服務提供者：提供一連串生活起居與醫療照護的服務，且具專業性幫助須照護老人。
2. 從事專業醫療照護服務與行為。
3. 強化照護服務提供者與照護需求者間合作關係，兩者互動信賴合作關係，更強化老人生活滿意度。
4. 醫療專業諮詢。

　　針對服務導向之組織而言，顧客導向比其他企業扮演更重要的角色，因為服務之不可分割、異質性、無法儲存等特性，導致顧客導向之服務更能確實掌握顧客需求與其滿意度。

　　服務與傳統有形產品最大區別，在於服務是一個連續且累積的過程，此過程在滿足顧客的需求，甚至更深入的是在與顧客共創價值。服務過程中一連串參與提供服務人員與顧客間高度的互動，所以服務過程中的調整與修正，都影響雙方的認知，且需要不同知識、技術與能力的配合，方能為服務注入新的思維與方法，才能創造一個創新的服務。長期照護機構需要面對市場需求與變化，另一方面就是機構服務對象的顧客。例如，對長期照護組織而言，不僅要滿足市場趨勢的發展，同時也要獲得服務對象—長照機構中之老人—的滿意。由於長照機構為提供長期醫療照護服務，即醫療服務提供人員與服務顧客間重要媒介，因此在其創新服務作為的導入須同時兼顧兩方意見。

　　長照組織的服務創新，必須具備以下條件：

1. 專業醫療照護知識：以專業醫療照護融入新服務概念、流程與實施中，真正落實健康醫療照護服務。
2. 顧客導向思維：必須以老人角度出發，來開發新服務概念與介面，充分掌握老人對健康照護服務之需求與其特質，設計出與顧客需求相符之醫療照護服務介面。
3. 價值共創：此乃服務創新中心思想，顧客所感受甚至是接受到的價值取決於顧客接受醫療照護服務過程中的體驗與其結果，在長照醫療健康照護系統中，以無形新服務傳遞系統最難被對手模仿，且也是長照系統服務提供者與老人最直接的互動結果，透過服務人員將新的服務介面傳遞給受照護之老人，因此服務提供人員為價值共創最重要元素。

此外，長照機構中之老人為高度顧客涉入之服務作為與提供，藉由 1997 年 Bettencourt 對服務創新的詮釋，討論顧客涉入服務創新的程度得知，創新的服務活動與過程可區分為三個類別：

1. 顧客意見：顧客在接受服務的過程中或是接受服務後，對於服務評價的反映與回饋。
2. 顧客回饋：顧客與服務提供者之間，服務的傳遞或認知差異所表達之情緒訊息反映。
3. 顧客參與：顧客在參與服務創新的過程中，提供有利於服務創新或改善的有效資訊。

根據上述對服務創新之論述，可以發現服務創新是以「顧客導向」為中心的一系列有形與無形服務活動交互之提供，其目的是透過創造新服務、新方法、新技術、新產品來滿足顧客目前與潛在的需求，但這些需求是一種無形的體驗，顧客難以準確清晰地表達。因此，若企業以傳統的市場調查方法（如焦點群體）收集顧客對新服務資訊之感受與認知，容易產生嚴重偏差，而現實與當前市場發展趨勢與顧客對服務需求產生極大缺口，進而導致服務創新失敗。因此，以顧客為導向之服務設計與提供應注意如何透過新服務開發（new service development, NSD）方式，來進行創新服務規劃、設計、發展，實施，應用至服務價值鏈中。

新服務開發具有高度顧客互動、溝通、回饋等特性，新服務開發主要目的是讓新服務開發過程中顧客與提供服務之組織有高度互動與交流，使新服務概念開發以及商業化階段，透過由顧客高度參與、回饋來提高服務創新的成功率，此與服務創新學者如 Alam 與 Matthin 等人所主張的論點一致。

市場、顧客導向之服務創新作為，在不同服務提供階段有不同影響與作為，著名行銷學者 Kohlio 與 Jaworski、Narver 與 Slater 共同指出，市場導向可以透過三個階段，即構想產生階段、設計與散播階段與回應與反饋階段。採用上述學者們所提出之創新不同階段，以此概念為構想，整合市場與顧客導向至服務創新內涵中，發展出市場與顧客導向之服務創新作為（圖 11-7）。

首先，在服務創新構想產生階段，此階段主要重心在於知道與發掘顧客與市場需要的是什麼樣創新的服務，跨部門間服務提供與構想的溝通、協調、整合是必要條件，尤其是將顧客真正的需求整合到服務價值鏈中，設計出符合顧客需求的服

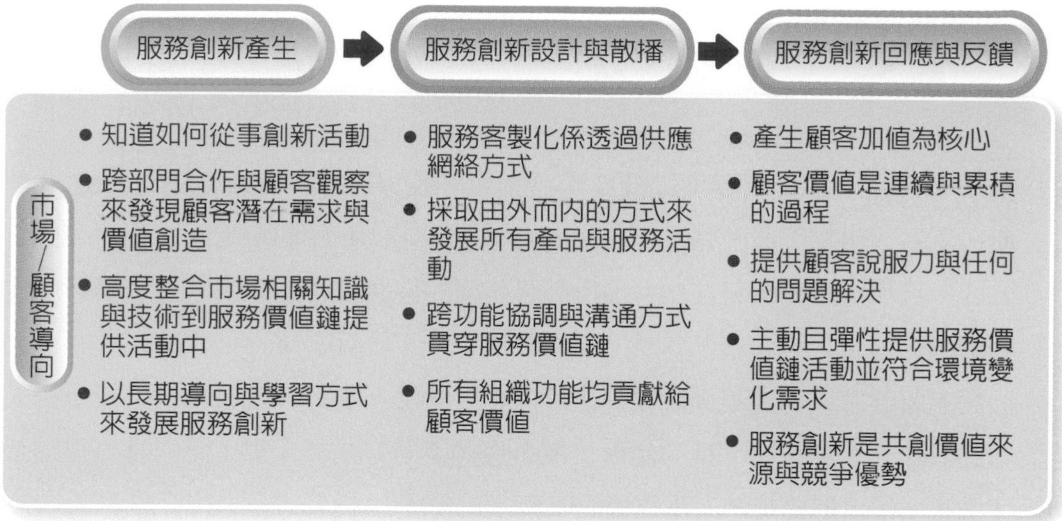

| 服務創新產生 | 服務創新設計與散播 | 服務創新回應與反饋 |

市場／顧客導向

- 知道如何從事創新活動
- 跨部門合作與顧客觀察來發現顧客潛在需求與價值創造
- 高度整合市場相關知識與技術到服務價值鏈提供活動中
- 以長期導向與學習方式來發展服務創新

- 服務客製化係透過供應網絡方式
- 採取由外而內的方式來發展所有產品與服務活動
- 跨功能協調與溝通方式貫穿服務價值鏈
- 所有組織功能均貢獻給顧客價值

- 產生顧客加值為核心
- 顧客價值是連續與累積的過程
- 提供顧客說服力與任何的問題解決
- 主動且彈性提供服務價值鏈活動並符合環境變化需求
- 服務創新是共創價值來源與競爭優勢

圖11-7 市場與顧客導向策略之服務創新 資料來源：編者整理

務。在服務設計與散播階段，服務導向企業應該發展出高規格客製化服務，並且以網絡模式提供創新的服務作為；而此階段應由外而內引入所有產品與服務之服務設計活動，審慎思考服務創新作為之適切性，組織功能應提供全面性支援，來提供最有價值的服務給顧客。在服務創新回應與回饋階段，服務創新最終目的就是提供價值的服務給顧客，此階段應該致力於顧客問題的解決，與客戶間的交互溝通，審視所提供的服務是否真正解決顧客問題。創新活動的導入在共創顧客價值，及時與顧客交流與溝通來積蓄創新成果並累積知識，作為後續服務創新調整與追蹤之用。

簡而言之，顧客或市場導向的本質，是指蒐集、分享、運用與創造有關顧客、競爭者、合作夥伴的資訊來源，作為組織決策之依據。由此可以發現，顧客與市場導向清楚地顯示，所有服務創新的規劃、設計、作為與運用，都清楚地了解顧客真正的需求是什麼；而要了解顧客真正的需求，組織可以透過直接觀察或是自然情況下所獲取的顧客需求。

動動腦

1. 請問長照機構所提供的照護服務，除了機構中老人（住民），服務的提供還應該要考慮那些顧客觀點？
2. 顧客除了機構中老人（住民），還有哪些顧客？或是潛在顧客？
3. 您如何得知長照機構所提供的照護服務是否滿足顧客需求？【請填寫在書末附頁 P48】

本章摘要 |Summary

1. 傳統上，創新型態大致可以分為產品創新、製程創新、技術創新、漸進式創新、激進式創新、能力強化創新、能力摧毀創新、元件創新、架構創新等創新方式。近代，服務創新在IBM提出服務科學的發展後，立即引起產官學界的重視與研究。

2. 服務創新從基本的意義來說就是服務流程、方法、設計、工具再改進或是導入新的服務作為的意思，換句話說，就是透過不同方式與作為，讓服務可以提升與強化，提供機構中老人更舒適的服務。

3. 進入服務經濟導向時代，網絡式創新模式，如海青網絡式創新模式，普遍被提出討論，因為它可以整合所有組織內、外資源來進行創新活動。

4. 老人長照機構所提供的創新醫療服務更複雜與專業，所以服務的提供與導入更應從老人觀點出發，提供兼具健康、專業、尊嚴、舒適的長照服務，創造出以機構為「家」的生活。

5. 為建構出顧客導向的服務創新，其服務作為與實施均應以老人（顧客）需求為出發，其主要的目的在與顧客共創價值。

Chapter 12

老人居住空間與智慧住宅

學習目標

1. 認識老人居住空間意涵
2. 認識智慧住宅具體內容
3. 臺灣現有老人居住空間與智慧住宅發展情形

故事真理

陳先生的父親超過 90 歲，平常獨居在鄉下老家，某年中風後行動不便，住在有電梯公寓二樓的陳先生將父親接來同住，推輪椅進公寓時，從公寓大門到一樓電梯門前有三層階梯，得抬著輪椅才能進電梯門。後來，陳先生與其他樓層住戶協商希望能在一樓電梯前合資改建斜坡，但其他住戶不想花錢也認為沒有必要，最後協調不成，每次進出只好用人力抬輪椅。

　　近年來老人福利服務提供多樣化，許多老人福利服務著重在軟體的提供，例如服務輸送方案、老人生心理照顧…等，惟在硬體的部分，近年來才逐漸重視老人生活方面的需求，於是老人居住空間的設計與目前在發展中的智慧住宅，即成了重要的學習項目與知識。

12-1　臺灣老人居住空間與智慧住宅的需求

　　我國自 1993 年 9 月，老年人口達 149 萬人，65 歲以上老年人口佔我國總人口數達 7%，達到聯合國世界衛生組織所訂的高齡化社會指標，亦即臺灣正式邁入高齡化社會。我國老年人口迄 2016 年 3 月底止，65 歲以上人數為 298 萬 1,770 人，占全國總人口數 12.69％，老年人口依賴比為 17.91。另依據行政院經建會推估，在 2018 年我國老年人口將達 14％，進入「高齡社會」，至 2036 年將達總人口的20％，進入「超高齡社會」，屆時可能每 5 位臺灣人就有 1 位為 65 歲以上老人。此外，因長時間的出生率下降，使得我國的人口結構發生改變，導致高齡化與少子女化現象明顯，背後代表的意涵是高齡人口的急速增加。相較之下，老人的居住空間將需求大增，然而目前臺灣的老人住宅最大的問題即是出在缺乏安全的設計，所以了解老人住宅的安全與生活品質需求是非常重要的。

　　此外，因為老人的身體機能將逐漸退化，使得其日常生活空間會逐漸縮小，將會更依賴其原本或現有的生活空間場所（如日常的休閒活動），並且生活空間場所與老人的健康有關。尤其是老人的室內活動需求並不會改變，可是因為年齡的變化，將使老人對生理性的空間如餐飲、寢室、衛浴等更為依賴。

　　據內政部調查統計，多數老人缺少意願住進老人相關機構，較傾向居住在原來的居住環境，以度過晚年生活（圖 12-1），因此如何支持老人生活在原居住空間，在地化與社區化的服務與安全的住宅空間則益顯重要。此外，臺灣的老年人居住於一般住宅之比例高達 82.6%，且國人平均生命餘命的延長及傳統思維的改變，老人退休後生活選擇與配偶獨自生活的比例不斷

圖12-1　大多數老人傾向居住在原住家，渡過晚年

提高，所以如何有效促進高齡者從事對身心有益的休閒及社交活動，在原本住宅可以獲得安全、適當的日常活動公共空間及設施，讓老人得以享有安全度過晚年，則是老人居住空間與智慧住宅設計應該思考的議題。

　　因為多數老人傾向生活在原來的生活空間以度過晚年生活，所以在考量老人的晚年生活時，不能僅思考硬體的居住空間與智慧住宅，還得思考老人的社會支持，包括支持適當的生活的各種條件，如生活資源、人際關係、照顧服務、醫療服務…等，以支持老人獨立生活。此外，一般住宅規劃並未思考老人生活與照顧需求，直到家庭有人年老或個人年老時，才會考量老人的各式需求，尤其是老人在不同的失能程度，所需的生活空間、照顧空間、生活動線並不相同，因此設計老人的居住空間與智慧住宅時，得將這些條件納入思考。這些支持資源也都得透過智慧住宅的協助，將其串連成整體的包裹服務，以符合老人「在地老化」之需求，支持老人真正的生活在地化，達到在地老化的理念。

　　在社會發展趨勢下，未來有關老人的生活空間，應加以「老人居住空間」與「智慧化居住空間」共同思考，以創造適合老人居住的銀髮族智慧生活空間，智慧化居住空間與老人生活需求實踐的重點，在於人性化的居家服務系統之設計與整

12

合，以高齡族群的特殊需求爲發想，最終達成的目標是滿足高齡者生活所需的主動感知，與滿足生活服務提供的智慧服務系統，打造高齡者最佳的智慧化居住空間。

12-2　臺灣老人空間住宅與智慧建築政策演變

老人是空間使用之主體，因此老人在不同時期的失能情形與生理、心理需求，攸關老人居住生活空間與智慧住宅之發展，乃成爲老人居住空間與智慧住宅發展的重要議題，如同科技之發展，最終仍以使用者的需求爲出發點。透過相關老人居住空間與智慧住宅的發展政策，從中了解未來臺灣智慧住宅的發展趨勢。

一、建築物無障礙設施設計規範

內政部於 2008 年 4 月 10 日公布「建築物無障礙設施設計規範」，內容規範有關無障礙之設施設備層面，對於老人居住空間之無障礙設施設計首次有明確規範。

1. 無障礙設施：又稱爲行動不便者使用設施，係指定著於建築物之建築構件，使建築物、空間爲行動不便者可獨立到達、進出及使用，無障礙設施包括室外通路、避難層坡道（圖12-2）及扶手、避難層出入口、室內出入口、室內通路走廊、樓梯、昇降設備、廁所盥洗室、浴室、輪椅觀眾席位、停車空間等。

2. 無障礙設備：係指設置於建築物或設施中，使行動不便者可獨立到達、進出及使用建築空間、建築物或環境，如升降機之語音設備、廁所之扶手、有拉桿之水龍頭等。

圖12-2　無礙障坡道有利於老人或行動不便者行走

行動不便

行動不便者，乃指個人身體因先天或後天受損、退化，如肢體障礙、視障、聽障等，導致在使用建築環境時受到限制者。另因暫時性原因導致行動受限者，如孕婦及骨折病患等，爲「暫時性行動不便者」。

3. 無障礙通路：符合本規範規定的室內或室外之連續通路可使行動不便者獨立進出及通行。

二、建築技術規則建築設計施工編

內政部於 2003 年公布「建築技術規則建築設計施工編」第十六章老人住宅，針對老人住宅適用範圍、居住人數、規範設計、空間大小進行規定。

三、老人住宅基本設施及設備規劃設計規範

內政部於 2003 年公布「老人住宅基本設施及設備規劃設計規範」，供具有生活自理能力無需他人協助之老人為居住者之老人住宅，應符合本規範。針對老人住宅外部空間規劃、居住單元與居室服務空間規劃、共用服務空間、公共服務空間、設備及設施等項目進行規範。

四、促進民間參與老人住宅建設推動方案

內政部於 2004 年公布「促進民間參與老人住宅建設推動方案」，主要是提供老人安養所需之住宅服務提，並希望透過促進民間的投資，成為帶動經濟發展的動力。其目標包括老人住宅設施設備標準化、老人住宅生活機能便利化、老人住宅服務功能人性化、老人住宅經營管理產業化、老人住宅促參輔導優惠化。

五、推動智慧化居住空間產業發展政策及概念

行政院 2005 與 2006 年產業科技策略會議（SRB）決議，推動智慧化居住空間產業發展政策及概念，並規劃「我國智慧化居住空間八年發展藍圖」。

知識充電站

智慧化居住空間

智慧化居住空間，係指在建築物內導入永續環保與智慧化相關產業技術，建構主動感知、及滿足使用者需求之建築空間。其目的在創造安全健康、便利舒適、及節能永續的工作及生活環境。

12

六、整體住宅政策

　　行政院於 2005 年公布「整體住宅政策」，有關老人住宅政策主要是「住宅無障礙」與「居住安全」。

1. 多元居住協助：提供失能者、失智者多元型式之住宅及設施。
2. 提升居住環境品質：改善居住環境品質並建構友善社區、推動建置無障礙住宅及社區環境，或住宅無障礙設施改善與住宅結構安全評估及補強。

七、科技生活化

　　行政院於 2006 年產業科技策略會議議題中，導入科技化生活之概念，強化智慧化居住空間定義為「建築物導入永續環保概念與智慧化等相關產業技術，建構主動感知及滿足使用者需求之建築空間，以創造及享有安全、健康、舒適、節能與永續的工作及生活環境」，其範疇包括智慧家庭、智慧建築、智慧社區及智慧都市。

八、智慧綠建築推動方案

　　行政院於 2010 年提出「智慧綠建築推動方案」，推動智慧綠建築，係藉由臺灣既有綠建築優勢，在維護環境永續發展及改善人民生活前提下，進行智慧型創新技術、產品、系統及服務之研發，以建構「生產」、「生活」、「生態」三生一體的優質居住環境，同時提升產業競爭力及掌握龐大創新產業產值與商機。

九、整體住宅政策實施方案

　　內政部於 2012 年公布「整體住宅政策實施方案」，總目標為「國民居住於適宜之住宅且享有尊嚴之居住環境」，提供無障礙的居住環境，並就高齡化社會時代來臨預備因應高齡者的住宅需求。其具體措施有推廣通用化設計；高齡者生活環境；規劃、修訂相關建築法規，無障礙住宅社區促進；推廣智慧建築認證制度。

十、友善關懷老人服務方案第二期

　　行政院於 2013 年核定「友善關懷老人服務方案第二期」計畫，以「健康老化」、「在地老化」、「智慧老化」、「活力老化」、「樂學老化」作為該方案執行五大目

標。隨著資通訊科技不斷進步，智慧化科技與智慧建築之相關產業也隨之蓬勃發展，政府推動智慧化居住空間政策，結合產品、設備與服務共同落實於國民生活空間，以滿足安全健康、便利舒適之生活需求，進而開創相關產業發展的新利基。

從以上所述得知，老人住宅的發展是以老人與長期照顧人口需要者的需求點出發，並適逢臺灣的經濟與科技發展，逐漸融入智慧化的科技概念，因此有關整體老人居住空間與智慧住宅的發展，乃以人性需求為出發點，過程中搭配科技與經濟的需求，同時也因臺灣邁入高齡化的社會，老人居住空間發展與智慧化住宅會因為照顧者的人口增加，成為不可或缺的重要發展趨勢與機會，在未來將產生龐大的經濟效益。

12-3　老人居住空間概念

老人雖然重視社交與健康的交互服務，但仍希望有能力過著原本生活，享有一定的生活自主權。不過老人在生理衰退後，原來的住宅空間將對其產生生活障礙，所以老人居住空間的無障礙理念、安全、空間構造、動線等需求成為老人居住空間所重視的議題，也就是老人居住空間包含在地老化、無障礙生活環境、智慧住宅、終身住宅等設計理念。此外，老人居住空間與其他老人服務機構的差別，主要是老人居住空間重視安定、安心、安全三個原則，以提供老人可以享有自主、尊嚴、支持與健康的生活環境。

一、老人居住空間通用設計的概念與定義

隨著機能退化的老人增多，對原來住宅空間產生行為障礙，產生老人居住空間需求日增。近幾年來，無障礙空間的設計理念對老人住宅的構造、設備符合安全、方便的需求。所以老人居住空間與一般住宅最大的差異，在於老人居住空間及住宅設計，需配合老人身心狀況及所需的各種服務進行設計規劃，如無障礙的室內外空間與休閒活動場所等都是老人居住空間的設計重心。

另外，老人居住空間的概念，也應用於老人服務機構，其目的在於將老人服務機構，設計成可以輔助高齡者自由活動和獨立生活的空間，最高理想是成為高齡者自己的家，使老人居住於該機構如同居住於自家空間一般地舒適。

行政院經濟建設委員會指出老人居住空間規劃設計，需達到的目標：

1. 能積極的經營自己的高齡者生活，而不是被動的接受養護。

2. 協助高齡者過獨立自主且有尊嚴的生活。

3. 提供健康監護和衛教指導、預防保健。

4. 有幫助高齡者提升生理及心理適應的規劃方案。

5. 提供連續性的照顧體系，讓高齡者無後顧之憂。

6. 提供能夠再學習、再發展、且達成心願與做出貢獻的場所。

7. 提供安全的環境以及安全保護措施，例如安全扶手、無障礙空間設計以及緊急通報系統。

二、通用設計概念

通用設計（Universal Design）概念，是在 1970 年代由美國北卡羅納州立大學通用設計中心主任 Ronald L‧Mace 所提出，其是一種預防式的，也是一種設計的途徑，預期設計出來的概念、物品或各式項目，能在最大程度適用於每一個人。

（一）老人通用設計需求

1. 老人的生活空間應在同一樓層：主要因爲老人的肌力及平衡感衰退的衰退，老人上下移動過程可能導致傷害。

2. 動線及出入口避免有障礙物：老人視力退化及注意力減緩，移動路線有障礙物老人有時無法發覺，將導致老人受到傷害。

3. 老人起居處及動線應有適宜燈光：考量老人視力退化等因素，老人夜間行走容易因視力不良而跌倒，故居家應保持適宜明亮燈光。

4. 居家浴室及廁所宜改裝：考量老人行動、輔具使用、安全等方面，老人家中的浴室及廁所應依照無障礙需求及老人使用特性而改裝（圖12-3）。

圖12-3　浴室加裝扶手，方便老人安全使用

5. 提供老人居家休閒空間：老人在家仍有休閒的需求，因此在空間設計上應保有老人使用的書桌、電視與談話的空間。

（二）通用設計七大原則

　　為了使老人居住空間能提高老人的生活品質，並考量到老人的失能情形，在老人的居住空間普遍採用通用設計的原則，以減少老人生活上的種種限制，並且讓照顧者在使用同樣環境下，提供老人適當的服務，達到老人與照顧者同時互惠。其原則有：

1. 平等使用：期望可以達到任何人都可以使用。
2. 靈活運用：運用的方式可以多樣性，不因個人使用習慣而受限。
3. 簡單易用：易操作，不複雜。
4. 簡單訊息：最好是有二種以上的資訊提供，使用者可以直接明白使用的訊息。
5. 容許錯誤：使用時即使使用錯誤或操作不當，使用者並不會發生事故。
6. 省力操作：使用者可以長時間的使用，不容易感覺到疲乏或勞累。
7. 尺度合宜：適合各種體格的使用者使用，不因體格差異而造成某些使用者無法使用。

（三）老人居住生活空間的考量

　　從健康層面而言，住在自有住宅的老人會顯得較為健康，因此讓老人得以在原居住空間生活，實施在地老化，對老人是有很大的幫助的。在社區的老人居住空間，除了重視居住空間的安排，也須重視老人與其他家屬之間的考量，在一份研究報告指出有 80% 的老人認為理想的居住安排型態是與子女同住，另有 15.3% 回答是未與子女同住但與成年子女同鄰而居，所以老人居住空間的設計不能夠只以空間作為關注的焦點，應將不同世代的共同使用的需求納入考量，如對於不同世代共同居住，應注意老人的浴室、照顧者餵食老人的空間、輔具使用、各空間之間的流動動線；處於亞健康失能階段的老人，應留意含室內復健的需求，和為了預防老人跌倒，應維持空間的流暢與燈光照明之補足；若老人已是處於臥床階段，則須留意臥床的老人與照顧者的需求，如預留床邊照顧的空間、臥床照顧物品的擺放空間、移位空間……等。

　　此外，考量老人的理想室內居住環境，應包含老人的生理變化、老人生活空間所具備之特性：

1. 空間：重老人生活的隱私權，讓老人擁有個人生活空間。

12

2. 色光環境：注意老人的視力退化及情緒，色光的使用上考量老人的生活與心靈需求，照明條件依據老人活動而調整。

3. 照明條件：考量老人的視力，應讓老人生活空間有適當的明亮度。

4. 最低限的照度：居住室內考慮自然採光，讓老人得以維持適度光線照射，維持健康。

5. 溫度：老人對於溫度較爲敏感，應隨時注意老人居住空間的溫度，最好有恆溫系統。

6. 噪音：人因退化關係，階段睡眠逐漸減少，並且不易入睡，連帶影響睡眠品質，所以老人居住空間避免有噪音存在。

（四）老人住宅空間的規畫與設計的考慮

　　老人退休後的生活，並非立即選擇機構式的居住環境，多半老人會選擇以原始住家規劃退休養老。因此將原住宅規畫爲老人居住空間的重點，如下：

1. 以現有住宅規劃：老人現有住宅進行規劃可以降低老人居住空間之壓力，因此在考量老人居住生活空間，並非得考量外部居住環境，能以原本居住生活空間進行重新規劃是比較恰當的。

2. 居家安全：空間設計應考量老人生理限制與生理需求，所以應集中空間的使用，將居家空間如廚房、衛浴、寢室、餐廳……等，盡量安排在同一樓層，以維持老人安全。

3. 空間間格：考量老人的生理變化，老人可能因爲生理的退化，未來會使用到各式的輔助器材，因此在空間安排上，應考量老人未來可能使用輪椅等輔助器具，而將居住生活空間預留可伸縮空間，以利老人未來生活空間移動。

4. 輔助器材空間：考量增加輔助器材的擺設空間，以方便老人輔助器材的擺放與使用。

5. 增設垂質運用設備：考量老人生活空間可能因爲生理退化導致限制，因此若居家有垂直生活空間，應增設電梯以利老人移動，或增加樓梯升降梯輔助器具，幫助老人生活空間的移動。

　　整體的老人居住空間，考量面向從時間序列考量老人的失能變化情形，從空間變化序列，考量老人失能階段所需配合的居住空間改善，所以老人居住空間重點在

於以老人爲出發點，綜觀失能生理所需，以及生活空間的搭配。此外，還需考量照顧人員的需求，使照顧人員易於照顧老人，使得老人可以獲得較高的居住與照顧生活空間品質。

1. 試著搜尋看看，在您所在的縣市對於老人居住空間的重視推展情形爲何？
2. 居住空間的改造，您會從哪邊著手？爲什麼呢？

【請填寫在書末附頁P51】

12-4　老人智慧住宅

　　老人智慧住宅的發展，乃是爲了便利老人的居住生活空間，其中關注的仍是老人的生活需求，因此老人智慧住宅包括老人福祉科技的發展與智慧住宅二個面向，二者創造老人更舒適的生活情形。但是若忽視老人需求，老人福祉科技與智慧住宅便缺少人性化設計，因此科技應用的重點是以老人需求爲出發點，重視人性化的科技發展與應用。

一、老人智慧化住宅需求

　　老人長期照護，是對身心功能損傷的老人提供長期照護服務，如：老人身心診斷與治療、適宜的生活照顧服務、居家生活空間無障礙環境改善與輔具提供……等，因爲長期照顧的服務時間長，讓老人增進自我獨立與保有生活尊嚴，成爲先進國家在老人長期照顧發展的主軸。

　　因爲長期照護需求，使得老人更容易選擇居家生活與居家照護，但在長期照護過程中，老人需要更多的自主、獨立與尊嚴的需求，因此透過智慧化設備與系統滿足老人獨立生活所需是智慧化系統關注的面向。智慧住宅不能缺少老人福祉科技，老人福祉科技是智慧住宅的一部分，透過老人福祉科技與智慧住宅的整合，可以幫助老人獲得獨立生活與居家照護，所以沒有老人福祉科技，老人住宅就不能稱爲智慧住宅。

12

二、老人福祉科技

因為老人的各種生活改變，為了因應老人照顧與無障礙環境的需求，老人需要有更多的居住生活科技，以增進日常生活的品質與獨立性，是發展老人福祉科技重要的理念。老人福祉科技產業的著力點在於重視創新與開發科技含量較高的產品與服務以提供給老人。所以老人福祉科技重視透過科技技術的導入，以增進老人的生活品質，而非僅透過軟性的服務提供（圖 12-4）。

圖12-4　服務型機器人在未來可能代替子女或照護者幫忙照顧家中老人

其中老人福祉科技考量老人的生活與科技需求，因此並非僅從科技的角度創造福祉科技產品，還須包含其他的專業介入，共同思考如何運用科技的角度，解決老人所可能遭遇到的生活問題，老人福祉科技其實是一個跨領域的科技整合應用，需要各式工程技術人員的參與，共同規劃設計屬於老人實用的科技產品。

知識充電站

老人福祉科技定義

　　國際老人福祉科技學會提出：「老人福祉科技，是設計科技與環境，使高齡者能夠健康、舒適、安全地獨立生活並參與社會」。

三、智慧住宅

老人智慧住宅的發展，主要為回應老人的居家生活需求，同時因為科技的進步，使得智慧住宅的功能不斷衍生，後續包括老人的照顧、安全、健康等需求，均能涵蓋於智慧住宅中。

內政部建築研究所自 2006 年起推動科技生活化，整體智慧住宅的發展，是以個人生活需求發展為主軸，居住建築空間為硬體發展之架構，資訊、服務、軟體運用整合為軟體服務，建構智慧化主動提供居家使用者服務需求的住宅環境。老人智慧化住宅發展願景，包含銀髮族適用、安全安心、舒適便利、健康照護、節能永續五大主軸概念落實於居住生活空間之中，其功能包括：

1. 能以智慧化系統提供服務、監測及遠距等策略進行管理。

2. 運用網路基礎，提高數位生活的品質。

3. 能隨環境變化自動感測的建築表面。

　　老人智慧住宅科技的發展應用，包含智慧化輔具、監測系統的應用、遠距醫療的使用、智慧休閒設備、居家設備自動化。

1. 智慧化輔具：傳統輔具主要是作為輔助失能者增進獨立生活之用，較常見輔具有輪椅、拐杖……等，近年來因為資訊通訊設備的輕便化與快速發展，傳統輔具逐漸加入資通訊設計與元件，使得未來智慧型輔具可以含括溝通、提醒、定位、照顧等智慧服務。

2. 健康監測系統：健康監測系統主要是為瞭解老人的長期生理變化、健康情形、個人安全而設計。主要是透過科技監測的方式，長期時間蒐集服務對象生理徵象（如脈搏、心跳…等）訊號，並經由資通設備的傳輸，電腦設備的儲存，專業醫療人員的分析，以了解老人的生理變化。

3. 遠距醫療的使用：透過遠距醫療的使用，老人於自家生活當中即可提供遠距有關血壓、血糖等生命徵象資料，然後透過資通系統將老人自身相關數據資料遠端傳送給後台的醫師醫療等人員，使專業醫療服務能立即提供長者相關照護資訊，以降低人力照護需求，並達到提供專業諮詢的服務（圖12-5）。

圖12-5　老人將生命徵象數據透過家中電腦，上傳至醫療單位，建立遠距離醫療照護

4. 智慧化休閒設備：休閒設備除了一般老人居家的休閒器材，智慧休閒設備包含虛擬現實系統設備的開發，如虛擬機器人或機器狗，除可提供休閒滿足，亦可包含心理的支持。

5. 居家設備自動化：透過居家設備的自動化控制與改變，以自動調節居家生活的設備，提高生活的便利性與舒適度，如燈光控制、家電儀器遙控……等。

　　臺灣老人智慧住宅的發展，是透過智慧化的生活以解決老人的生活困境，同時強調科技性的介面導入、網際網路的連結、自動感知與回應系統的運用，使得老人的生活、安全、便利性均能獲得最佳的回應，以創造高品質的居家生活環境。

動動腦

1. 您覺得在設計智慧住宅時，您覺得老人比較需要重視的項目為何？
2. 若您可以設計老人居住空間與智慧住宅時，您設計的方式會是如何？

【請填寫在書末附頁P52】

　　臺灣因邁入高齡化社會，同時科技產業的發展、興盛，因此高齡化社會的智慧住宅因應而生。其中老人居住空間重視透過空間環境的改造，以滿足老人的日常需求，讓老人得以安心生活在日常住宅之中。老人居住空間與智慧住宅的發展之核心是「老人」的需求與人性化，所以科技產品的設計須符合老人所用，創造老人最佳的生活品質。總括來說，老人居住空間與智慧住宅的最終目的，仍是為了實現讓老人得以在社區中「在地老化」，讓老人即使到老了而言，仍可以選擇居住在熟悉社區內，享有社區的生活，在家中可以過有獨立與尊嚴自主的生活，並從社區中獲得生活支持所需的服務。

本章摘要 |Summary

1. 多數老人較傾向居住在原來的居住環境，以度過晚年生活。

2. 老人住宅的發展是以老人與身心障礙者需要者之需求點出發。

3. 老人居住空間與一般住宅最大的差異，在於老人居住空間及住宅設計，需配合老人身心狀況及所需的各種服務進行設計規劃，如無障礙的室內外空間與休閒活動場所等都是老人居住空間所需的設計重心。

4. 通用設計七大原則：平等使用、靈活運用、簡單易用、簡單訊息、容許錯誤、省力操作、尺度合宜。

5. 考量老人居住生活空間的六項範疇：空間、色光環境、照明條件、最低限的照度、溫度、噪音。

6. 老人住宅空間的規畫與設計的規畫重點：以現有住宅規劃、居家安全、空間間格、輔助器材空間、增設垂質運用設備。

7. 老人智慧住宅科技的發展應用，包含智慧化輔具、健康監測系統、遠距醫療的使用、智慧化休閒設備、居家設備自動化。

12

Chapter 13
銀髮產業的發展

臨時孫子升級版　陪長者出遊

　　花蓮臨時孫子在車站幫忙長者和殘障人士提行李備受好評，現在這項公益服務將推出「升級版」，要陪長者做菜和陪伴出遊。

　　花蓮一群年輕學生去年暑假主動號召提供公益服務，以「臨時孫子」為名在花蓮火車站，幫助年長者和殘障人士提行李上車，獲得民眾的好評。經過一年來抬行李志工服務的磨練，這群有創意和愛心的年輕學生，今年暑假提出升級版的臨時孫子公益服務。

　　花蓮臨時孫子志工召集人小芸表示，今年將增加臨時孫子陪老人家做拿手菜，和陪老人家出去玩這兩項新的服務。小芸說，陪老人家做拿手菜，是以追尋「阿公阿嬤的美味記憶」為主題，現在兒孫輩與祖父母在一起吃飯互動的機會變得很少，為鼓勵外地遊子與長輩能多相處互動，所以臨時孫子陪伴老人家做菜取代外食，除參與阿公阿嬤的記憶美味外，也讓老人家能有人陪伴。

　　至於陪伴老人家出遊，也是提醒年輕人重視家人和長輩的親情，小芸說，如果大家沒有時間陪伴長輩出遊，臨時孫子可以幫忙帶著長輩，到外地子女居住或工作地點的火車站，方便外地子女接長輩出遊。

　　臺灣高齡少子女化社會的人口結構下，「祖孫」世代間的互動因工商社會及家庭結構改變漸顯疏遠與隔閡，鑒此，教育部於2010年發起「祖父母節」，以彰顯祖父母對家庭社會的貢獻與重要性，鼓勵年輕世代

更樂於接近長者。再者，臺灣邁入高齡化社會之際，如何瞭解高齡者之需求，並深入探討滿足高齡者需求之方法與技能，除了是營造與實踐聯合國提出「高齡友善城市（age-friendly city）」願景外，亦可發掘銀色力量所蘊含的銀色商機脈絡。

資料來源：劉嘉泰（2013）。「臨時孫子升級版 陪長者出遊」，中央社，2013年8月5日。

13-1　臺灣邁向高齡社會現況

聯合國於 1991 年提出了「老化綱領（Proclamation on Aging）」，揭示了老人應該擁有的「獨立、參與、照顧、自我實現、尊嚴」五大原則項目，更將 1999 年訂定為「國際老人年」，期待各國能走向接納所有年齡層的社會。再者，WHO 於 2002 年提出積極老化政策架構，在其報告書中定義：活躍老化（Active Ageing）乃是指個體在老化過程中，為個人健康、社會參與和社會安全，尋求最適的發展機會，以提昇老年的生活品質。

WHO 於 2007 年蒐集全球性「友善老人城市計畫（Age-Friendly Cities Project, AFCP）」實驗結果，公佈以住宅、交通、戶外空間與建築規劃、社會參與、溝通與訊息傳播、市民參與及就業、社會尊重、社區支持與醫療服務等八大發展指標，期望排除環境中的障礙，積極提昇老人的日常生活與社會參與的機會。

人口高齡化對於個人生命歷程、家庭支持功能、社會經濟發展均造成重大影響。高齡化現象所伴隨而來的課題，包括了老人的經濟安全、人力資源運用、生活起居照顧、家庭支持、醫療保健、長期照護等。如何積極有效提升高齡人口「活躍老化」，達到參與、健康與安全的老年生活，協助改善高齡長者的生活型態偏向健康、活躍、積極與正向，已成為世界各先進國家努力的目標。

聯合國世界衛生組織（World Health Organization, WHO）所定義的高齡化社會國家，是指 65 歲以上的老年人口數，占全國總人口數 7% 以上。臺灣已於 1995 年老年人口占總人口比率超越 7%（7.1%），進入高齡化（ageing）國家門檻，2008

知識充電站

祖父母節

「祖父母節」乃教育部為喚起國人更加重視家庭世代關係，落實傳統核心價值之家庭倫理與品德教育，彰顯祖父母對家庭社會的貢獻與重要性，鼓勵年輕世代更樂於接近長者，分享他們的生命經驗及人生智慧，以發揮「老吾老以及人之老」的理想社會，進而達成建構無年齡歧視的社會願景等目的所發起，首次於 2010 年 8 月 29 日（星期日）發起我國的第一屆「祖父母節」，爾後則固定於每年 8 月的第 4 個星期日慶祝該節日。

知識充電站

活躍老化（active ageing）

「活躍老化」一詞是世界衛生組織（WHO）在 2002 年提出「活躍老化」政策架構中首次提及，該理念主張從健康、參與以及安全三大面向上，提昇高齡者之生活品質。

13

年的老年人口比率更提升至 10.43%，預計將於 2018 年老年人口占總人口比率超過 14%（預計為 14.6%），邁入高齡（aged）社會。

　　無論從預估數值與社會現況觀察，均突顯出我國已面臨人口的年齡結構老化之問題（圖 13-1）；且自 2000 年來因二次世界大戰後出生的嬰兒潮世代即將邁入老年期，人口老化之現象已更趨明顯，老年人口比率將從 2014 年的 11.6%（273 萬人）上升至 2021 年的 16.54%（392 萬人），至 2025 年時，我國老年人口比率將高達 20%，亦即人口中每五人就有一位是老年人，邁入超高齡（super-aged）社會國家之一，老年人口比率將追上日本、韓國、英國、美國、法國、德國與義大利等已發展國家。

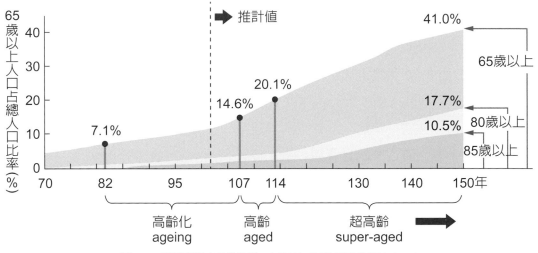

圖13-1　臺灣高齡人口推估圖　資料來源：行政院經濟建設委員會（2014）

　　人口結構的高齡化與少子化，再加上社會型態與家庭結構的轉變，遽增的高齡人口之健康與照顧問題，成為當前面臨高齡化問題的臺灣政府與相關單位需重視的問題。經建會之人口推計報告指出，2012 年約每 6.7 個青壯人口需扶養 1 位 65 歲以上的老年人口，2020 年約每 4.4 個青壯年人口就需扶養 1 位老年人口，然而，2060 年轉變為每 1.3 個青壯年人口就需扶養 1 位老年人口（中推估結果）。

　　同時，除面臨老化速度快速之外，人類之平均壽命也逐漸延長，以臺灣為例，2014 年我國男性平均餘命為 75.96 歲，女性為 82.47 歲。如將 65 歲以上老年人口年齡結構又細分為 65 ～ 74 歲之年輕老人、75 ～ 84 歲之高齡老人與 85 歲以上之超高齡老人，各結構比率也自 1981 年年底以年輕老人（73.8%）居多，至 2014 年

年底則為年輕老人 55.7%、高齡老人 32.8% 與超高齡老人 11.5%，結構比率亦漸往超高齡老人人口增加（圖 13-2）。

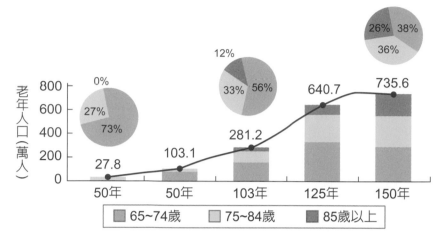

年齡組	65歲以上老年人口年齡結構(%)			
	70年年底	103年年底	125年年底	150年年底
65~74歲　年輕老人	73.8	55.7	50.4	38.3
75~84歲　高齡老人	23.1	32.8	36.7	36.1
85歲以上　超高齡老人	3.1	11.5	12.9	25.6

圖13-2　老年人口變動趨勢　資料來源：中華民國人口推計（103至150年），國家發展委員會。

全球在二次大戰後，於 1946 年至 1964 年間出生的大量人口，一般統稱為嬰兒潮世代，而日本則稱之為「團塊世代」，於 2000 年時，已開發國家的嬰兒潮世代人口比率已達 28.9%以上。[1]

據世界衛生組織的推估，2025 年全球 65 歲以上銀髮族可望將近有 6.9 億人。日本產經省以此估算，將為食衣住行娛樂產業帶來接近 40 兆美元商機，是 21 世紀最具發展潛力的 5 大產業之一；[2] 美國人口統計局推估，嬰兒潮世代掌握了美國 75%的資產。

目前臺灣健康生活自理無虞與亞健康的銀髮族比率占全部銀髮族之 75%，故高齡人口的大幅增加，以及人類平均壽命的提高，伴隨而來的是各種老人問題的衍

團塊世代

「團塊世代」一詞是日本經濟評論家兼作家堺屋太一所命名的，主要乃指生於一九四七年到一九五一年之間，第二次大戰後嬰兒潮的人口。因為此世代於人口分布曲線圖中，形成特別大的「一團」、突出的「一塊」，所以命名為團塊。

1.　EMBA 雜誌，2006。

2.　邱莉玲，2013。

生，如何協助老人達到活躍老化（Active Aging）的目標，以及有關老年人力資源的規劃與再利用，已成為面臨人口老化問題的各國政府努力課題之一。

13-2　臺灣高齡者生活狀況分析

衛生福利部每 4 年即針對臺灣省五都與各縣市及金馬地區之普通住戶及共同事業戶內，年滿 55 歲以上本國籍人口進行居住與生活狀況、健康狀況、經濟狀況、社會福利政策認知與需求及對老年生活的期望與規劃等五大面向進行調查。

一、基本人口統計變數

1. 教育程度：臺灣2013年的65歲以上老人教育程度為小學以下（含不識字）占65.08％，都會區老人之教育程度較鄉鎮地區來得高。與2009年調查相較，隨世代變化，老年人口本身擁有高教育程度比例亦逐漸增加。
2. 家庭狀況：臺灣2013年65歲以上老人有配偶或同居占57.07％，喪偶者占39.29％；有子女者比例皆達98％以上，且以有2～4人以上子女比例較高。
3. 目前健康與身心功能狀況：臺灣2013年65歲以上老人覺得自己健康及身心功能狀況「良好」者占47.0％，「普通」者占25.5％，「不好」者占27.0％。與98年比較，感覺「良好」者減少5.2％。就性別觀察，「男性」覺得「良好」者占50.8％，較女性43.6％為高。

二、居住與生活狀況

（一）住進機構意願

臺灣 2013 年的 54-64 歲者表示未來生活可自理時，「願意」住進老人安養機構、老人公寓、老人住宅或社區安養堂者占 27.2%。與 98 年比較，表示「願意」者減少 10 個百分點。就性別觀察，女性表示「願意」者占 31.1% 高於男性之23.1%；就教育程度觀察，隨教育程度提高，表示「願意」者之比率呈現增加趨勢，從不識字者之 15.4%，上升至大學以上之 40.4%。

未來生活可自理之 65 歲以上老人僅 14% 表示「願意」住進老人安養機構、老人公寓、老人住宅或社區安養堂。與 98 年比較，表示「願意」者減少 3.6%。就教育程度觀察，教育程度愈高者，表示「願意」之比率相對較高。且 55-64 歲者及 65

歲以上老人不願意住進機構原因均以「無認識親友同住」為最高。

　　臺灣 2013 年的 54 ～ 64 歲者表示未來生活無法自理時，「願意」住進老人長期照顧機構或護理之家者占 72.2%。與 98 年比較，表示「願意」者增加 2.8%。就性別觀察，女性表示「願意」者占 74.4% 高於男性之 69.9%；就教育程度觀察，隨教育程度提高，表示「願意」者之比率呈現增加趨勢，從不識字者之 42.1%，上升至大學以上之 80.2%。

　　未來生活無法自理之 65 歲以上老人表示「願意」住進老人長期照顧機構或護理之家者占 43.1%。其不願意住進機構原因亦以「無認識親友同住」最高，占 31.8%。

（二）社會參與

　　55 ～ 64 歲者有參加社會活動之比率為 61.4%，其中定期參加社會活動項目中以「志願服務」、「宗教活動」各占 13.3% 與 12.8% 較其他社會活動相對為高。與 98 年比較，有參加者減少 9.8%，定期參加之活動中除「志願服務」略為增加外，其餘皆減少。就教育程度別觀察，定期參加「志願服務」、「宗教活動」及「進修活動」隨著教育程度增加而遞增。

　　65 歲以上老人參與社會活動之情形普遍低於 55 ～ 64 歲者，有參加社會活動之比率為 50.4%，其中定期參加之活動中，以「宗教活動」及「志願活動」較其他社會活動為高。與 98 年比較，有參加者減少 6%，定期參與「志願活動」之比率呈現增加，而「養生保健團體活動」及「休閒娛樂團體活動」呈現減少。就教育程度別觀察，定期參加「志願服務」、「宗教活動」及「進修活動」隨著教育程度增加而遞增。

三、經濟與保障狀況

13

　　65 歲以上老人平均每月可使用的生活費以「6,000 ～ 11,999 元」占 28.5% 最多，其次為「5,999 元以下」占 23.3%，平均每月可使用的生活費用為 12,875 元。就性別觀察，男性平均每月可使用的生活費用為 14,066 元，較女性 11,716 元為高。就主要經濟來源別觀察，以經濟來源為「自己的退休金、撫恤金或保險給付」者，平均每月可使用的生活費用 18,708 元最高，其次為「自己的儲蓄、利息或租金或投資所得」之 15,903 元。就經濟狀況觀察，「大致夠用」者之平均每月可使用生活費用為 12,447 元。

13-3 臺灣銀髮產業之發展現況

　　臺灣銀髮與養生照護產業的發展基本上乃以滿足銀髮族或與其相關對象需求為執行方向，故對於「銀髮族」之基本人格特性或其需求滿足方式應特別深入探究。但關於銀髮族的需求與商機，應導正過去將銀髮族塑造成「老」、「無生產力」、「年老力衰」、「沒有經濟能力」及「需要被照顧」等負面形象迷思，因應醫藥發達、科技資訊日新月異、社會互動頻繁與教育水準提高等因素，目前臺灣健康生活自理無虞與亞健康的銀髮族比率占全部銀髮族之 75%（圖 13-3），故銀髮產業之發展方向即應聚焦於此龐大且掌握自己經濟運用裁量權力之主要客群，就此龐大客群創造與思索其潛在需求並予以滿足之策略規劃才是。

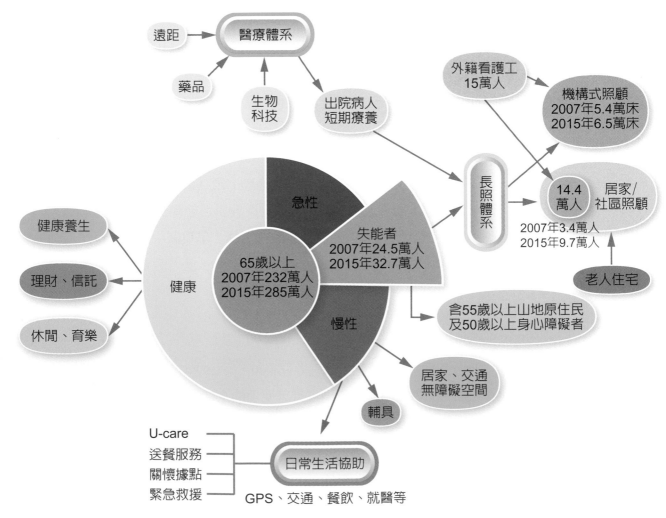

圖13-3　臺灣銀髮族健康狀況分布圖　資料來源：行政院經濟建設委員會（2010）。

一、臺灣銀髮產業總體環境現況

　　工研院報告，臺灣銀髮產業市場在 2025 年預估超過 3.6 兆元，健康食品、醫療照護與養生住宅是業界發展重點。有關銀髮族相關養生照護產業，工業局預估近年相關投資額將達 3,500 億元，臺灣醫療與科技具有相對優勢，可一面開發國內銀髮經濟，一面進軍國際市場，在 2015 年全球健康照護產業產值約 5,970 億美元（圖13-4）。

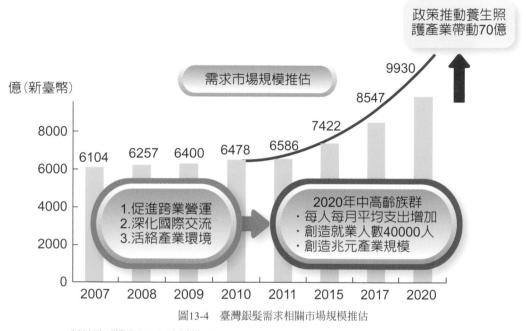

圖13-4　臺灣銀髮需求相關市場規模推估

資料來源：劉叢浩（2013），中衛報告，1-7。

＊1：數據來源使用主計處「99 年家庭收支調查報告」，與內政部「統計週報」與經建會「2010 年至 2060 年臺灣人口推計報告」。

＊2：2010 年 65 歲以上老人每人每月在康健產業相關消費為 2078.7 元。

二、臺灣銀髮族需要的服務

13

　　臺灣即將邁入「高齡社會」之銀髮族群是以戰後嬰兒潮出生的人（Baby boomer，1949 ～ 1964）為主，目前年紀逐漸成為高齡人口。因此，針對這群戰後嬰兒潮出生的消費者設計與創造滿足其需求之產品或服務，應當是未來銀髮相關產業可以努力與蘊含商機的策略目標。

　　鑑此，臺灣政府亦針對因應「高齡社會」所帶來之人口結構與社會福利輸送對象之改變，由各部會就如何建立「友善高齡城市」之目標提出相關政策或計畫（表13-1）。檢視政府各部會所提出之高齡相關政策內容，雖多針對「高齡者」為主要

對象，但就政策內容來看，似乎可以再予以整合，以達資源有效應用，或服務具個人需求差異化大之高齡者才是。以服務健康高齡者達到活躍老化目標爲核心，與健康高齡者有關之部會及政策有：1. 教育部：邁向高齡社會 - 老人教育政策白皮書—樂齡大學、樂齡學習中心與社區大學；2. 內政部：友善關懷老人城市服務方案 3. 衛福部：老人健康促進計畫與高齡友善城市計畫，長期照顧。

表13-1　政府因應高齡社會來臨所提出之相關政策或計畫

需求項目	推動部會	方案或計畫
整合性生活照護體系	衛生福利部	遠距照護試辦計畫 健康照護升值白金方案
	經濟部	科技化健康照護創新服務計畫
照顧服務	衛生福利部	長期照顧十年計畫 友善關懷老人城市服務方案（高齡友善城市計畫）
	衛生福利部	推動長期照護保險立法
	勞動部	外籍看護工審核機制與國內照顧服務體系接軌方案
外勞管理	勞動部	雇主聘僱外國人許可及管理辦法 私立就業服務機構許可及管理辦法
營建住宅及無障礙環境	內政部	舊有住宅無障礙改善技術 無障礙生活環境業務督導
輔具器材	衛生福利部	身心障礙者輔具資源與服務整合方案
	經濟部	輔具產品開發輔導
	科技部	補助輔具相關專題研究計畫
無障礙設施交通運輸工具	衛生福利部	身障者交通接送服務
	交通部	交通場站與運輸工具無障礙設施改善計畫
送餐服務	衛生福利部	社區關懷據點、獨居老人送餐服務
	原民會	原住民部落老人日間關懷站
老人醫療	衛生福利部	全民健康保險 社區醫療群 獎勵醫療院所執行老人整合性醫療照護計畫 M-Taiwan 行動健康照護計畫
醫療設備及器材	經濟部	照護用醫療器材產業
藥品	經濟部、衛生福利部	建全生技醫藥產業（健康照護升值白金計畫）
健康養生預防保健	衛生福利部	養生保健產業發展方案（健康照護升值白金計畫） 老人健康促進計畫
	經濟部	保健食品產業

（續下頁）

（承上頁）

需求項目	推動部會	方案或計畫
教育進修	教育部	邁向高齡社會 - 老人教育政策白皮書（樂齡大學、樂齡學習中心、社區大學）
休閒旅遊及文康活動	衛生福利部	長青學苑
	交通部	保健旅遊、鐵道旅遊
	衛生福利部	老人文康活動
金融理財及保險信託	金管會	推動保障型及年金保險商品（金融市場套案計畫）
	金管會、內政部	規劃「以房養老」

資料來源：行政院經濟建設委員會人力規劃處（2010），因應高齡化時代來臨的政策。

　　中衛中心陳麗蓉提出「優質老年生活想像圖（圖 13-5）」，該圖用以說明銀髮產業範圍，包括任何滿足多數高齡者需求之相關產品和服務，與涵蓋身心靈各項需求構面，且開創優質老年生活環境。並且正面看待老人與老化過程，促進跨世代經驗分享與智慧傳承，以共同探討老年生活（食衣住行育樂健美醫等面向）需求，並透過相關產業和團體，合作開發具有銀髮友善設計的產品及服務，協助長者達到生活享受、社會參與、樂於工作、安心居住、健康照護、經濟財務安全與終身學習等目標（圖 13-6）。

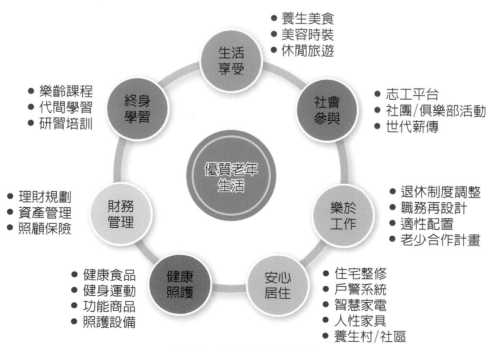

圖13-5　優質老年生活想像圖

企業投入銀髮住宅、養生村現況

企業集團	銀髮住宅、養生村	地點	入住費用
潤泰集團	潤福生活新象	新北市淡水	押租金：650～1380萬元 月生活費：2.21～3.88萬元
台塑集團	林口長庚養生村	新北市林口	月租：1.8萬、2.6萬元 加計生活費：3.5萬、4.5萬元
遠雄集團	遠雄健康生活園區	苗栗縣後龍	（尚未完工，擬與保單結合）
奇美集團	悠然山莊	臺南市關廟	安養：2.98萬、3.48萬元 養護：月費分2.18萬、2.88萬、3.18萬、3.58萬不等 長照：3人房保證金15萬元，月費3.28萬元

臺灣銀髮族最想使用服務

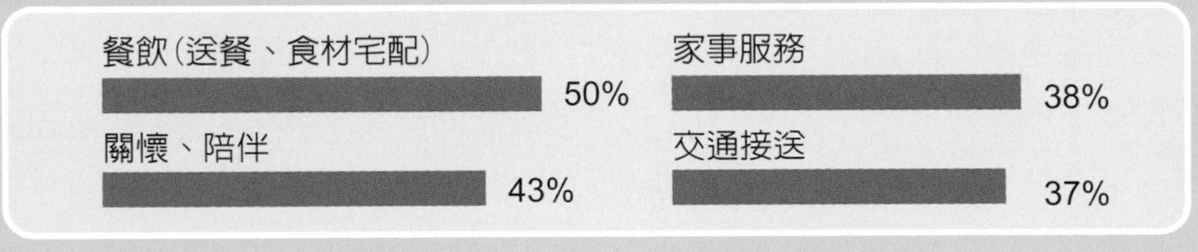

餐飲（送餐、食材宅配） 50%

家事服務 38%

關懷、陪伴 43%

交通接送 37%

圖13-6　銀髮服務主要經濟內容　資料來源：邱莉玲（2013）。老化海嘯來襲商機篇－銀髮族消費新勢力。工商時報

知識充電站

臺灣高齡學習個案

　　『愈活愈年輕是什麼感覺？』是電影「班傑明的奇幻旅程」中最經典的一句對白，臺灣教育部於大專校院推動之「樂齡大學」乃期望高齡學習者能嘗試進入大學就讀，享受成為大學生之角色並圓夢。

　　臺灣教育部於 2006 年 11 月通過「邁向高齡社會：老人教育政策白皮書」，目的乃是保障老人學習權益，使老人享有終身學習的機會。白皮書中揭示我國老人教育四大願景為：終身學習、健康快樂、自主尊嚴與社會參與。

　　朝陽科技大學銀髮產業管理系將以「朝向樂齡，神采飛揚」為主軸，藉由「健康老化」之課程設計為經，「代間互動」之活動設計為緯，創造適合長者體驗。

　　大學學習環境之空間，串連大學生涯中各階段最令人難以忘懷的記憶刻畫，期盼以「瞬間換永恆」之概念，充實長者如何以健康思維經營老年生活之知識與能力，探索與經歷許多過去未曾體會的經驗，儲藏更多屬於人生的珍貴記憶，達到健康老化之目標（圖 13-7）。

圖13-7　高齡者參與樂齡大學課程時之專注態度，並對於新事物、新觀念之積極學習精神

　　課程內容包括健康促進課程、懷舊療法課程、心靈溝通課程、生活應用課程、體驗教育課程與代間互動課程等六大核心課程，結合開學典禮、導師與學長姐制度、學生證發放、校（系）際比賽、校外參訪、耶誕系列活動（報佳音、愛心義賣與耶誕晚會）、結業證書與畢業紀念冊……等應景且趣味橫生活動舉辦，彩繪長者人生回憶與充實人生獨特體驗。課程規劃方式乃運用大學課程規劃主軸與模式，將課程初步區分為共同必修課程與彈性選修課程兩類，另為使各參與「樂齡大學」計畫之長者能體驗和本系學生一

圖13-8　高齡者透過「藝術療法」—蝶谷巴特藝術拼貼課程，訓練手眼協調能力，並透過課程達到社交與溝通之社會參與目的

同上課互動交流過程，亦規劃並安排長者與學生共同上課（代間學習），以增加長者積極參與與特殊經驗嘗試（圖 13-8）。

日本銀髮產業之多元發展個案─巢鴨銀髮商圈

　　東京以銀髮族為主要訴求對象的百貨公司並不只有京王，日本橋三越本店、澀谷東急百貨的顧客年齡層都偏高，陳列的商品也以「穩重」、「大方」為主，但是並不像京王百貨明確大膽地將目標鎖定在銀髮族，所以其他百貨公司反而給人「定位不清」的模糊感，無法完全抓住客人。

　　其實，京王百貨店對銀髮族貼心服務的靈感，大多來自於東京有名的觀光地「阿嬤的原宿」─巢鴨地藏商店街，這條長 780 公尺寬 8 公尺左右的簡樸街道兩側，排列了大約 200 家大大小小的店鋪。在日本大部分商店街生意蕭條的這幾年，巢鴨一直維持穩定的成長，甚至吸引許多外地來的阿公阿嬤觀光客，這裡對銀髮族遊客的吸引力到底在哪裡？

　　整個巢鴨商圈給人的感覺就是「銀髮族之城」，還沒有走出巢鴨車站就可以看出這個地區對銀髮族的用心。跟其他分秒必爭的東京地鐵站手扶電梯相比，巢鴨站的電梯速度慢得離譜，幾乎比爬樓梯還慢，仔細一看，電扶梯旁邊貼了「電梯低速運轉，趕時間請走樓梯」的標示，在這個阿公阿嬤為主的地區，講求速度的年輕人只有選擇爬樓梯。

　　巢鴨商店街隨處可見長椅，不論是賣甜品或是衣服的店門口，都可以看到椅子，即使每一家店都不寬敞，但是店內還是會在角落放一兩張小椅子，讓顧客走累了立刻可以坐下來歇歇腳，櫃台前還有小台子讓阿公阿嬤放東西，銀髮族處處能感受到店家的貼心。

　　為了方便行動不便的年長者，這裡每家店的陳列架都比一般店來得低，而且很明顯的是，為了配合銀髮族客人，服務員年齡層普遍偏高，至少都在 50 歲以上，因為這樣比較能讓銀髮族安心，比起年輕女店員，阿嬤們更相信與自己同年代店員的眼光。

　　在巢鴨，還可以發現一個現象，那就是標價、廣告的字都很大很醒目，而且盡量不用英文字母和老年人害怕的外來語（片假名），每一家店名都統一使用漢字，讓銀髮族易懂好記，一看就能理解。

　　這裡還有另外一個特色，就是店面盡量不改裝、不改變店裡商品的陳列場所和方式，阿公阿嬤不需要擔心哪天突然找不到想買的東西，也不用花時間尋找需要的商品。京王百貨店也學到這一招，不但不隨便變動商品位置，還會將各廠牌的毛衣、襯衫等集中陳列，讓銀髮族不需要跑遍每個品牌專櫃就能選到中意的商品。

（續下頁）

（承上頁）

　　巢鴨地藏商店街裡的藥妝店也可以看出用心之處，不像其他鬧區的分店一樣，連走道上都擺滿了商品，而是空出很大的空間方便使用枴杖和輪椅的老人進出，而且商家陳設台也做得比一般店來得低。

　　連附近的麥當勞都有一些貼心的小服務，比如為阿公阿嬤們準備放大鏡、在櫃台附近貼比較大的圖示，店長還說，這家店的店員訓練時特別注重用詞，因為這裡可能是日本最多銀髮族客人的速食店。

資料來源：曹姮（2009）。「〈全球觀測站〉銀色產業　體貼銀髮族」，自由時報，2009 年 3 月 3 日。

問題討論

　　透過上述東京巢鴨商圈之案例內容，你是否可以指出適宜高齡者購物之環境設計重點有哪些嗎？【請填寫在書末附頁 P55】

13-4　銀髮產業之未來展望

　　國內學者朱敬一認為老化社會有 3 個特徵，有很多老年人，卻只有很少的年輕人可以「養、陪、理」老人，結合網路，可發展遠距照護、醫療、電商、宅急便等「養」商機，上網打麻將、娛樂等「陪」商機，以及網路交友的「理」商機。[3] 再者，銀髮商機乃偏向以解決高齡者三不安為原則：健康不安、經濟不安及孤獨不安。

　　探索銀髮族各項生活需求，宜從滿足功能面向的不同功能著手，以銀髮族在生理、心理、社會三大構面中所面臨的老化現象為基礎，知悉老化現象會帶來哪些行為活動上的限制，並在環境、可運用資源、經濟能力等相關設計上，以老化現象為前提，去設計出滿足各種功能面項的技術、產品或服務，相信這些創意絕對可以創造出成功的銀髮商機。[4]

　　臺灣即將邁入「高齡社會」，將來銀髮族群是以戰後嬰兒潮出生的人（Baby boomer，1949 ～ 1964）為主，這群世代不但人數比例高，也是臺灣社會中經濟實力最堅強的一群，歷經戰亂後的重建與復興，以胼手胝足的勤儉精神，造就臺灣經濟呈現「跳躍式」成長，也使臺灣國民所得逐年提高，生活素質也逐漸獲得改善，

3.　邱莉玲，2013。
4.　蔡佩真與陳文棠，2009。

創造了全球矚目的「臺灣經濟奇蹟」，奠定國家厚實的根基與實力。故此，臺灣即將進入之「高齡社會」，政府若能提出與落實「健康老化」、「成功老化」與「活躍老化」之政策，國人亦可將「老化」現象視為與自己人生歷程有關之課題，那麼，臺灣未來應可彩繪 具備正向能量、健康積極、智慧傳承與友善氛維的老化地圖。

動動腦

1. 拜訪附近的樂齡大學，探討她的開設課程，受歡迎的程度，以及銀髮族為什麼來上課。

2. 目前臺灣提供那些高齡者學習的管道？試比較之間的異同。

3. 與家中 65 歲以上之祖父母（鄰居）聊聊，看看他們的需求（生理、心理、社會參與）有哪些？再與 40 ～ 60 歲之父母（鄰居）聊聊，看看他們的需求。比較兩者之異同，並預估 20 年後，臺灣銀髮產業之可能發展。

【請填寫在書末附頁P55～56】

本章摘要 |Summary

1. 活躍老化（Active Ageing）乃是指個體在老化過程中，為個人健康、社會參與和社會安全，尋求最適的發展機會，以提昇老年的生活品質。

2. 全球在二次大戰後，於1946年至1964年間出生的大量人口，一般統稱為嬰兒潮世代，而日本則稱之為「團塊世代」。

3. 衛生福利部每4年即針對年滿55歲以上本國籍人口進行居住與生活狀況、健康狀況、經濟狀況、社會福利政策認知與需求及對老年生活的期望與規劃等五大面向進行調查。

4. 以服務健康高齡者達到活躍老化目標為核心，與健康高齡者有關之部會及政策有：(1)教育部：邁向高齡社會—老人教育政策白皮書-樂齡大學、樂齡學習中心與社區大學；(2)內政部：友善關懷老人城市服務方案；(3)衛福部：老人健康促進計畫與高齡友善城市計畫，長期照顧。

5. 銀髮商機偏向以解決高齡者三不安為原則：健康不安、經濟不安及孤獨不安。

13

Chapter 14
老人的居住選擇

學習目標

1. 了解老人居住選擇及其必要性
2. 知道台灣老人居住選擇的種類及優缺點比較
3. 對時下新興的老人長宿制度有概念性的認識

故事真理

　　胡老太太拎著簡單的包袱，坐在車站的候車椅上已經一個多小時了，就是拿不定主意：到底要買南下的車票呢？還是北上的。

　　住在臺北的老大，小的時候很會讀書，所以夫妻倆做牛做馬供他繳學費，念完大學還到美國留學。回台以後在大學教書，所以在三兄弟中間是情況最好的，但是老大似乎不太領父母的情，老是認為能有今天的成就是靠自己的努力，所以對胡老太太也冷落得很，連帶老大全家對老太太就如同空氣一般，得不到絲毫的尊重。

　　老二住在臺中，由於老大的光芒太亮，老二從小就被忽略了，退伍以後跑到東勢山上種梨子，靠著勤奮打拼也有了一些成果。老二全家對胡老太太很尊重，吃晚飯時一定是要等老奶奶動了筷子才敢開動。可胡老太太覺得愧欠老二一輩子，老二越是禮遇老奶奶，老奶奶心中罪惡感就越來越重。三兄弟中最惡劣的就屬老三了，由於是么子，從小就被胡老先生寵慣了，退伍以後也不出去工  作，窩在家裡過著茶來伸手飯來張口的日子，等到胡老先生過世，家中經濟每況愈下，老三就向胡老太太要錢，要不到錢就惡言相向，甚至動手動腳。

　　今天早上，老三又向老母親要錢，胡老太太把這個月的敬老津貼3000元全給了他，但老三仍嫌不夠，要母親把房子賣了，不然就放火燒掉。

　　這樣的家，怎麼住得下去？

14-1 老人居住選擇的重要

　　類似上述案例的情節，在我們身邊不停地上演，只是大部分的當事人都隱忍不發罷了。聯合國 1991 年老人綱領揭示老人照顧的五個原則：「尊嚴（Dignity）、獨立（Independence）、參與（Participation）、照顧（Care）、自我實現（Self-Fulfilement）」，如果失去了尊重，只是盡到菽水之養，那怎麼能算是孝順呢？

　　不過再多的理想也抵不過現實的考量。事實是現在的年青人大學畢業後就業困難，月入 22K 的不乏大有人在。以這樣的收入，維持他一家的生活已經很困難了，那有餘力再來孝順父母？人們勞苦一生，到了 65 歲終於可以喘一口氣準備安享晚年。以現在臺灣平均餘命男 78、女 83 歲而言，至少還有 12 ～ 17 年可以悠哉度日。但是如果沒有及早做好退休以後的居住選擇，難保不會步上案例中胡老太太的後塵。本章就老人的居住選擇，做一分析比較。目前臺灣老人退休以後的居住方式，大致可分為以下幾種型態：自宅安養（住在自己家裡），住在機構養老以及新興的長宿休閒等不同的方式，以下分別進一步討論。

14-2 自宅安養

　　住自己家裡又可分為「與配偶子女同住」、「只與配偶同住」以及「獨居」等三種型態（圖 14-1），至於房子的來源是買的、租的，或是祖先留下來的則在所不論。

圖14-1　現在五代同堂的家庭已經不多見

　　依據我國「老人福利法」的規定，中央政府每 3 ～ 5 年就必須做一次「老人狀況調查」，最近一次於 2009 年實施，以該年 6 月 30 日之全國 65 歲以上老年人口為母體，有效樣本數為 5,520 人，有關老人居住的狀況略述如下：

1. 2009年6月底65歲以上老人有子女的占97.1％。家庭型態主要為三代家庭占37.9％，其次為二代家庭占29.8％，而獨居老人占9.2％，僅與配偶同住占

18.76％，居住安養或養護機構占2.8％。由此可見國人對居住機構一事的接受度仍嫌偏低。

2. 老人覺得自己健康及身心功能狀況不好者占27.2％，其中獨居老人覺得自己健康及身心功能狀況不好者較高，占31.5％；75.9％老人患有慢性或重大疾病，以年紀愈大者患病比例愈高。是以老人，尤其超高齡的老人生活上是需要他人協助的。

3. 老人理想的居住方式主要希望「與子女同住」占68.5％，其次為「僅與配偶或同居人同住」占15.6％。即便是獨居老人，仍有28.3％的人希望「與子女同住」。

4. 78％老人對目前整體生活表示滿意，獨居老人對目前整體生活表示滿意者僅占69.71％為較低。

5. 老人自理日常起居活動有困難者占16.8％，其主要照顧者為子女者占48.5％、配偶或同居人占14.3％，為外籍或本國看護工者占16.6％、為機構、居家服務員（含志工）合占3.9％，惟無人可以協助而須自我照護者占12.1％。

6. 如未來生活可自理而願意進住老人安養機構、老人公寓、老人住宅或安養堂者僅19.5％；如未來生活無法自理而願意進住老人長期照顧機構或護理之家者則達42.4％。

　　國內學者薛承泰進一步比較臺灣 1986 ～ 2005 年這 20 年來老人居住型態的改變，如表 14-1。

表14-1　臺灣1986～2005年老人居住型態之改變

年別	與子女同住	僅與配偶同住	獨居	親朋同住	安療養機構	其他
1986	70.24	14.01	11.58	3.03	0.78	0.36
1987	70.97	13.42	11.49	3.02	0.64	0.46
1988	67.88	14.98	13.73	2.44	0.36	0.6
1989	65.65	18.17	12.9	2.18	0.87	0.23
1991	62.93	18.7	14.52	2.42	1.19	0.24
1993	62.19	18.63	10.47	2.54	1.04	0.14

（續下頁）

（承上頁）

年別	與子女同住	僅與配偶同住	獨居	親朋同住	安療養機構	其他
1996	64.30	20.63	12.29	1.41	0.90	0.49
2000	67.79	15.11	9.19	1.28	5.59	1.00
2002	63.71	19.46	8.52	0.37	3.23	0.24
2005	57.28	22.20	13.66	0.76	2.26	3.84

資料來源：除了 1986 行政院主計處「民國 75 年青少年及老人現況調查報告」，其餘各年為歷年臺灣地區老人狀況調查，行政院內政部。轉引自薛承泰（2006）

　　從表 14-1 得知，這 20 年來國內老人與子女同住的比例遞減，從 70％到 57％，而「僅與配偶同住」的則呈現上升，從 15％到 22％，獨居大致占一成（11％～ 14％之間）。

　　無獨有偶地，行政院主計處 2004 年的「近十年來家庭組織型態概況調查」中發現：近十年來未與子女同住的老人，從原來的 55 萬人，增加到 99 萬人，增加率達 80％，這些人主要移動到獨居與配偶同住，和入住老人服務機構，這也大致點出老人居住選擇的三種選項。誠然俗語說的好：金窩銀窩不如自己的狗窩，住了一輩子的家，畢竟也習慣了。

　　為了鼓勵老人在宅終老，行政院營建署訂有「修繕住宅貸款利息補貼」辦法，補助老人改善住宅環境，各縣市政府亦有「居家老人住宅改善計畫」，提供住宅修繕，浴室止滑等的補助，但是與子女同住，畢竟代間差異本就存在。同住一個屋簷下，彼此的摩擦在所難免，婆媳的相處本就不易，遇上對孫子女管教態度的差異，爭執更易浮現。這時難免出現「包容」、「忍讓」甚或「委屈」，親情反倒成了難以承受的痛。

　　然而從臺灣的人口金字塔觀察，1986 年時之 65 歲以上人口，他們大致是 1921 年以前出生，其時臺灣還是農業社會。基於勞動生產力的需要，「多人多福氣」，因此一對夫婦生 10 個 8 個子女是常有的事，也就是這些老人與子女同住的選擇很多，因而比例高達 70％。

　　到了 2005 年，其時的老人已是 1940 年以前出生，在他們婚齡的時候，臺灣開始推行家庭計畫，推廣「兩個恰恰好」的概念。因此平均子女數下降，這就反映在「與子女同住」的比例下降到 57％。到了 2013 年，所謂「戰後嬰兒潮」也進入

14

退休年齡，這批相對於他們父祖輩，呈現「自主性強」、「經濟能力足以自立」、「身體還算健康」，而且平均子女數遠遠少於父輩，他們是否仍願意與子女同住，繼續「二代家庭」、「三代家庭」，則甚有可疑。所以推估未來臺灣老人選擇「獨居」或「僅與配偶（同居人）同住」的比例，勢必有增無減。

動動腦

80 歲的老張，歷經一場大手術，住院住了一多月以後，終於要出院了，這天病房護理長通知他的三個兒子，要先安排好老張出院以後要住在哪裡，經過一番激烈的討論，三個人各有立場：

老大：媽媽不在了，你要老爸回去獨居，等死啊！我是最孝順的了，老爸送來我家，我把工作辭掉來照顧他。（越說越激動，露出慷慨就義的神情）

老二：我比較務實，我覺得還是送回老家爸爸比較習慣，再請一個外勞照顧，週六日我們兄弟輪流回去陪伴他老人家。

老三：不用那麼麻煩了，醫院旁邊就有養護機構，送進去 24 小時都有人照顧，一個月兩萬多塊，咱三兄弟負擔得起。之後我們照常上班，只是每個月付一筆錢問題就解決啦！

問題討論

1. 聰明的你，這三兄弟的看法，哪個最符合你的想法？
2. 這三個建議，各有何優缺點？
3. 能否提出你認為最圓滿做法？

【請填寫在書末附頁P59】

14-3 老人服務機構

老人家年紀大了，難免身體不適，有了病痛，這時就需要別人的照顧或協助。如果是獨居，這時就勢必要搬到機構去了，就算是老夫婦住在一起，由於雙方年紀都大，也無法勝任照顧的工作。如果與子女同住，則晚間還有個照應，但白天子女上班，老人家單獨在家也是很危險。以上這些狀況，都需要入住到老人服務機構中。因此對若干「失能」或者「亞健康」的老人而言，「機構」也是一種退休後居住的另一個選擇。

一、老人服務機構的種類

臺灣目前的老人服務事業，原來分別由衛政單位（衛生署）及社政單位（內政部社會司、各縣市社會局）所管理。衛政部分主要的老人照護機構為護理之家，此係根據衛生署《護理機構設置標準》而設立，提供罹患慢性病患護理照顧，以減少醫療資源之消耗。雖然中央政府已於 2013 年 8 月將衛生署及內政部社會司整併為「衛生福利部」，但各縣市政府則仍維持「衛生局」與「社會局（處）」併存的現象。目前衛生福利部設有「社會及家庭署」，下有「老人福利組」關於老人照顧機構相關事宜，分別由「機構輔導科」及「照顧發展科」處理。

2015 年立法院通過「長期照顧服務法」，將長照方式分為居家式、社區式、機構住宿式三種。長照機構分為「財團法人」、「社團法人」兩種，並將於 2017 年開始施行，目前各項配套措施及相關子法正在緊鑼密鼓地進行中。

社政方面，根據我國《老人福利法》以及 2007 年 7 月 30 日新修正的《老人福利機構設立標準》的規定，老人服務機構可分為長期照顧機構（含長期照護型、養護型、失智照顧型）、安養機構，以及其他老人福利機構（含文康機構及服務機構）三類（表 14-2、14-3）。

表14-2 老人福利機構的類型

類型	機構名稱	服務內容
長期照顧機構	長期養護型	以罹患長期慢性病，且需要醫護服務之老人為照顧對象。
	養護型	以生活自理能力缺損，需他人照顧之老人或需鼻胃管、導尿管護理服務需求之老人為服務對象。
	失智照顧型	以神經科、精神科等專科醫師診斷為失智症中度以上、具行動能力，且需受照顧之老人為服務對象。
安養機構		以需他人照顧或無扶養義務親屬或扶養義務親屬無扶養能力，且日常生活能自理之老人為照顧對象。
其他老人福利機構		提供安置服務及康樂、文藝、技藝、進修與聯誼活動服務及老人臨時照顧服務、志願服務、短期保護。

14

（一）長期照護型機構

長期照護型機構之規模為收容老人人數 50 人以上、200 人以下為原則（圖 14-2）。如其收容人數為 5 人以上，未滿 50 人者為小型機構。本類型機構之樓地板面

積，按收容老人人數計算，平均每人應有
16.5 平方公尺以上。每一寢室至多設 6
床。設日間照顧設施者，應設有多功能活
動室、餐廳、廚房、盥洗衛生設備及午休
設施，其樓地板面積，平均每人應有 10 平
方公尺以上。

（二）養護型機構

養護機構之規模為收容老人人數 50 人
以上、200 人以下為原則，其收容人數為 5
人以上，未滿 50 人者為小型機構（圖 14-
3）。衛浴設備應為臥床或乘坐輪椅老人做
特殊設計並適合其使用。護理站應具有準
備室、工作臺、治療車、護理紀錄櫃、藥
品與醫療器材存放櫃及急救設施；小型養
護機構之護理站應具護理紀錄櫃、急救配
備。其樓地板面積，按收容老人人數計算，
平均每人應有 16.5 平方公尺以上。每一寢室
至多設 6 床。

（三）失智照顧型機構

失智照顧型機構之規模以收容老人人
數 50 人以上、200 人以下為原則，並應採
單元照顧模式，每一單元服務人數以 6 至
12 人為原則，不得超過 16 人（圖 14-4）。
護理站應具有準備室、工作臺、治療車、
護理紀錄櫃、藥品與醫療器材存放櫃及急

圖14-2　長照型機構多收容行動比較不便或長期臥床之住民

圖14-3　養護型機構收容插管之住民

圖14-4　單元照護是失智照顧的新趨勢

救設備。其樓地板面積，平均每位老人應有 16.5 平方公尺以上，每一寢室至多設 4
床為原則，其中 4 人寢室床數不得逾單元總床數二分之一。

（四）安養機構

　　安養機構之規模以收容老人人數 50 人以上、200 人以下為原則，49 人以下為小型機構。其樓地板面積，以收容老人人數計算，平均每人應有 20 平方公尺以上，平均每人應有 10 平方公尺以上之活動空間。每一寢室至多設 3 床。護理站應具有護理紀錄櫃、藥品與醫療器材存放櫃及急救設備。

（五）其他老人福利機構

　　文康機構及服務機構的室內樓地板面積不得少於 200 平方公尺，並應具有辦公室、社會工作室或服務室、多功能活動室、教室、衛生設備，以及其他與服務相關之必要設施（圖 14-5）。另視業務需要，設會議室、諮詢室、圖書閱覽室、保健室等設施。提供餐飲服務者，應設餐廳及廚房；提供日間照顧、

圖14-5　各縣市多設有老人文康中心，為健康老人活動之場所

臨托、短期保護及安置設施者，應設寢室、盥洗衛生設備、餐廳、廚房及多功能活動室。

表14-3　長期照護型、養護型機構、安養機構的比較

類別	長期照護型機構	養護型機構	安養機構
護理人員	1.隨時保持至少有 1 人值班。 2.每照顧 15 人應置 1 人；未滿 15 人者，以 15 人計。 3.設有日間照顧者，每提供 20 人之服務量，應增置 1 人。	1.隨時保持至少有 1 人值班。 2.每照顧 20 人應置 1 人；未滿 20 人者，以 20 人計。	1.隨時保持至少有 1 人值班。
社會工作人員	1.照顧未滿 100 人者，至少置 1 人；100 人以上者，每 100 人應增置 1 人。 2.49 人以下者，以專任或特約方式辦理，採特約方式辦理者，每週至少應提供 2 天以上之服務。	1.照顧未滿 100 人者，至少置 1 人；100 人以上者，每 100 人應增置 1 人。 2.49 人以下者，以專任或特約方式辦理，採特約方式辦理者，每週至少應提供 2 天以上之服務。	1.照顧未滿 80 人者，至少置 1 人；80 人以上者，每 80 人應增置 1 人。 2.49 人以下者，以專任或特約方式辦理，採特約方式辦理者，每週至少應提供 2 天以上之服務。

（續下頁）

（承上頁）

類別	長期照護型機構	養護型機構	安養機構
照顧服務員	1.日間每照顧5人應置1人；未滿5人者以5人計；夜間每照顧15人應置1人；未滿15人者以15人計。 2.夜間應置人力應有本國籍員工值勤，並得與護理人員合併計算。	1.日間每照顧8人應置1人；未滿8人者以8人計；夜間每照顧25人應置1人；未滿25人者以25人計。 2.夜間應置人力應有本國籍員工值勤，並得與護理人員合併計算。	1.日間每照顧15人應置1人；未滿15人以15人計；夜間每照顧35人應置1人；未滿35人者以35人計。 2.夜間應置人力應有本國籍員工值勤，並得與護理人員合併計算。
其他	1.視業務需要，置專任或特約醫師、物理治療人員、職能治療人員或營養師。 2.對於轉診及醫師每次診察之病歷摘要，應連同護理紀錄依護理人員法規定妥善保存。病歷摘要、護理紀錄應指定專人管理。	1.得視業務需要，置行政人員、專任或特約醫師、物理治療人員、職能治療人員、營養師或其他工作人員。 2.收容有需鼻胃管、導尿管護理服務需求之老人者，應依長期照顧型機構規定配置工作人員。	

此外，近幾年爲因應不同的市場需求，不同於以上各種的老人服務機構，也紛紛問世。如：老人住宅提供單人或雙人套房出租，並提供一定的餐食、生活協助和緊急救助，對象僅限老人（臺北市朱崙老人公寓），代間照顧（新北市五股老人公寓，同棟設有托兒園，著重幼老代間互動）、日間照顧中心（與幼兒園類似，早上八點到機構享受照顧服務，下午五點返家，不過夜），甚至退休社區（盛行於美國，通常鄰近學校，由學校開設常青課程，每週安排學生與社區老人互動，每天有散步等活動，經常辦理講座，並辦理國內外旅遊），這些新型的老人服務機構，也提供老人居住選擇的另一個選項。

內政部爲了維持老人養護機構之品質，會定期對這些機構展開評鑑。在全國一千多家機構中，能獲得評鑑優等的只有少數的十幾家。

二、目前臺灣的老人福利機構

目前臺灣地區整體老人福利機構的設置情況如下：

1. 護理之家：根據2014年底之資料由衛政單位管理有447家13,979床；日間照護有78家1213床；榮民之家附設有18家9,091床。其設置方式多爲醫院附設或獨立設置的。居家護理方面，現有450家，床數爲72,536床，也就是每萬名老人有326

床可使用，另在籌設中的尚有17,536床，增設完成後，可達每萬名老人405床之目標。

2. 老人長期照護、養護及安養機構：迄2014年底止，台閩地區共有1045所（不含榮民之家及護理之家）；此外尚有榮民體系之14家榮民之家與4家自費安養中心，共計1063所，全部容納量為57,876人，實際入住42,947人，使用率為74.2％，占全部老人數2,636,157人之2.2％。

　　依據內政部的相關統計數字顯示，這一千多家老人安養護機構中，公立機構有22家，公設民營有16家，財團法人有110家，小型機構多達897家。也就是說，收容人數在49床以下之小型機構，占全臺灣老人長期及安養護機構總數之85.8％。這些小型機構人力相對不足，專業服務水準也較缺乏，尤其管理不易，超收或照顧疏忽的新聞事件時有所聞。尤有甚者：有些小型機構為了節省成本，環境髒亂、衛生條件較差，一進入寢室則酸味撲鼻，莫怪不但一般健康老人不考慮入住機構，不得已入住之老人則認為住進機構是被家人放棄，是在裏面「等死」了。因此怎麼尋求「住在自己家裏」和「住在機構」之外的第三種居住選擇，就是本章進一步要探討的目標。

　　本來「在宅老化」是老人居住的最佳選擇，俗話說的好：金窩銀窩不如自己的狗窩，住了一輩子的家，再簡陋也都習慣了。但是親屬與老人同住難免有代溝發生，並且現今社會有很多啃老族，待在家中不出外工作，成天打老人的主意，以前人們認為「養兒防老」，現在卻要改成「養老防兒」了。

　　獨居或與配偶同住，可以較為自由自在，但是隨著年紀愈大愈沒有體力操作家務，更沒有辦法處理繁瑣的生活事務，至於入住老人服務機構，就好似入獄服刑，而且沒有刑期，對一般人來說那是最不得已的選擇。

　　晚近日本及歐美等國，興起一股與傳統老人居住方式截然不同的另一個選項，它一方面滿足居住在自己家裡時那種自在，另一方面又能滿足入住機構後有人照顧的模式，稱為「長宿（Long Stay）」的居住方式。

14

老人服務機構照顧類型

性質	社政						衛政	榮民
類別	長期照顧機構			其他機構			護理之家	榮民之家
	長期照顧型	養護型	失智照顧型	安養機構	文康中心	其他		
收容對象	長期臥床者	插管之住民	失智症中度以上老人	日常生活能自理者	提供文康娛樂聯誼活動	提供安置、臨時保護服務	需要醫療護理服務者	專收榮民弟兄

問題討論

1. 為什麼要分成那麼多種類？
2. 每一種類有什麼特點？
3. 能否上網查一下，這幾個類別的老人服務機構各找一家。
4. 比較：這幾家的專業人力配置（醫療、護理、社工、行政、照服員）有何不同？

提示

　　依老人的健康狀況及醫療照護介入的程度來分，如：急性者必須馬上送醫治療（住在醫院裡），出院後如果還需要侵入性護理，就住在護理之家，如果插管（鼻胃管），就要住養護型機構，慢性者住在長照型機構，如果是失智病患則需住失智型機構。如果生活功能正常，則可以住在安養機構。

【請填寫在書末附頁P59～60】

14-4　長宿與休閒

　　上班族很羨慕退休以後的生活。試想：早上可以睡到自然醒，不必鬧鐘一響就急急忙忙起床，趕公車搭捷運赴打卡。可以悠閒地吃完早餐，然後公園走一趟，聽

鳥語聞花香，興致來時還可以到好友家走走，摸他兩圈，過著「神仙般」的生活。殊不知退休族有的就是時間，而且是大把大把的時間。除了吃飯、睡覺，其他時間因為不必上班了，反而不知道要如何打發。俗話說得好：「活動活動，要活就要動」。老人的休閒規劃，就格外重要。

一、休閒（leisure）的意義

　　一般所謂的「休閒」，是指沒被限制使用、可以自由運用的時間，亦即二十四小時減去工作減去睡眠，再減去私人時間（穿衣、吃飯、刷牙……等）所剩的時間。不過學者張春興則提出不同的看法，他認為休閒指應付生活的優雅心境，這種心境可用於工作以外，也可運用於工作上，所謂從容不迫是也。（圖 14-6）

　　至於休閒生活選擇的因素，端賴因人、因時、因地而異：

1. 個人因素
   (1) 角色：性別、社會價值觀等。
   (2) 體能優勢：體弱者不可能從事激烈體能活動。
   (3) 興趣。
   (4) 經濟條件。
2. 外在因素
   (1) 家人的態度。
   (2) 時間與空間。
   (3) 社會地位。

圖14-6　老人經常從事休閒活動，對身心靈的發展很有幫助

二、長宿的意義

　　長宿（Long Stay）是日本人於 2000 年正式定名的日式英文。日本「Long Stay 白皮書」將 Long Stay 定義為：「不是旅行，也非屬移居的長期停留。不只觀光或購物之旅行，而是一方面將其生活源泉置於日本，同時在居住地區接觸當地文化，並與當地居民交流，發現生活意義之類的非屬移居、亦非永久居留之『國外居留型休閒』」。

14

　　綜上所述，Long Stay 之涵義：

1. 較長期的停留：非移民也非永久居住，以回母國爲前題。

2. 以休閒爲目的：與當地人交流，充滿多采多姿的休閒活動。

3. 目標爲在當地生活，不只在旅行：爲一種接近當地的日常生活空間，體驗與接觸當地文化的生活方式。

4. 生活費用來源是在母國領取之老人年金：在當地長宿沒有其他收入。

　　日本的人口老化一向是其嚴重的問題，在 2005 年即已進入超高齡社會（20%），每 5 個國民中即有 1 個是 65 歲以上老人。在 2007 年以後，二戰嬰兒潮紛紛到達退休年齡，估計全日本 65 歲以上老人，在 2000 年爲 3000 萬人占總人口約 23%，到了 2010 年這個數字迅速增加到 4000 萬人即 30%。這批「二戰團塊」身體尙稱硬朗，手上握有雄厚的存款，但是由於日本面臨「失落的 20 年」，原來尙稱優渥的退休年金，在通膨怪獸侵蝕下，漸感不足。而存款利息在近零利率政策下，所得不足以在日本維持一定的生活水準。加上日本冬季苦寒，不利老人居住，因此從 1980 年代開始推動日本退休老人到臺灣、馬來西亞等地長住觀光二周到半年，一則維持生活所需，再則體驗異國生活，並收避寒之效果（圖 14-7）。

圖14-7　埔里是日本銀髮族最喜愛來臺灣長宿的地方

　　根據日本 Long Stay 協會的調查，日本長輩長宿休閒的基本條件爲：

N：代表 NHK，雖然人在海外，仍能與國內保持密切聯繫，

H：代表 Hospital，具備足夠的醫療支援和健康照顧

K：代表 Kitchen，自己可以親自下廚做菜，如果有一塊地可以種植蔬果，飼養雞、
　　鴨更好。

　　此外，居住地氣候溫和，治安良好，一個月內生活費用在新臺幣 3 ～ 6 萬元爲
度，也是日本銀髮族考慮 Long Stay 的要件。

　　在美國的一份調查顯示：65 歲以上的老人雖只占人口的 15%，卻擁有全國
77% 的財產，50% 的信用卡使用單，這些老人以前辛苦一生，死後很少將遺產交給
子女，除了捐做公益外，在有生之年將之用在自己的休閒娛樂上，是最常見的。可
見這個團塊世代，消費潛力之驚人。根據美國退休人員協會（American Academy of
Pharmacentical Physicians; AAPP）的資料，顯示退休後花在自己的興趣或旅遊上有
73%。

　　在臺灣，1945 年臺灣光復後到 1964 年這一輪出生的國民，稱爲戰後嬰兒潮
（Baby Bombs）現在已經紛紛退休。這批人由於公共衛生發達，營養適宜，退休後
體能仍然健朗，他們大多接受完整教育，具有專業知能，年輕時一手打造臺灣經濟
奇蹟，具有冒險求新精神，自然退休後也不甘安於現狀。而臺灣的退休制度完善，
公保、勞保的保障之下，大多領有月退俸。加上這些人很能接受新觀念，不會抱著
讓子女奉養心理。因此這批人很有可能成爲國內或國外「長宿安養」的選擇者。

　　由於我國老人福利法界定「65 歲以上之稱老人」，許多人都以爲 65 歲以上就
在等死、沒有用了，殊不知現在 65 歲退休下來，不但智慧、經驗趨於顛峰，體能
狀況也很好。這批人便是「長宿休閒」最重要的潛在市場。而且同樣是老人，彼此
之間個別差異還是很大（表 14-4、14-5）。現今檢視老人的體能狀況時，普遍視他
們個別的「日常生活量表（ADL）」以及「工具性生活量表（IADL）」來加以區隔。
這些「健康的老人」和部分「輕度失能的老人」都會樂於選擇「長宿」的居住方式。

14

表14-4 老人的健康狀況分類表

	健康的老人	輕度失能的老人	重度失能的老人
身體機能	狀況良好	狀況欠佳	需要醫療、療養者
生活起居	能自理	需部份協助	無法自理
活動力	保有原有的活動力及社交能力,能自由行動及居住自決能力者	因罹患慢性疾病,需要有人看顧或協助,但不需長期到養護中心者	因患有身心障礙,需要療養復健者,其活動力較差

表14-5 老人的健康狀態界定方式

行動能力 健康狀況	在水平、垂直空間中的行動能力			健康狀態
	跑	走	使用輔具	
健康的老人	良好	良好	不必	健康老人
	尚可	良好	不必	
	尚可	尚可	不必	
輕度失能的老人	不佳	尚可	不必	需他人協助的老人
	不佳	尚可	偶而	
	不佳	不佳	偶而	
重度失能的老人	不佳	不佳	經常	需要長期照顧的老人

動動腦

試分析下列問題的正確性:

是　否

☐　☐　1 老人退休下來就該享清福了。

☐　☐　2 要敬老尊賢,所以不該讓老人做家事。

☐　☐　3 老人不適合做激烈運動。

☐　☐　4 老人最適合的運動是散步。

☐　☐　5 老人最適合的休閒就是看電視。

☐　☐　6 老了,變不出新花樣了,所以不需要再學習。

【請填寫在書末附頁P60】

動動腦

1. 活動活動，要活就要動，老人要做那些休閒，可以兼顧身體健康與安全？

2. 一般而言，老人休閒要循序漸進，也就是從最不耗體力、最安全的散步開始，再逐漸增長負重，但要考慮到個別差異性，能否幫老人設計一套由輕到重的休閒運動。

3. 老人常常從事休閒運動，對個人有哪些好處？（生理、心理、社會參與、終身學習），對社會又有那些好處？（減少醫療支出，減少照顧人力，參加志工服務，建立祥和社會……）

4. 承上題，如果老人經常從事長宿活動，這些益處是否都可以達成？

【請填寫在書末附頁P60～61】

14-5　臺灣發展長宿休閒之芻議

　　根據日本 Long Stay 推進聯絡協議會（2005）、泰國觀光局（2005）、馬來西亞觀光局（2005）、英國觀光局（2005）、澳洲旅遊局（2005）、紐西蘭觀光局（2005）等國的網站資料顯示，現階段各國在長宿休閒對長宿環境的提供，可歸納出三種方式：

1. 現有的公寓或民宿：以週計算租金，通常是歐美國家安排短期旅行的住宿方式。

2. 現有的飯店：以飯店的豪華設施做為吸引銀髮族前往的重要關鍵，馬來西亞、泰國等國以該方式提供長宿服務。

3. 特別的村莊，為長時間的停留遊客所提供，以農村體驗套裝之方式，滿足銀髮族喜好學習新事物的需求，常見於紐西蘭、澳洲等國家。

　　不論是何種形式的住宿環境，各國皆針對銀髮族喜愛獨立空間的需求，規劃出1 ～ 2 間房間，甚至設有客廳及小廚房的長宿設施，其指標如表 14-6：

14

表14-6　國外長宿休閒發展指標內容

構面	評估指標	內容說明
當地	氣候	氣候適合銀髮族居住嗎？
	自然景色	有無具備豐富的地理資源或優美景色？
	人文資源	有無多元的文化作為體驗學習元素？
	當地人友好程度	是否友善？
	與本國居住地的距離	與居住地的距離多遠？越近則往返越方便。
行政協助	簽證	如需到國外長宿，辦理簽證手續的困難度？
	醫療	醫療體制如何？有無相關之醫師、志工、護士人員？
	金融	是否能直接 ATM 轉帳領款？
	基礎設施	通訊設施的提供程度？
	交通機構	交通工具使用的便利性？路標清不清楚？能否用 GPS？
	治安	當地治安是否良好？
	物價	當地的消費水準、物價水平？
住宅環境	住宅型式	城裡公寓、獨棟住宅、現有飯店或農村村莊、民宿？
	居住設施	房間設施是否完善？有無獨立房？客廳、廚房、衛浴之設備如何？
	住宅安全	有無保全提供？離警察派出所多遠？
	交通便利性	長宿地點是否鄰近機場車站、醫院、旅遊景點、購買日用品地點
	食物暨食材	當地的食物、食材是否符合長宿使用者？
	語言	與當地人溝通語言為何？
社區休閒活動	旅遊行程	當地旅遊行程安排內容為何？有無相關之規劃？
	農業體驗	有無鄉村生活體驗課程設計？
	動態活動	有無提供釣魚、高爾夫、健身等動態式運動設施？
	靜態活動	有無提供圍棋、象棋等靜態式休閒活動？
	技能學習	當地特殊的文化知識、產業技能學習課程設計？
	社區參與	與當地居民交流程度？有無社區活動安排？

資料來源：編者整理自顏建賢，2009。

　　在臺灣，民間的長宿休閒主要是 2006 年成立的「臺灣長宿休閒發展協會（Taiwan Long Stay Development Association：TLSA）」為主，主要任務在推動臺灣的長宿宣傳、推展及交流活動。其實臺灣民宿非常發達，據觀光局的統計 2014 年全臺灣有超過萬間民宿，依其性質可分列為：

1. 欣賞風景：山景、海景、河景、湖景，如墾丁具有海景沙灘。
2. 欣賞大自然：日出、夕陽、山嵐，如阿里山看日出是國人最熟悉的旅遊方式（圖14-8）。
3. 欣賞植物：賞櫻、杭菊、油桐，如春季的武陵農場，往往一床難求。
4. 欣賞動物：櫻花鉤吻鮭、燕鷗、螢火蟲、藍腹鷴。
5. 體驗式民宿：採果、動物餵食、泡湯
6. 人文景緻：故宮、老街、三合院。
7. 其他。

圖 14-8　阿里山的日出和雲海是大陸客必遊的景點

　　這些民宿大多設施完善，部分尚提供早晚餐，有些民宿可能地處偏遠，如能提供交通接送，亦可克服此一問題。以下試舉二列，說明老人將民宿休閒當作安養所在另一選擇之可能性：

1. 武陵農場：為行政院退除役官兵輔導委員會經營之九大農場之一，因地處偏遠（中橫中斷後，只能由南投台14或宜蘭台7線進入，山路彎拐，至少需3～4小時），故除了秋天賞楓及春天賞櫻之外，一年有長達9個月的淡季（圖14-9）。該農場曾嘗試推出Long Stay方案，以山水（鮭魚）雙人房為例，原價平日（週日～週四）每晚4,600元，假日（週五、六）5,500元。在Long Stay方案中，6天5夜每間共6,160元，如15天14夜為16,260元，一個月（30天）為24,000元，等於每晚才827元而已，實在划算，對照原價145,200（5,500×8+4,600×22）等於只有17%，消費者大占便宜，同時農場在淡季時增加一筆收入，稍加彌補固定成本，且免去清潔及早餐支出，可謂皆大歡喜。

2. 聖恩休閒養生會館：位於苗栗三義西湖渡假村大門右側，共有230個房間，分單人、雙人、三人等不同形式，為國內知名企業國寶人壽所創，收費較一般老

圖14-9　武陵農場春天賞櫻，是國人極為喜好的活動

人養護中心為高，每月約40,000～60,000之間。該度假村最大的特點，是每一會員支付一筆會員價格採年金循環方式，可同時獲得多個不同安養處所之選擇權（如苗栗西湖渡假村、臺南走馬瀬農場、臺東知本農場等，目前正規劃到中國大陸擴點）選擇定居或Long Stay。等於將老人安養機構與民宿休閒結合在一起，也是未來可行之方式。

　　為了瞭解國內老人長宿安養之意願，編者曾在相關研究中，訪問老人、民宿業者、老人家屬以及政府等相關事務人員，得到以下的觀點：

1. 老人及其家屬對長宿安養都頗能接受，而且年紀越輕越有興趣。

2. 老人長宿選擇之地點，以「跨縣市」最多，其次為「離島」，再次為「國外」。

3. 長宿選擇之天數，以8～14天為最多，其次是15～30天，太少則淪為走馬看花，太多則離家太久會不習慣。而且老人有用藥需求。

4. 住宿一晚的預算，以1400～2000元為最普遍，太多則無力負擔，太少會擔心「羊毛出在羊身上」，服務品質靠不住。

5. 老人長宿選擇考慮的因素，呈現多元的問答。主要為「經濟因素」、「交通條件」、「醫療資源」、「治安良好」、「語言能暢通」、「有特色」，最好要有「無障礙設備」。

6. 老人長宿希望的服務方式，有「住宿」、「供餐」、「庭園景觀」、「專車接送」、「可自行烹飪」、「可泡湯」、「自行車出租」、「可上網」、「協助規劃旅遊行程」、「有健身房」、「有DIY體驗活動」等。

　　民宿業者則希望政府能將長宿方式當作一項策略性產業，規劃「五年免稅」等優惠方式，以降低住宿成本，吸引國內老人樂於走出戶外，寓運動於休閒，一則減少健保浪費，再則享受美好的退休生活。

14

動動腦

　　上課上得那麼久，好累哦！沒關係，這個單元我們安排了一場戶外活動。請上網找離家最近的一家民宿，跟老闆約好時間後去拜訪，請教他下列幾個問題：

1. 他原來是從事什麼行業的？是什麼機緣使他投入民宿業？
2. 這間民宿開多久了？主要的客群是那些人？
3. 淡季（住客率不到五成）是什麼時候？如果這些空房以定價的一半出售他願不願意？
4. 如果有老人一次住七天以上（如 7 ～ 15 天），中間不需要天天清潔，老闆願意以定價的幾折售出？
5. 除了住宿，他還願意提供那些長宿的周邊服務？
6. 關於長宿制度的推動，他有哪些建議？

【請填寫在書末附頁P61～62】

　　隨著醫療衛生的進步和食品營養保健的發達，國民平均餘命逐年遞增，一般狀況下退休之後尚有 15 ～ 20 年的日子可以悠哉生活。但是如果老年居住的問題不事先規劃，等到退休之後再來過著惶惶不可終日的生活，那活得愈久，不見得是值得祝福的一件事。

　　時下興起的長宿制度，將老人退休後的居住所在，與休閒旅遊結合，讓老人得以在卸下工作重擔之後，雲遊四海，了無牽掛，享受遊山玩水的快樂，不僅增加了退休生涯的廣度，更可以拓展退休後生命的深度，是許多老人嚮往的一種居住型態。臺灣高山大海，風景秀麗，而且交通方便，風景區民宿林立，是最適合發展長宿制度的地方。我們期盼能在政府、業界以及老人、社會大眾大家共同努力之下，打造臺灣成為長宿的桃花園，讓我們的老人，享有更健康、更幸福，更有尊嚴的退休生活。

本章摘要 |Summary

1. 老人居住的選擇大致可以分為「自宅安養」、「機構照顧」、「長宿休閒」等方式。

2. 2009年臺灣老人的居住型態，與子女同住者為57.7%，與配偶同住者18.8%，獨居9.2%，接受機構照顧為2.8%。

3. 戰後嬰兒潮進入退休階段後，由於他們自主性強，經濟能力足以自立，身體還算健康，因此與子女同住的比例會逐漸下降，與配偶同住、獨居者上升，而選擇「長宿休閒」的人數，也將大幅增加。

4. 老人服務機構社政方面可分為長期照顧機構（長照型、養護型、失智型），安養機構以及其他機構，衛政方面則是護理之家，此外尚有行政院退輔會轄下專收榮民弟兄的「榮民之家」。其中以收容床數在49床以下之「小型機構」最多占85.8%，這些機構規模較小，專業人力不足，服務水準較差，形成老人居住選擇「機構照顧」的一大隱憂。

5. 長宿的要件為較長期的居留、以休閒為目的、體驗當地的生活、在長宿地沒有收入。

6. 最可能選擇長宿方式的族群，主要為「一般健康的老人」以及「輕度失能的老人」，這兩種合占老人的大多數。

7. 臺灣老人選擇長宿地點，以「跨縣市」最多，其次是「離島」，再次是「國外」，天數以8～14天最多，其次15～30天，住宿一晚的預算，以新臺幣1400～2000元為普遍。

8. 老人希望的長宿服務，除了住宿之外，尚有「供餐」、「專車接送」、「上網」、「協助規劃行程」、「DIY體驗活動」、「自行車出租」、「可自行烹飪」等。

9. 為建構臺灣成為長宿的最佳選擇，政府可將之納為策略性產業，以「五年免稅」等優惠方式，鼓勵業者投入，強化無障礙設施等設備，並降低住宿費用，吸引老人走出戶外，寓運動於休閒。一則減少健保的支出，再則進一步享受美好的退休生涯。

14

一、中文書目

1. Saxon, S.V, Etten, M. J., & Perkins, E.A.原著,吳瓊滿等譯(2009)。老人生理變化:概念與應用。臺北市:華藤。

2. EMBA雜誌編輯部(2006)。「團塊世代」退休新市場。EMBA雜誌,242。

3. 中華民國老人福利推動聯盟(2015)。老人保護工作手冊。臺北:中華民國老人福利推動聯盟。

4. 內政部(2009)。老人狀況調查報告。

5. 內政部社會司(2001)。財團法人社會福利慈善事業基金會業務工作手冊。

6. 內政部統計處(2012)。2009年老人狀況調查報告。臺北:內政部統計處。

7. 內閣府政策統括官(2003)。平成15年版高齡社會白書。

8. 方紹宇(2011)。老人居住空間智慧化需求與滿意度之研究—以雙連安養中心為例(未出版之碩士論文)。新竹市:中華大學建築與都市計畫學系。

9. 王仰東、謝明林、安琴、趙公民(2011)。服務創新與高技術服務業。北京:科學出版社。

10. 王志達(2012)。淺談不同休閒型態涉入對中高齡者身心健康發展之探討。嘉大體育健康休閒期刊,11(1),279-287。

11. 王冠今(2009)。臺灣社區老人的社會支持改變、健康狀況改變與社會參與之縱貫性研究(未出版之博士論文)。臺北:國立臺灣師範大學健康促進與衛生教育學系。

12. 王淑俐(2012-a)。銀髮族休閒生活安排。載於張德聰等著,銀髮族生活規劃。臺北:空中大學,81-101。

13. 王淑俐(2012-b)。銀髮族退休與生命安適。載於張德聰等著,銀髮族生活規劃。臺北:空中大學,103-124。

14. 生涯學習局社會課(1991)。高齡者教育關係資料。文部時報,1370,43-51。

15. 朱芬郁(2011)。高齡教育:概念、方案與趨勢。臺北:五南。

16. 江行全、李家萱(2014)。演進式高齡者居住環境設計。福祉科技與服務管理學刊,2(3),215-220。

17. 江欣政、譚以德(2010)。老舊住宅建置為智慧化銀髮族住宅空間課題方向之研究。建築裝修,5,34-37。

18. 江秉書(2006)。「Individual Sense」：以「個人感知」探討空間隱私與涵構察覺（未出版之碩士論文）。臺南市：成大建築研究所。

19. 老人保護通報及處理辦法（2015）。

20. 老人福利法(2015)。

21. 老人福利法施行細則(2015)。

22. 行政院勞工委員會(2005)。外籍看護工申請流程新制95年1月1日實施，巴氏量表評分將僅供參考。臺北：行政院勞工委員會。

23. 行政院經建會(2009)。我國長期照護需求推估及服務供給現況。臺灣經濟論壇，7(10)，54-71。

24. 行政院經濟建設委員會(2012)。2012年至2060年臺灣人口推計報告。臺北：行政院經濟建設委員會。

25. 行政院經濟建設委員會人力規劃處(2010)。因應高齡化時代來臨的政策建議。臺北：行政院經濟建設委員會。

26. 行政院衛生署(1997)。衛生政策白皮書—跨世紀衛生建設。臺北：行政院衛生署。

27. 何友鋒、吳詩賢、王小璘(2016)。住宅智慧綠建築模糊綜合評估指標體系之研究。健康與建築雜誌，3(1)，1-14。

28. 吳文傑、連賢明、林祖嘉(2004)。居住住宅所有權屬與住宅品質對於老年人健康狀態的影響。都市與計劃，31(4)，313-324。

29. 吳方瑜，黃翠媛(2006)。老化的生理變化與護理，老年護理學。臺北：偉華。

30. 吳坤良(1999)。老人的社區參與動機、參與程度與生活適應之相關研究(未出版之碩士論文)。高雄：國立高雄師範大學成人教育研究所。

31. 吳明蒼(2008)。大學生休閒態度、休閒動機、休閒滿意與休閒行為因果關係模式之研究，教育研究學報，42(2)，83-100。

32. 吳柄緯(2011)。老人人際親密、社會參與及心理健康狀況之相關研究(未出版之碩士論文)。臺北：國立臺北教育大學心理與諮商學系碩士班。

33. 吳振雲、許淑蓮、孫長華、吳志平、李娟、李川雲(2001)。高齡老人的認知功能和心理健康。中國人口科學，S，57-60。

34. 吳啓銘著(2009)。聰明投資金律。臺北：天下遠見。

35. 吳淑瓊(2005)。人口老化與長期照護政策。國家政策季刊，4(4)，5-24。

36. 吳淑瓊、呂寶靜、盧瑞芬、徐慧娟、簡加其(1998)。配合我國社會福利制度之長期照顧政策研究。臺北：行政院研究發展考核委員會。

37. 吳淑瓊、陳正芬(2000)。長期照顧資源的過去、現在與未來。社區發展季刊，92，19-31。

38. 呂朝賢、鄭清霞(2005a)。民眾參與志願服務及其投入時間的影響因素。東吳社會工作學報，13，121-164。

39. 呂朝賢、鄭清霞(2005b)。中老年人參與志願服務的影響因素分析。臺大社會工作學刊，12，1-49。

40. 呂寶靜(2012)。臺灣老人社會整合之研究：以社區生活參與為例。人文與社會科學簡訊，13(2)，90-96。

41. 呂寶靜、趙曉芳、李佳儒(2013)。臺灣老人文康活動中心之現況及未來發展：從「社會俱樂部」轉型為「社區式服務提供中樞據點」之芻議。「2013人口老化：挑戰與因應」第一屆臺灣老人學學會年會暨國際學術研討會，1-35。

42. 李玉春(2009)。長期照顧保險法制給付方式及給付項目之評估。行政院經濟建設委員會委託研究計畫。臺北：行政院經濟建設委員會。

43. 李宗派(2004)。老化理論與老人保健(一)。身心障礙研究，2，14-29。

44. 李宗陽(2010)。智慧住宅系統之研發（未出版之碩士論文）。桃園市：長庚大學資訊工程研究所。

45. 李嵩義(2011)。老人的智力與創造力。載於田秀蘭主編，老人心理學。臺中市：華格納。

46. 李瑞金(1996)。高齡者社會參與需求—以臺北市為例。社會建設季刊，74，149-161。

47. 李瑞金(1997)。老人福利產業開發與建立之研究。臺北：內政部社會司。

48. 李瑞金(2010)。活力老化--銀髮族的社會參與。社區發展季刊，132，123-132。

49. 李維靈、施建彬、邱翔蘭(2007)。退休老人休閒活動參與及其幸福感之相關研究。人文暨社會科學期刊，3(2)，27-35。

50. 杜瑞澤、林耕宇、徐傳瑛(2008)。智慧型住宅之綠色節能照明設備分析研究。人文暨社會科學期刊，4(2)，39-60。

51. 周新霖(2011)。休閒動機和休閒阻礙對銀髮族遊憩體驗之影響（未出版之碩士論文）。新竹縣：明新科技大學服務事業管理研究所。

52. 尚憶薇(2000)。推廣臺灣老年休閒活動-以YMCA的老年人休閒活動設計為借鏡之研究。中華體育，14(1)，77-83。

53. 林子瑝(2009)。老化與休閒活動。2009年國際體育運動與健康休閒發展趨勢研討會專刊，248-257。

54. 林正祥、陳佩含、林惠生(2010)。臺灣老人憂鬱狀態變化及其影響因子。人口學刊，41，67-109。

55. 林志瑞(2011)。高齡化社會居住空間之探討（未出版之碩士論文）。臺北市：臺北科技大學創新設計研究所。

56. 林志鴻(2000)。德國長期照顧保險照護需求性概念及其制度意涵。社區發展季刊，92，258-269。

57. 林美玲、翁註重、李昀儒、邱文科(2009)。以健康成功老化為願景－探討高齡者參與產出型志願服務活動之實證研究。臺灣職能治療研究與實務雜誌，5(1)，27-40。

58. 林振春(2012)。社會資源的瞭解與運用。載於張德聰等著，銀髮族生活規劃。臺北：空中大學，303-324。

59. 林珠茹(2002)。老人社區參與和生命意義之相關因素探討(未出版之碩士論文)。臺北：國立臺北護理學院護理研究所。

60. 林淑烟。金齡舒活社區計畫（二）。

61. 林瑞興(1999)。探討增加身體活動量對老年人的重要性。大專體育，46，87-93。

62. 林麗惠(2006)。高齡者參與志願服務與成功老化之研究。生死學研究，4，1-36。

63. 林麗惠(2007)。從高齡教育機構開設的課程類別評析高齡學習內容之發展趨勢。課程與教學季刊，10(1)，83-95。

64. 林麗嬋，蔡娟秀，薛桂香等編著(2011)。老年護理學。臺北：華杏。

65. 邱方晞(2012)。社會工作優勢觀點---談老人健康照顧正向信念活動方案設計，載於2012健康照顧產業國際學術研討會，育達商業科技大學，156-170。

66. 邱淑媛、李三仁(2008)。休閒產業的現況發展與分析。康寧學報，10，261-272。

67. 邱莉玲(2013年6月27日)。老化海嘯來襲商機篇－銀髮族消費新勢力。工商時報。

68. 邱顯比、朱承志(2010)。少犯錯，一生都是投資贏家。臺北：天下遠見。

69. 俞聖姿、曾淑芬(2011)。社區老人社會參與型態及其相關因素探討。臺灣高齡服務管理學刊，1(2)，54-76。

70. 施才憲(2003)。財務報表分析。高雄市：施才憲。

71. 施振點、李新鄉(2012)。從平等的意涵探討臺灣老人教育問題。教育人力與專業發展，29(4)，85-94。

72. 洪佳蓮、胡蓉(2008)。以遠距居家照護模式打造健康安全的老人住宅藍圖。臺灣老人保健學刊，4(1)，49-57。

73. 洪瑞英(2013)。教育部樂齡大學結案報告。臺中：朝陽科技大學。

74. 胡宥鑫(2013)。國外銀髮產業觀摩-大陸日本行。中衛報告，1-18～25。

75. 家庭暴力防治法(2015)。

76. 家庭暴力防治法施行細則(2015)。

77. 徐茂洲、李福恩、曾盛義(2009)。老人參與休閒運動之探討。大仁學報，34，69-76。

78. 徐業良(2012)。老人福祉科技與遠距居家照護技術（二版）。臺中：滄海。

79. 徐業良(2014)。老人福祉科技產業的機會和挑戰。福祉科技與服務管理學刊，2(1)，83-90。

80. 袁緝輝(1991)。當代老年社會學。臺北市：水牛。

81. 馬慧君、施教裕(1998)。志願服務工作者參與類型之初探－以埔里五個團體的志工為例。社會政策與社會工作學刊，2(1)，157-194。

82. 高迪理(1993)。老人的文康休閒活動。社區發展季刊，64，84-86。

83. 國民健康局(1999)。老人健康促進計畫。臺北市：行政院衛生署國民健康局。

84. 國家發展委員會(2014)。中華民國人口推計（103至105年）。臺北市：國家發展委員會。

85. 張君如、李敏惠、蔡桂城(2008)。休閒參與對銀髮族社會支持、自覺健康狀況、生活效能之影響－以臺中市長青學苑老人為例。長榮運動休閒學刊，2，152-161。

86. 張怡(2003)。影響老人社會參與之相關因素探討。社區發展季刊，103，225-233。

87. 張宮熊、林鉦琴(2002)。休閒事業管理。臺北：揚智。

88. 張桂霖、張金鶚(2010)。老人居住安排與居住偏好之轉換：家庭價值與交換理論觀點的探討。人口學刊，40，41-90。

89. 張素紅、楊美賞(1999)。老人寂寞與其個人因素、自覺健康狀況、社會支持之相關研究。The Kaohsiung Journal of Medical Sciences，15(6)，337-347。

90. 張彧(1999)。老人居住環境無障礙設計。銀髮世紀季刊，1，1-3。

91. 張彩秀(1991)。中老年人運動型態、體適能及健康狀況之研究（未出版之碩士論文）。臺北市：國立陽明醫學院公共衛生研究所。

92. 張蓓貞(2004)。健康促進理論與實務。臺北：新文京開發。

93. 張德聰等著(2012)。銀髮族生活規劃。臺北：空中大學。

94. 張鐸嚴(2009)。高齡化社會中高齡者的終身學習策略與規劃。社會科學學報，8，1-22。

95. 教育部(2005)。邁向高齡老人教育政策白皮書。臺北：教育部。

96. 曹俊德(2008)。老人類型在生涯規劃上之應用與分析。朝陽人文社會學刊，6(1)，323-338。

97. 曹姮(2009年3月3日)。〈全球觀測站〉銀色產業體貼銀髮族。自由時報。

98. 梅陳玉蟬、齊銥、徐玲(2011)。老人學。臺北市：五南。

99. 莫藜藜(2010)。促進老人心理暨社會調適的社區服務方案。2010兩岸社會福利研討會，225-235。

100. 莊凱迪、蔡佳芬(2008)。老年人的憂鬱症。臺灣老年醫學暨老年學雜誌，3(2)，182-190。

101. 許文聖(2010)。休閒產業分析。新北：華立。

102. 許秀月、張國洲、葉榮椿、杜俊和、林建志(2009)。銀髮族健康照護需求與商業經營模式。臺灣健康照顧研究學刊，7，71-87。

103. 許皓宜(2011)。緒論。載於田秀蘭(主編)，老人心理學。臺中市：華格納。

104. 許雅惠(2013)。歐盟教育訓練整合架構下的志願服務發展與策略。臺灣社區工作與社區研究學刊，3(2)，109-141。

105. 許銘恩(2011)。我國老人教育政策與行政之研究。育達科大學報，29，107-136。

106. 許銘恩(2012)。老人教育發展史之研究，載於2012健康照顧產業國際學術研討會，育達商業科技大學，214-238。

107. 許耀文(2010)。工作壓力、休閒參與身心健康關係之研究，以雲嘉地區幼教師為例（未出版之碩士論文）。雲林縣：國立雲林科技大學休閒運動研究所。

108. 陳上元、邱茂林(2007)。以智慧代理者理論建立可調適環境之研究：智慧住宅外殼設計為例。建築學報，61，95-116。

109. 陳文喜(1999)。政府推展老人休閒活動的預期效益分析。大專體育，44，127-133。

110. 陳玉敏，吳麗芬(2007)。老年人的生理心理變化。載於當代老年護理學。臺北：華杏。

111. 陳光雄(2006)。臺灣銀髮住宅相關法規簡介。臺灣老年醫學雜誌，1(3)，187-197。

112. 陳俊宏(2008)。雲林縣獨居老人休閒活動參與、休閒滿意和幸福感之相關研究（未出版之碩士論文）。國立雲林科技大學休閒運動研究所，雲林縣。

113. 陳政雄(2006)。老人住宅整體規劃理念。臺灣老年醫學雜誌，1(3)，122-139。

114. 陳秋燕(2009)。社區老人參與「社會服務」對其心理社會影響之前驅性研究--以臺北市北投區「大同之家」為例(未出版之碩士論文)。臺北：護理學院臨床暨社區護理研究所。

115. 陳美玲、戴元益、江幸蓉(2011)。從自我決定理論與社會支持探討休閒運動的參與。2011年國際體育運動與健康休閒發展趨勢研討會專刊，1050-1057。

116. 陳幸萱(2012年4月25日)。80歲以上巴氏量表申請放寬。聯合新聞網，取自http://udn.com/NEWS/NATIONAL/NAT3/7050484.shtml。

117. 陳清惠、李月萍(2000)。社區老人休閒活動研究現況。護理雜誌，57(1)，82-88。

118. 陳惠姿等(2002)。長期照顧實務。臺北：永大書局。

119. 陳燕禎(2006)。我國老人照顧資源變遷之初探。社區發展季刊，114，240-248。

120. 陳燕禎(2007)。老人福利理論與實務：本土的觀點（五刷）。臺北：雙葉書廊。

121. 陳燕禎(2009a)。社區照顧與老人服務：多元的觀點。臺北：威仕曼文化。

122. 陳燕禎(2009b)。老人生活福祉與社區休閒教育。臺北：威仕曼文化。

123. 陳燕禎(2011)。活躍老化的挑戰與機會：老人休閒參與和智慧生活系統之探討。活躍老化研討會論文集（頁9-1～9-24）。臺北：國家政策研究基金會。

124. 陳燕禎(2012a)。從熱力學「熵」(entropy)觀點建構預防老人跌倒資源系統。殘疾人社會福利政策與服務研討會暨第六屆中國殘疾人士事業發展論壇論文集，（頁131-139）。中國：南京大學主辦（國科會計畫編號：NSC99-2221-E-412-005-MY3）。

125. 陳燕禎(2012b)。銀髮族照顧產業的發展趨勢：資源整合的觀點。臺北：威仕曼文化。

126. 陳燕禎、謝儒賢、施教裕(2005)。社區照顧：老人餐食服務模式之探討與建構。社會政策與社會工作學刊，9(1)，121-161。

127. 陳麗華(1991)。臺北市大學女生休閒運動態度、參與狀況之研究（未出版之碩士論文）。桃園市：國立體育學院體育研究所。

128. 陳麗蓉(2013)。開創優質老年生活環境。中衛報告，1-34～38。

129. 傅立葉(2009)。對目前政府推動長期照顧保險政策的看法。臺北：我國新社會智庫。

130. 彭駕騂(2007)。老人學。臺北：揚智。

131. 彭駕騂(2009)。老人心理學。新北市：威仕曼。

132. 彭駕騂，彭懷真(2012)。老年學概論。新北：威仕曼。

133. 斐敏筑(2012）。幼兒園教師工作休閒衝突、工作滿足、工作倦怠、工作壓力與離職意向之關係（未出版之碩士論文）。新竹縣：明新科技大學服務事業管理研究所。

134. 曾中明(1993)。老年人的社會參與－志願服務。社區發展季刊，64，94-96。

135. 曾中明(2006)。臺灣老人福利概況及政策展望。臺灣老年醫學雜誌，1(3)，112-121。

136. 曾怡禎(2007)。2007銀髮產業景氣趨勢調查報告。臺灣產經資料庫。

137. 曾明鈺、李毓昭譯、班哲明‧富蘭克林著(2005)。富蘭克林的智慧。臺中：晨星。

138. 曾思瑜(1995)。老人公寓的居住空間使用後評估與設計課題—以高雄市立仁愛之家老人公寓松柏樓為例。建築學報，14，9-29。

139. 曾揚容(2003)。老人社會大學高齡學習者學習型態及其相關因素之研究(未出版之學位論文)。臺北：臺灣師範大學社會教育學系。

140. 程紹同(1997)。運動管理學講集，臺北：漢文書店。

141. 黃久泰，吳麗玉，張宏祺等合著(2010)。老人學概論。臺北：華格納。

142. 黃久秦等(2010)。老人學概論。臺中：華格那。

143. 黃永任(2001)。不同的長跑量與身體質量指數對老年男性T淋巴球分泌白血球間素-2和白血球間素-4的影響。中華體育，31，219-228。

144. 黃秀雲(2011)。心理健康的老人人格及行為特質。載於田秀蘭主編，老人心理學。臺中市：華格納。

145. 黃宗成、蔡進發、許瓊方(2007)。國人對老人養生村住宿意願之研究。休閒與遊憩研究，1(1)，91-117。

146. 黃松林、洪碧卿、蔡麗華(2010)。活躍老化：臺灣長青志工之探討。社區發展季刊，132，73-92。

147. 黃淑貞、林春鳳(2010)。銀髮族休閒活動參與對生活滿意度相關文獻之探討。2010年第三屆運動科學暨休閒遊憩管理學術研討會論文集，234-243。

148. 黃富順(2004)。高齡學習。臺北：五南。

149. 黃富順(2007)。各國高齡教育。臺北：五南。

150. 黃富順(2008)。高齡教育學。臺北：五南。

151. 黃富順(2011)。高齡期的工作、休閒、退休與居住安排。載於黃富順、楊國德著，高齡學。臺北：五南，213-236。

152. 黃富順，楊國德(2011)。高齡學。臺北：五南。

153. 黃富順、張菀珍、黃錦山、魏惠娟(2005)。研訂我國老人教育政策之芻議。成人及終身教育學刊，4，89-118。

154. 黃富順、楊國德(2011)。高齡學。臺北市：五南。

155. 黃旐濤等(2009)。老人退休生活規劃。臺北：五南。

156. 黃旐濤等(2010)。社會福利概論。臺北：心理。

157. 黃旐濤等著、詹火生校閱(2009)。老人退休生活規劃。臺北：五南。

158. 黃幹忠、夏晧清(2013)。臺南市老人的居住安排與居住環境之地區性比較—兼論社區老人住宅之接受度。建築與規劃學報，14(23)，67-81。

159. 黃源協、吳書昀、陳正益(2010)。「推動長期照顧服務機制」效益評估。行政院研究發展考核委員會委託研究。臺北：行政院研究發展考核委員會。

160. 黃耀榮(2006)。實現「在地老化」之終生住宅發展形式探討。臺灣老年醫學雜誌，1(3)，138-150。

161. 黃耀榮(2012)。都市地區不同世代之「在地老化」住宅空間與設施需求研究－以板橋地區香社里、香雅里、社後里等社區為例。建築學報，80，1-27。

162. 楊國賜(1991)。我國老人教育政策及其發展趨勢。載於教育部社教司，老人教育(頁461-479)。臺北：師大書苑。

163. 楊詠仁、賴德仁、王正平(2007)。老人心理衛生與自殺防治，臺北：行政院衛生署自殺防治中心。

164. 溫國信著(2011)。找到雪球股，讓你一萬變千萬。臺北：大是文化。

165. 溫琇玲、邵文政等(1996)。智慧型公寓大廈自動化系統設計準則之研究。臺北市：內政部建築研究所。

166. 葉怡寧(2012a)。生理老化對心理健康的影響。載於葉怡寧主編，老人心理學(頁40-43)。臺北市：華都文化。

167. 葉怡寧(2012b)。老年的人格。載於葉怡寧主編，老人心理學(頁54-69)。臺北市：華都文化。

168. 葉智魁(2006)。休閒研究～休閒觀與休閒專論。臺北：品度。

169. 葉肅科(2007)。樂活銀髮族持續社會參與動力。健康臺北季刊，90，26-32。

170. 齊克用(2008)。退休規劃一典通。臺北：上旗文化。

171. 劉立凡、葉莉莉(2004)。探討臺灣長期照顧資源整合與管理機制建立之實務面。社區發展季刊，106，106-114。

172. 劉明菁(2007)。高齡者參與志願服務學習之研究(未出版之碩士論文)。臺北市：臺灣師範大學社會教育學系在職進修碩士班。

173. 劉嘉泰(2013年8月5日)。臨時孫子升級版 陪長者出遊。中央社。

174. 劉麗雯、關華山(2001)。社會網絡理念與機構式老人居住空間設計。當代社會工作學刊，4，56-92。

175. 蔣林編著(2003)。華倫‧巴菲特給投資人的80個忠告。中壢：咖啡田文化館。

176. 蔡宏進(2009)。休閒遊憩概論。臺北：五南。

177. 蔡佩眞、陳文棠(2009)。成功老化下的銀髮生活需求與產品技術領域。臺北：財團法人資訊工業策進會。

178. 蔡琰、臧國仁(2008)。熟年世代網際網路之使用與老人自我形象與社會角色建構。新聞學研究，97，1-43。

179. 衛生福利部(2014)。民國102年老人狀況調查結果。

180. 鄭文輝等人(2005)。我國長期照顧財務規劃研究。內政部委託研究計畫報告。臺北：內政部。

181. 鄭政宗、賴昆宏(2007)。中地區長青學苑老人之社會支持、孤寂感、休閒活動參與及生命意義之研究。朝陽學報，12，217-254。

182. 鄭國順、王婷(2011)。橘色科技與老人科技。科學發展，466，18-23。

183. 盧俊吉、林如森、王春熙(2009)。鄉村老人參與休閒活動與心理健康關係之研究。農業推廣文惠彙(第54輯)，199-206。

184. 蕭金源(2009)。老人長照制度問題分析與政策規劃之建議。社區發展季刊，128，324-341。

185. 蕭秋月、林麗味、葉淑蕙(2004)。運用回憶治療於機構老人照護。長期照護雜誌，8(2)，133-144。

186. 蕭富峰(1990)。行銷組合讀本。臺北市：遠流。

187. 賴坤洪(2006)。社會支持、孤寂感與休閒活動參與對老人生命意義影響之研究－以臺中地區長青學苑為例(未出版之碩士論文)。臺中：朝陽科技大學休閒事業管理系。

188. 戴章洲，吳正華(2010)。老人福利。臺北：心理。

189. 薛承泰(2006)。家庭變遷與老人居住型態：現在與未來。取自http://sowf.moi.gov.tw/19/quarterly/data/121/4.thm

190. 薛曼娜、葉明理(2006)。社區老人權能激發過程之概念分析 。護理雜誌，53(2)，5-10。

191. 謝秀華(2008)。如何推展國小休閒教育，北縣教育，63，69-71。

192. 謝美娥(2012)。老人的社會參與－以活動參與為例：從人力資本和社會參與能力探討研究紀要。人文與社會科學簡訊，13(4)，14-21。

193. 簡玉坤(2004)。老年人心理壓力及因應之道：生物-心理-社會整合模式。護理雜誌，51(3)，11-14。

194. 簡郁雅(2004)。家庭休閒之探討。網路社會學通訊期刊，42。取自http://www.nhu.edu.tw/~society/e-j/42/42-22.htm

195. 簡慧雯，范俊松，陳俊佑等合著(2013)。老人照顧概論。臺北：華格納。

196. 簡鴻儒、張筱青、吳禹瑩、盧親滿、武怡萱、林眉伶、彭梓晴(2010)。降低老人居住空間壓力－以在地老化住宅為例。2010 International Conference on Gerontic Technology and Service Management. Nan Kai University of Technology, Nantou, Taiwan. April 14, 2010.18.

197. 簡鴻檳(2009)。銀髮族的休閒。載於黃旗濤等著，老人退休生活規劃。臺北，五南，167-186。

198. 顏建賢(2009)。長宿休閒導論。臺北：華都。

199. 魏希聖、王慧琦(2007)。運用德菲法建構臺中市志願服務評鑑指標。朝陽學報，12，P333-349。

200. 魏惠娟(2012)。臺灣樂齡學習。臺北：五南。

201. 魏惠娟、董瑞國、楊志和(2008)。高齡教育工作者方案規劃核心能力指標建構及其對落實老人教育政策的啟示。成人及終身教育學刊，11，1-42。

202. 藺雷、吳貴生(2007)。服務創新。北京：清華大學出版社。

203. 顧心田(2009)。老人人格與老人諮商。諮商與輔導，281，28-32。

二、英文書目

1. Afuah, A., (1997). Innovation Management Strategies, Implementation, and Profits, Second Edition. Published by Oxford University Press, USA, 1997.

2. Alam, I. (2002). An Exploratory Investigation of User Involvement in new service Development, Journal of the Academy of Marketing Science, 30 (3), 250-261.

3. Alma, M., Mei, S., Groothoff, J., Suurmeijer, T. (2012) Quality of Life Research. Vol. 21 Issue 1, p87-97.

4. Atchley, R. C. (1989). A Continuity Theory of Normal Aging. The Gerontologist, 29(2), 183-190.

5. Bettencourt, L. A. (1997). Customer Voluntary Performance: Customers as Partners In Service Delivery. Journal of Retailing, 73(3): 383-406.

6. Betz, F. (1987). Managing Technology-Competing through New Ventures, Innovation, and Corporate Research. N.J.: Prentice-Hall.

7. Bilderbeek, R., den Hertog, P., Marklund, G., Miles, I., 1998. Services in Innovation: Knowledge Intensive Business Services (KIBS) as Co-Producers of Innovation, SI4S Synthesis Papers S3, STEP, Oslo.

8. Bottomley, J., & Lewis, C.(2003). Geriatric Rehabilitation: A Clinical Approach(2nd ed). Upper Saddle River, NJ: Pearson Education, Inc.

9. Cambois, E., & Jean-Marie Robine (1996). An International Comparison of Trends in Disability-Free Life Expectancy. In Eisen, Roland and Frank A. Sloan (eds.), Long-Term Care: Economic Issues and Policy Solutions (pp.11-23). Boston: Kluwer Academic Publishers.

10. Coughlin, J.F. (1999). Technology needs of aging boomers. Issues in Science and Technology, Fall 1999.

11. Cunningham, W. R., & Brookbank, J. W.(1988). Gerontology: The Psychology, Biology, and Sociology of Aging. NY: Harpercollins College Division.

12. Czaja, S. J. & Sharit, J. (2013). Designing training and instructional programs for older adults. New York, NY: Taylor & Francis.

13. Daft, R. L. & Becker, S. W. (1978). The Innovation Organization: Innovation Adoption in School Organizations. New York: Elsevier North-Holland.

14. Den Hertog, P. 2000. Knowledge-Intensive Business Services as Co-Producers of Innovation. International Journal of Innovation Management, 4(4):491-528.

15. Drejer, I., 2004, Identifying innovation in surveys of services: a schumpeterian perspective, Research Policy, 33(3), 551-562.

16. Drucker, P. F. (1986). Innovation and Entrepreneurship: Practice and Principles. New York: Harper Business.

17. Duberstein, P. R., Sorensen, S., Lyness, J. M., King, D. A., Conwell, Y., Seidlitz, L.,et al. (2003). Personality is associated with perceived health and functional status in older primary care patients. Psychology and Aging, 18, 25–37.

18. Ebersole, P., & Hess, P.(2007). Toward Healthy Aging: Human Needs and Nursing Response(7th ed.). St. Louis, MO: The C.V. Mosby.

19. Freeman, C., (1987). Technology Policy and Economics Performance : Lessons from Japan, London, Pinter Press.

20. Gallouj, F., Weinstein, O., (1997). Innovation in Services, Research Policy, 26(4/5), 537-556.

21. González, A., Ramírez, M., Viadel, V. (2012) Educational Gerontology. Vol. 38 Issue 9, p585-594.

22. Gregory, T., Nettelbeck, T., & Wilson, C. (2010). Openness to experience, intelligence,and successful ageing. Personality and Individual Differences,48, 895-899.

23. Hayflict, L.(1977). The cellular basis for biological aging. In C. Finch, & Hayflict, L.(Eds.). The Handbook of the Biological Aging. NY: Van Nostrand Reinhold.

24. Hipp, C. Grupp, H. (2005). Innovation in the Service Sector: The Demand for Service-Specific Innovation Measurement Concepts and Typologies. Research Policy, 34(4):517-535.

25. Holt, K. (1988). The Role of the User in Product Innovation. Technovation, 7(3):249-258.

26. Hooyman, N., Kiyak, H. A.(2010). Social gerontology: A multidisciplinary perspective(9th ed.). Upper Saddle River: Prentice Hall.

27. Hoyer, W., Roodin, P. A., & Rybash, J.(2002). Adult Development and Aging(5th ed.).NY: McGraw-Hill Publishing Co.

28. Hsu, H. C.(2007) Aging & Mental Health. Vol. 11 Issue 6, p699-707.

29. IBM (2012) Annual Report, available at http://www.ibm.com/annualreport/2012/.

30. Jahoda, M. (1958). Current concepts of positive mental health. New York: Basic Books.

31. Joffrion, L. P., & Leuszler, L. B.(2004)The gastronintestinal system and its problems in the elderly. American Journal of Clinical Nutrition, 80, 475-482.

32. Keven, D., Keith C., & Paul, G. (1996). Three generations of telecare of the elderly. Journal of Telemedicine and Telecare, 2, 71-80.

33. Klausner, S. C. & Schwarz, A. B.(1985)The aging heart. Clinics in Geriatric Medicine,1, 119-141.

34. Kohli, A.K., Jaworski, B.J., 1990. Market orientation: The construct, research propositions, and managerial implications. Journal Marketing, 54(2), 1-18.

35. Krumpe, P. E., Knudson, R. J., Parsons, G., & Reiser, K.(1985). The aging respiratorysystem. Clinics in Geriatric Medicine, 1, 1143-1175

36. Landry, R., Amara, N. & Lamari, M. (2002). Does Social Capital Determine Innovation? To What Extent? Technological Forecasting and Social Change, 69(5):681-701.

37. Louw, D.A., Van Ede, D.M., & Louw, A.E. (1998). Human development(2nd ed.). Pretoria: Kagiso.

38. Mackinnon, A., Jorm, A. F., Christensen, L. R., Scott, L. R., Henderson, A. S. & Korten, A. E. (1995). A latent trait analysis of the Eysenck personality questionnaire in an elderly community sample. Person individ Diff, 18(6), 739-747.

39. Margrain, T., & Boulton, M.(2005). Sensory Impairment. In Malcolm Johnson. The Cambridge Handbook of Age and Ageing. Cambridge, UK: Cambridge University Press.

40. Matthin,J, Sanden B, Edvardsson, B., (2004). New service development: Learning from and with customers, international Journal of Service Industry Management, 15 (5), 479-498.

41. Menor, L.J. & Tatikonda, M.V. & Sampson, S.E. 2002. New service development: areas for exploitation and exploration. Journal of Operations Management, 20(2):135-157.

42. Meyer, Patricia W. (1984), "Innovative Shift: Lessons for Service Firms from a Technology Leader," in Developing New Services. George, William R. and Claudia E. 43.Marshall, eds. Chicago: American Marketing Association.

43. Miller, C.(2009). Nursing for wellness in older adults(5th ed.). philadelphia: Wolters Kluwer/ Lippincott, Williams & Wilkins.

44. Millsap, P.(2007). Neurological system. In A. D. Linton, & H. W. Lach(Eds), Matteson & McConnell's gerontological nursing(3rd ed., pp. 406-441). St. Louis:Saunders Elsevier.

45. Minhat, H. S., Rahmah, M. A., Khadijah, S. (2013) International Medical Journal Malaysia. Vol. 12 Issue 2, p51-58. 8p

46. Narver, J.C., Slater, S.F., 1990. The effect of a market orientation on business profitability. Journal of Marketing 54, 20-35.

47. Osterle, Auguat (2001). Equity Choices and Long-Term Care Policies in Europe. Aldershot, UK: Ashgate.

48. Pan, Y.J. , &Lee, M.B. (2008). 〝Charcoal burning and maternal filicide-suicide tren-ds in Taiwan: the impact of accessibility of lethal methods.〞 Formos Med, 107(10): 811-815

49. Panesar, S.S. & Markeset, T. 2008. Development of a framework for industrial service innovation management and coordination. Journal of Quality in Maintenance Engineering, 14(2):177-193.

50. Penrose F.T. 1959. The Theory of the Growth of the Firm. Oxford University Press: Oxford

51. Reichard, S., Livson, F., and Petersen, P. G. (1962). Aging and personality : a study of eighty-seven older men. New York : J. Wiley.

52. Rometty, G. 2008. Message from the Senior Vice President, Global Business Services: Service Science, Management, and Engineering. IBM Systems Journal, 47(1):1-2.

53. Ruzzoli, M., Pirulli, C., Brignani, D., Maioli, C., & Miniussi, C. (2012). Sensory memory during physiological aging indexed by mismatch negativity (MMN). Neurobiology of Aging, 33, 625.e21– 625.e30.

54. Sandmire, D. A.(1999). The physiological and pathology of aging. In W. C. Chop & R. H. Robnett(Eds.), Gerontology for the Health Care Professional(pp. 45-105). Philadelphia. PA: F. A. Davis Company.

55. Scanlon, W. J. (1992). Possible Reform for Financing Long-Term Care. The Journal of Economics Perspective, 6(3), 43-58.

56. Schaie, K. W. & Willis, S. L. (1993). Age difference patterns of psychometric intelligence in adulthood: generalizability within and across ability domains. Psychol Aging, 8(1), 44-55.

57. Schilling M. A., (2005) Strategic management of technological innovation MA Schilling, Tata McGraw-Hill Education.

58. Schumpeter, J. A. (1934). The Theory of Economic Development. Boston: Harvard Business School Press.

59. Spirduso, W. W.(1995). Physicat Dimension of Aging. Champaign, IL: Human Kinetics.

60. Sundbo(1998) The theory of innovation: enterpreneurs, technology and strategy. Edward Elgar: northampto, MA.

61. Tamura, S., Sheehan, J., Martinez, C., and Kergroach, S., (2005.) Promoting Innovation in Services, Working Party on Innovation and Technology Policy, 16 ,September 2005, in Organization for Economic Co-operation and Development.

62. Tax, Stephen S. and Ian Stuart (1997), Designing and Implementing New Services: The Challenges of Integrating Service Systems, Journal of Retailing, 73(1), 105-134.

63. Thanakwang, K., Soonthorndhada, K., Mongkolprasoet, J. (2012). Nursing & Health Sciences. Vol. 14 Issue 4, p472-479.

64. Thase ME, Greenhouse JB, Frank E,(1997) etal: Treatment of major depression with psychotherapy or psychotherapypharmacotherapycombinations. ArchGePsychiat 54:1009-15.

65. Thomas, J. E., O'Connell, B., Gaskin, C.(2013) Contemporary Nurse: A Journal for the Australian Nursing Profession. Vol. 45 Issue 2, p244-254.

66. Timir0as, P. S.(1994). Instruction: Aging as a stage in the life cycle. In P. S. Timiras (Ed.), Physiological Basis of Aging and Geriatrics(2nd ed.), CRC Press, Boca Ratonn, FL.

67. Tockman, M. S.(1995). The effects on aging on the lung: Lung cancer. In W. B. Abrams, M. H. Beers, & Berkow, R.(Eds.), The Merck Manual of Geriatrics(2nd ed., pp. 569-574). White-Hourse, NJ: Merck Research Laboratories.

68. Tushman, M. L. & Nadler, D. A. (1986). Organizing for Innovation. California Management Review, 27(10): 558-561.

69. Utterback, J. M. and Abermatht, W., (1975). A dynamic model of process and product innovation OMEGA, 33, 639-656.

70. Vang, J. and Zellner, C., 2005, Introduction: innovation in services, Industry and Innovation, 12(2), 147-152.

71. Viriot-Durandal J. P.(2003) 。 Le pouvoir gris. Sociologie des groupes de retraites. Paris: PUF.

72. Voelke, A. E.,Troche, S. J., Rammsayer, T. H., Wagner, F. L., & Roebers., C. M. (2014). Relations among fluid intelligence, sensory discrimination and working memory in middle to late childhood – A latent variable approach. Cognitive Development, 32, 58-73.

73. Wagar, K. 2008. Exploring tools for learning about customers in a service setting. International Journal of Service Industry Management 19 (5):596-620.

74. Whitbournce, S. K.(2001). Adult Development and Aging: Biopsychosocial Perspective. NY: John Wiley & Sons, Inc.

75. Wölfl, A. (2005). The Service Economy in OECD Countries, working paper 2005/3, OECD — Directorate for Science, Technology and Industry, Feb. 11, 2005.

76. World Health Organizatin(2001).The world mental health report : New Understanding, New Hope.Geneva:Author.

77. World Health Organization(2002). Active ageing: a policy framework. July, 10, 2013, retrieved from

78. Wright, C. I., Feczko, E., Dickerson, B., & Williams, D.(2007). Neuroanatomical correlates of personality in the elderly. NeuroImage, 35, 263-272.

79. Yaar, M., & Glichrist, B. A.(2001). Skin aning: Postulated mechanisms and consequent change in srructure and function. Clinics in Geriatric Medicine, 17, 617-630.

三、網路資料

1. 104人力銀行　http://www.104.com.tw/cfdocs/2000/pressroom/104news930728.htm
2. W.H.O(2014)。Social participation.。取自Http://www.who.int/social_determinants/thecommission/countrywork/within/socialparticipation/en/#。檢索日期：2014.04.30。
3. 中華民國統計資訊網　http://www.stat.gov.tw/mp.asp?mp=4
4. 中華民國老人福利推動聯盟(2015)。老人保護服務網絡。取自http://www.oldpeople.org.tw/
5. 內政部(2007)。我國長期照顧十年計畫。取自http://sowf.moi.gov.tw
6. 內政部戶政司(2016)。各縣市人口年齡結構統計表。網站：http://www.ris.gov.tw。檢索日期：2016.04.08。
7. 內政部社會司(2010)。老人福利與政策。取自http://sowf.moi.gov.tw
8. 內政部促進民間參與老人住宅推動方案核定本，取自http://sowf.moi.gov.tw/04/02/%A6%D1%A4H%A6%ED%A6v%B1%C0%B0%CA%A4%E8%AE%D7%B0%7C%AE%D6%A9w%AA%A9%A4%BD%A7i.doc
9. 內政部建築研究所(2016)。智慧綠建築推動方案。取自http://www.abri.gov.tw/tw/implement/5
10. 內政部統計處(2012)。取自http://sowf.moi.gov.tw/stat/week/list.htm
11. 內政部統計處(2013)。人口年齡分配。取自http://www.moi.gov.tw
12. 內政部統計處(2014)。102年國人零歲平均餘命估測結果。臺北：內政部統計處。取自網址：http://sowf.moi.gov.tw/stat/Life/102/%e5%b9%b4%e9%a4%98%e5%91%bd%e4%bc%b0%e6%b8%ac%e7%b5%90%e6%9e%9c%e7%b5%84%e5%90%88.pdf
13. 內政部統計處(2014)。內政部統計月報，現住人口按五歲年齡組分。檢索網址：http://sowf.moi.gov.tw/stat/month/list.htm。檢索日期：2014.07.10。
14. 內政部統計處(2016)。取自http://sowf.moi.gov.tw/stat/week/list.htm
15. 內政部統計處(2016)。統計月報。取自http://www.moi.gov.tw/stat/index.aspx
16. 內政部統計資訊服務網：http://www.moi.gov.tw/stat/
17. 內政部營建署(2014)。建築物無障礙設施設計規範。取自http://www.cpami.gov.tw/chinese/index.php?option=com_content&view=article&id=10518&Itemid=57

18. 老人福利長期照護機構設立標準，取自http://sowf.moi.gov.tw/04/02/02_3.htm

19. 老人福利機構設立標準，取自http://www.rehoboth-welfare.org.tw/Page_Show.asp?Page_ID=972

20. 行政院主計處(2013)　http://www.beitun.taichung.gov.tw/ct.asp?xItem=71765&ctNode=1767&mp=135010

21. 行政院勞工委員會(2013)。歷年取得照顧服務員證照人數。取自http://www.evta.gov.tw

22. 行政院衛生署(2002)。長期照顧十年計畫。取自http://www.doh.gov.tw

23. 長庚養生村　http://www.cgmh.org.tw/cgv/

24. 基智網(2014)　http://www.moneydj.com/funddj/

25. 教育、文化、公益、慈善機關或團體免納所得稅適用標準。取自http://law.moj.gov.tw/LawClass/LawAll.aspx?PCode=G0340012

26. 教育部(2013)。教育部設置各鄉鎮市區樂齡學習資源中心實施計畫。取自moe.senioredu.moe.gov.tw/ezcatfiles/b001/img/img/129759462.doc

27. 教育部樂齡學習網(2014)。樂齡學習。取自https://moe.senioredu.moe.gov.tw/front/bin/ptdetail.phtml?Part=13100030&PreView=1。檢索日期：2014.04.30。

28. 勞工個人退休金專戶試算表(2014)。取自http://kmvc.cla.gov.tw/trial/personal_account_frame.asp

29. 勞動部(2016)。統計數據-社福外勞人數。取自http://www.mol.gov.tw。檢索日期：2016.04.08。

30. 智慧化居住空間展示中心官方網站(2008)。何謂智慧化居住空間。取自http://www.living3.org.tw/ils-museum/intro.aspx

31. 聖恩養生會館：http://www.sheng-en.com.tw/

32. 臺北市政府自殺防治中心(2009)。研究與成果。取自http://tspc.health.gov.tw/research2.html

33. 臺北市政府都市發展局(2009)。臺北市居住空間通用設計指南。取自http://www.udd.gov.taipei/pages/detail.aspx?Node=309&Page=2955

34. 臺北市政府衛生局(2012)。長期照顧資訊網-服務對象。取自http://subweb.health.gov.tw/longterm_care_web/

35. 臺灣無障礙協會（2014）。通用化設計—以無障礙設施為例。取自http://www.t dfa.org.tw/ap/cust_view.aspx?bid=1121

36. 潤福淡水生活新象：http://www.ruenfu.com.tw/shin/shin.htm

37. 衛生福利部(2014)。友善關懷老人服務方案第2期計畫。取自http://www.sfaa.gov.tw/SFAA/Pages/Detail.aspx?nodeid=383&pid=2005。檢索日期：2014.04.22。

38. 衛生福利部(2014)。老人福利。檢索網址：http://www.ey.gov.tw/state/News_Content3.as px?n=C75E5EE6B2D5BAEB&sms=F0866217F17BDF5F&s=6931F8BDA41C05F6。檢索 日期：2014.04.22。

39. 衛生福利部(2014)。志願服務智庫，服務現況。檢索網址：http://vol.mohw.gov.tw/vol/ home.jsp?serno=200805210011&mserno=200805210006&menudata=VolMenu&contlink=c ontent/now.jsp&level2=Y&logintype=null。檢索日期：2014.04.30。

40. 衛生福利部。家庭暴力/老人保護事件通報表。取自https://ecare.mohw.gov.tw/form/Publi cDvCtrl?version=v11&func-insert。檢索日期：2016.01.05。

41. 衛生福利部保護服務司(2015)。各直轄市、縣（市）防治中心通訊一覽表。取自http:// www.mohw.gov.tw/CHT/DOPS/DM1_P.aspx?f_list_no=143&fod_list_no=4627&doc_ no=42978。檢索日期：2015.12.20。

42. 衛生福利部統計處(2015)。103年國人死因統計結果。取自http://www.mohw.gov.tw/cht/ Ministry/DM2_P.aspx?f_list_no=7&fod_list_no=4558&doc_no=45347

43. 衛福部統計處(2016)。社會福利統計年報--老人長期照護、養護及安養機構工作人員 數。網站：http://www.mohw.gov.tw。檢索日期：2016.04.08。

44. 衛福部統計處(2016)。社會福利統計年報--推行社區發展工作成果。網站：http://www. mohw.gov.tw。檢索日期：2016.04.08。

國家圖書館出版品預行編目（CIP）資料

老人學概論：基礎、應用與未來發展 /
　黃旐濤等編著. -- 初版. -- 新北市：全華圖書,
2016.05
416 面 ; 19×26 公分
ISBN 978-986-463-205-3(平裝)

1.老人學

544.8   105005702

老人學概論-基礎、應用與未來發展

作　　　者 / 黃旐濤、王俊賢、林義學、邱素琚、胡小玫、洪瑞英、許莉芬、陳淑美、
　　　　　　陳碩菲、陳燕禎、詹　貌、劉淑惠、賴添福、謝國聖

發 行 人 / 陳本源

執行編輯 / 顏采容

封面設計 / 林伊紋

出 版 者 / 全華圖書股份有限公司

郵政帳號 / 0100836-1號

印 刷 者 / 宏懋打字印刷股份有限公司

圖書編號 / 08168

初版一刷 / 2016年5月

定　　　價 / 新臺幣550元

I S B N / 978-986-463-205-3

全華圖書 / www.chwa.com.tw

全華網路書局 Open Tech / www.opentech.com.tw

若您對書籍內容、排版印刷有任何問題，歡迎來信指導book@chwa.com.tw

臺北總公司（北區營業處）
地址：23671新北市土城區忠義路21號
電話：(02) 2262-5666
傳眞：(02) 6637-3695、6637-3696

中區營業處
地址：40256臺中市南區樹義一巷26號
電話：(04) 2261-8485
傳眞：(04) 3600-9806

南區營業處
地址：80769高雄市三民區應安街12號
電話：(07) 381-1377
傳眞：(07) 862-5562

歡迎加入 全華會員

● 會員享獨享
會員享購書折扣・紅利積點・生日禮金・不定期優惠活動…等。

● 如何加入會員
填妥讀者回函卡直接傳真 (02) 2262-0900 或寄回，將由專人協助登入會員資料，待收到
E-MAIL 通知後即可成為會員。

如何購買 全華書籍

1. 網路購書
全華網路書店「http://www.opentech.com.tw」，加入會員購書更便利，並享有紅利積點
回饋等各式優惠。

2. 全華門市、全省書局
歡迎至全華門市（新北市土城區忠義路 21 號）或全省各大書局、連鎖書店選購。

3. 來電訂購
(1) 訂購專線：(02) 2262-5666 轉 321-324
(2) 傳真專線：(02)6637-3696
(3) 郵局劃撥（帳號：0100836-1 戶名：全華圖書股份有限公司）
※ 購書未滿一千元者，酌收運費 70 元。

OpenTech.com.tw 全華網路書店

全華網路書店 www.opentech.com.tw
E-mail: service@chwa.com.tw

※ 本會員制如有變更則以最新修訂制度為準，造成不便請見諒。

讀者回函卡

填寫日期：　　／　　／

姓名：　　　　　　　生日：西元　　　年　　月　　日　性別：□男 □女

電話：（　　）　　　　　　傳真：（　　）　　　　　手機：

e-mail：（必填）

註：數字零，請用 ㊀ 表示，數字1與英文L請另註明並書寫端正，謝謝。

通訊處：□□□□□

學歷：□博士 □碩士 □大學 □專科 □高中・職

職業：□工程師 □教師 □學生 □軍・公 □其他

學校/公司：　　　　　　　科系/部門：

· 需求書類：

□A.電子 □B.電機 □C.計算機工程 □D.資訊 □E.機械 □F.汽車 □I.工管 □J.土木

□K.化工 □L.設計 □M.商管 □N.日文 □O.美容 □P.休閒 □Q.餐飲 □B.其他

· 本次購買圖書為：　　　　　　　書號：

· 您對本書的評價：

封面設計：□非常滿意 □滿意 □尚可 □需改善，請說明

內容表達：□非常滿意 □滿意 □尚可 □需改善，請說明

版面編排：□非常滿意 □滿意 □尚可 □需改善，請說明

印刷品質：□非常滿意 □滿意 □尚可 □需改善，請說明

書籍定價：□非常滿意 □滿意 □尚可 □需改善，請說明

整體評價：請說明

· 您在何處購買本書？

□書局 □網路書店 □書展 □團購 □其他

· 您購買本書的原因？（可複選）

□個人需要 □幫公司採購 □親友推薦 □老師指定之課本 □其他

· 您希望全華以何種方式提供出版訊息及特惠活動？

□電子報 □DM □廣告 （媒體名稱　　　　　）

· 您是否上過全華網路書店？（www.opentech.com.tw）

□是 □否 您的建議

· 您希望全華出版那方面書籍？

· 您希望全華加強那些服務？

~感謝您提供寶貴意見，全華將秉持服務的熱忱，出版更多好書，以饗讀者。

全華網路書店 http://www.opentech.com.tw 客服信箱 service@chwa.com.tw

親愛的讀者：

感謝您對全華圖書的支持與愛護，雖然我們很慎重的處理每一本書，但恐仍有疏漏之處，若您發現本書有任何錯誤，請填寫於勘誤表內寄回，我們將於再版時修正，您的批評與指教是我們進步的原動力，謝謝！

全華圖書 敬上

勘 誤 表

書號		書名	作者
頁 數	行 數	錯誤或不當之詞句	建議修改之詞句

我有話要說：（其它之批評與建議，如封面、編排、內容、印刷品質等……）

第一章　緒論

動動腦

1-3　相關名詞解釋

班級：＿＿＿＿　學號：＿＿＿＿

姓名：＿＿＿＿＿＿＿＿＿

課本第9頁

1. 進入內政部網站，尋找台閩地區今年的總人口數、老人人口數、65歲以上比率、幼年人口數、14歲以下比率、工作人口數（15～64歲）、比率、以及今年出生人口之平均餘命。

2. 承上題，計算老化指數、撫養比。

3. 比較1993、2015以及2020這三年，臺灣的老人比率和撫養比，發生了什麼變化？為
   什麼？

_____

_____

_____

_____

_____

_____

_____

_____

_____

4. 試著與自己的爺爺奶奶、鄰居老人或安療機構的老人聊天，詢問他們這輩子最得意
   的事是什麼事，最難過的呢？最遺憾的呢？並嘗試著打聽他們目前日常生活有無困
   難（生理、心理、社會參與等等），並思考可以怎樣幫助他們。

_____

_____

_____

_____

_____

_____

_____

_____

_____

1. 何謂高齡化社會、高齡社會、超高齡社會？（25分）

2. 比較英、法、德、日、臺灣及大陸等幾個國家，她們從高齡化社會進入高齡社會，以及從高齡社會進入超高齡社會，各花了幾年的時間？（25分）

3. 說明老人學三大核心領域，與人類老化的過程有何關連？（25分）

4. 簡單說出我國老人福利法的主要內容，以及主要的老人保護措施？（25分）

第二章 老人的生理特徵

動動腦

2-1 生理變化

班級：＿＿＿＿＿ 學號：＿＿＿＿＿

姓名：＿＿＿＿＿＿＿＿＿

課本第33頁

1. 與自己的祖父母（或65歲以上鄰居）閒聊，並就第一節所述的11大系統，觀察他們與20歲年輕人有何不同？

_____

_____

_____

_____

_____

_____

_____

_____

_____

_____

2. 呈上題，就第四節所提到的老人常見疾病，觀察並請教他們有無類似情事發生？

_____

_____

_____

_____

_____

_____

_____

_____

_____

_____

（請沿虛線撕下）

3. 就上題發現的疑似疾病，依據本文的預防方式，並上網查閱相關資料，給祖父母或
   這位長輩健康促進的建議。

1. 老年人在生理上會有那些明顯的變化？（25分）

2. 試詳述國健署老人健康促進計劃八項重要工作。（25分）

3. 老化理論有哪些？試描述各種老化理論的主要意涵。（25分）

4. 試就各系統舉一例常見之老人疾病並說明。（25分）

得　分

動動腦

3-1　心理健康的概念

班級：_____　學號：_____

姓名：_____

課本第70頁

生活當中遇到不如意之事是十常八九，遇到困難時，難免會有煩惱、心情不好、有壓力…。因此，以下介紹一些DIY小方法，協助同學處理這些不舒服的感覺，讓自己保持心理健康。請同學回想自己的生活習慣，試著勾選你自己平常會使用保持身心愉快的方法。

☐ 學習放鬆：每天留一點時間給自己，並試著做一些有助身心放鬆的事情。例如看書、聽音樂、靜坐、冥想等，任何能夠幫助自己放鬆的活動。

☐ 定期運動：在生活中安排固定運動的時間，定期運動可以增加自己的能量，也可讓自己有在情緒低落時，有發洩的出口，能幫助你度過心靈的低潮期。因此，尋找適合自己的運動，不管是室外的打球、游泳、散步，或室內腳踏車等，都是不錯的選擇。

☐ 保持與朋友聯繫：朋友對我們是很重要的，特別是在遇到困難，導致心情低落時，與你的朋友連絡吧！不要覺得會增加對方的困擾，故作堅強自己獨自面對問題，真正的朋友，是會傾聽你的問題，提供你解決問題的辦法。

☐ 參與社團活動：藉由參與社團活動中，可獲得學習與成長，進而充實休閒生活，提高人際互動關係，增進幫助自己，以及幫助他人的能力。

☐ 學習新事物：為了充實生活、交友、增加第二專長，學習新的事務、提昇技巧，可增加自信心，也會努力地改善自己的缺點。

☐ 接受自己：每個人都擁有不同的價值觀、成長背景、種族文化、宗教、性別與生活經驗，而使每個人形成獨一無二的自己。因此，接受自己的一切，認同自己的天性，然後學著尊重包括你自己在內的每個人。

思考與討論

1.對於沒勾選到的項目，請同學思考看看，是什麼原因，讓你沒無法做到呢？

_____

_____

_____

_____

2.除了上述的六項讓自己保持心理健康的方法之外，請和同學討論是否還有別的方法？

_____

_____

3-2　老人的心智與人格

課本第78頁

1.若依據上述的人格類型，你會將張伯伯和王伯伯歸類到何種類型呢？為什麼？

_____

_____

_____

2.請同學自行添加自己的想像力，用敘事故事的方式來解釋他們兩位年齡相仿、生命經驗類同，發展結果卻迥然不同的原因。

_____

_____

_____

3-4　老人常見的心理異常與精神疾病

課本第86～87頁

1.想想看失智症篩選為什麼要分這8類？

_____

_____

2.是否可上網查詢一下，失智可以預防嗎？請列舉3項方法。

_____

_____

3.如果家中有失智症的長者，你會用什麼方式和長者相處呢？

_____

_____

1. 你認爲應該符合怎樣的條件才算是一個心理健康的人呢？（10分）

2. 請比較老化對感官記憶、短期記憶與長期記憶的影響程度爲何？（15分）

3. 想想看，有甚麼樣的方法可以提升老人的記憶能力呢？（15分）

4. 試著分析你所認識的老人家，你認爲何種背景或型態的老人智力展現較佳呢？（10分）

5. 你能舉出有哪幾位名家在晚年時發表其鉅作聞名世界嗎？（10分）

6. 說說看，你認為家中的祖父或祖母是屬於哪一種人格類型的呢？（10分）

7. 你認為老人很情緒化嗎？試著分享一下你與老人相處的經驗？（10分）

8. 試著釐清失智與健忘的差別在哪裡。（10分）

9. 想想看，提出十個能讓老人快樂的妙方。（10分）

第四章　老人社會參與

動動腦

4-1　老人社會參與之定義

班級：＿＿＿＿＿＿　學號：＿＿＿＿＿

姓名：＿＿＿＿＿＿＿＿＿

課本第92頁

除了以上作者所介紹有關老人社會參與的面向，還有哪些面向是老人可以參與的？

_____

_____

_____

_____

_____

_____

_____

_____

_____

_____

4-5　老人休閒與社區參與

課本第97頁

老人社會參與中，我們可以一起為老人創造哪些社群生活？那些社群生活的方式，可以讓老人與不同年紀的人一起活動，達到跨世代融合。

_____

_____

_____

_____

_____

_____

_____

_____

_____

4-6 老人教育

課本第100頁

如果您們是老人，您們如何描繪（圖畫）、描述（語言或又字），具體（拍照）表現出所期待的老人社會參與？

_____

_____

_____

_____

_____

_____

_____

_____

_____

_____

_____

_____

_____

_____

_____

_____

_____

_____

_____

_____

_____

_____

課後評量——

老人學概論－基礎、應用與未來發展

第四章　老人社會參與

1. 有關老人社會參與應該從哪些方向角度提供尋求界定？（25 分）

2. 老人社會參與涵蓋多元的面向，試舉例多元老人社會參與的角度？（25 分）

3.對於生理不同程度的老人，如健康老人、亞健康老人…等類型，社會參與的服務應
該如何調整？（25分）

4.從政策面而言，如何提供老人友善的社會參與之政策？（25分）

得　分

動動腦

5-2　休閒活動對銀髮族的重要性

班級：＿＿＿＿＿　學號：＿＿＿＿＿

姓名：＿＿＿＿＿＿＿＿

課本第110頁

1.在阿筠奶奶變年輕的秘笈故事中，這個故事給你那些啓示？

_____

_____

_____

_____

_____

_____

_____

_____

2.你認為阿筠奶奶落實休閒運動的原因為何？

_____

_____

_____

_____

_____

_____

_____

_____

_____

_____

_____

3.如果你是阿筠奶奶，你認同她的休閒運動安排嗎？為什麼？

_____

_____

_____

_____

_____

_____

_____

_____

_____

_____

5-3　銀髮族休閒活動的型態

課本第114頁

請試著分辨銀髮族常見的休閒活動型態。以下為常見的五種休閒活動型態，除了例子中的項目，你還有想到那些休閒活動呢？請試著填入空格中。

銀髮族常見的休閒活動型態		你還有想到那些休閒活動呢？
體能性休閒活動	如：健康操、散步、登山、健行、游泳、騎腳踏車、高爾夫球、木球、槌球、體操、國術、太極拳、氣功、元極舞…等	
益智性休閒活動	如：園藝、釣魚、下棋、橋牌…等	
宗教性休閒活動	如：媽祖繞境、宗教相關慈善活動…等	
社會性休閒活動	如：擔任醫院的義工、法律諮詢、財稅服務、圖書館服務、參觀政府機關之導覽、公務單位之服務人員…等	
學術性休閒活動	如：電腦、網際網路、智慧型手機、攝影、英文會話、書法、易經…等	

5-4　銀髮族參與休閒活動之策略

課本第118頁

1.除了以上十點鼓勵銀髮族落實休閒活動及養成運動的好習慣外，你還有什麼策略可以提昇鼓勵銀髮族落實休閒活動及養成運動的方法？請試著寫出來和同學分享？

_____

_____

_____

_____

_____

2.如果你現在退休了，你會如何安排退休後的生活呢？

_____

_____

_____

_____

_____

5-5　銀髮族休閒活動傷害之預防

課本第121頁

1.回想你休閒活動的習慣，請試著勾選你平時對休閒活動傷害預防之方法：

☐休閒活動裝備要齊全。

☐注意天氣的變化。

☐要衡量自身的狀況並選擇適當的休閒活動。

☐具備休閒活動傷害處理的基本常識。

☐參與休閒運動前的暖身操及事後的緩和運動。

☐循序漸進，定時規律性的運動。

☐不宜爭強好勝。

☐適當且多樣化的均衡飲食。

☐避免時間太長，情緒緊繃的休閒活動。

2.如果沒做到，是那些原因，讓你無法做到呢？

_____

_____

_____

_____

_____

_____

_____

_____

_____

_____

_____

3.除了以上九點銀髮族休閒活動傷害之預防外，你還有什麼策略可以預防銀髮族休閒
  活動之傷害？請試著寫出來和同學分享？

_____

_____

_____

_____

_____

_____

_____

_____

_____

_____

_____

_____

1.請簡述休閒活動對銀髮族的重要性？（25分）

2.試說明銀髮族常見的休閒活動型態？（25分）

3. 促進銀髮族參與休閒活動策略有哪些？（25 分）

4. 請舉例說明如何預防銀髮族在參與休閒活動時所造成的傷害？（25 分）

第六章　老人的教育與成長

🏠動動腦

6-1　高齡教育在各國的發展

班級：＿＿＿＿＿　學號：＿＿＿＿＿

姓名：＿＿＿＿＿＿＿＿＿

課本第134頁

各國老人教育特色接龍賽

同學進行分組，比較臺灣、法國、日本及大陸，在老人教育的施行有哪些相同或差異處？完成下列的表格。

國家	臺灣	法國	日本	中國大陸
教育特點				
相同點				
相異點				

6-3　影響老人參與教育及成長的原因

課本第140頁

根據「影響老人參與教育及成長的原因」，您可以說出以上案例樂齡學程成功的原因。

_____

_____

_____

_____

_____

_____

_____

_____

_____

_____

_____

_____

第六章　老人的教育與成長

1.請說明臺灣高齡社會老人教育政策之目標、推動策略及行動方案？（20分）

2.請說明老人教育對象的特性？（20分）

3.請說明影響老人參與教育及成長的原因？（20分）

4.請選擇一項老人教育課程，並撰寫適合的老人課程。（20分）

5.請略述臺灣老人教育發展所面臨的問題？（20分）

第七章　快樂退休的財務規劃

🏠 動動腦

7-3　投資理財工具的認識與運用

班級：＿＿＿＿＿　學號：＿＿＿＿＿

姓名：＿＿＿＿＿＿＿＿＿

課本第160頁

請上雅虎奇摩網站，打開股市網頁，尋找兩家國內成立15年以上，最近10年每年每股現金股利1元以上，或最近5年每年每股現金股利2元以上的上市公司，並略述該公司產業別、獲利能力及最近5年股利發放情形。

_____

_____

_____

_____

_____

_____

_____

_____

_____

課本第165頁

1. 請上基智網網站選擇一檔海外公用事業基金及一檔海外新興市場債券基金，成立時間10年以上，平均年報酬率6％以上，並比較兩檔基金的投資策略、標的、風險收益等級及每年配息率。

_____

_____

_____

_____

_____

_____

_____

_____

_____

2. 基金教母蕭碧燕女士說：「對於要耐心等待多年的投資標的，把定時定額扣款金額降到最低較易成功」、「值得長期定時定額的基金，首要條件是就算經歷大跌，不久後還是會上漲」（smart智富月刊203期，2015.7.1），假設您在 一年前趕上中國資金大潮，每月以10,000元定期定額買了一檔愛德蒙德洛希爾中國基金（A），面對2015年6～7月的中國股災；上海綜合指數自6月5日的5,023點下跌至7月3日的3,686點，跌幅26.6％；深圳A股指數自6月5日的3,194點下跌至7月7日的2,021點，跌幅36.7％，您將如何因應？

_____

_____

_____

_____

_____

_____

_____

_____

課本第166頁

請上基智網網站篩選一檔符合四四三三法則的國內一般股票型基金和一檔海外平衡型基金，並概述該檔基金的成立日期、投資策略、風險報酬等級和1.3.5年的報酬率。

_____

_____

_____

_____

_____

_____

_____

_____

_____

課後評量──
老人學概論－基礎、應用與未來發展
第七章　快樂退休的財務規劃

1. 何謂所得替代率？（25分）

2. 退休金的來源有哪些？（25分）

3. 如何計算退休後每月所需生活費用？（25 分）

4. 如何計算每月退休金缺口？（25 分）

得　分

動動腦
8-3　老人保護服務的展望

班級：＿＿＿＿＿　學號：＿＿＿＿＿

姓名：＿＿＿＿＿＿＿＿＿＿

課本第183頁

1. 到附近縣市政府拜訪社會局（處）的保護科或社工科，了解去年一年，疑似老人受虐通報事件有多少？他們的受虐型態是什麼？

_____

_____

_____

_____

_____

_____

_____

_____

_____

_____

2. 進一步了解：這些疑似案件，正式成案的有多少？他們的受虐類型是什麼？

_____

_____

_____

_____

_____

_____

_____

_____

_____

_____

3. 再進一步了解：這些成案受虐事件，獲得正式解決（含和解及判決）的有多少？他
   們的類型有什麼？

_____

_____

_____

_____

_____

_____

_____

_____

_____

4. 思考：疑似案件與正式判決案件之落差為什麼這麼大？該如何解決？

_____

_____

_____

_____

_____

_____

_____

_____

_____

_____

第八章　老人虐待及老人保護措施

1. 老人受虐有幾種類型？（25 分）

2. 試描述老人身體受虐的指標。（25 分）

3. 現行的老人保護服務網絡為何？（25 分）

4. 未來老人保護服務，有哪些可能的發展？（25 分）

第九章　老人社會工作與長期照顧

動動腦

9-1　老人長期照顧服務的必要性

班級：＿＿＿＿＿　學號：＿＿＿＿＿

姓名：＿＿＿＿＿＿＿＿＿

課本第189頁

請上網查下列資料各發生哪一年？

1.臺灣老人人口占全人口數之7%、14%、20%。

_____

_____

_____

_____

_____

2.臺灣人口最大值。

_____

_____

_____

_____

_____

3.臺灣首次65歲以上人口數多於18歲以下兒童人口數。

_____

_____

_____

_____

_____

9-2　臺灣老人長期照顧的政策發展

課本第192頁

拜訪附近的社區照顧關懷據點，請教老人對臺灣長期照顧的實施，有什麼期待？又有什麼意見？並思考：社區照顧關懷據點在我國長期照顧的實施上，可以扮演什麼角色？

_____

_____

_____

_____

_____

_____

_____

_____

_____

9-4　我國長期照顧的服務特性與內容

課本第199頁

到所屬縣市政府的長期照顧管理中心了解一下：長期照顧服務申請流程為何？並與服務使用者會談，了解整個流程尚有哪些可能改進的空間。

_____

_____

_____

_____

_____

_____

_____

_____

_____

_____

1. 比較 2012～2015 中程計畫和長期照顧服務法之內容，舉出兩者之延續性措施有哪些？開創性措施又有哪些？（35 分）

2. 目前臺灣長期照顧實務推動上遭遇那些問題？可以如何解決？（35 分）

3. 福祉科技的發展，對長期照顧的推動可望有哪些幫助？（30分）

第十章　長照機構經營管理

動動腦

10-1　長期照顧機構的興起和現況

班級：＿＿＿＿＿　學號：＿＿＿＿＿

姓名：＿＿＿＿＿＿＿＿＿

課本第211頁

1.假如您是賴董，您會選擇設立哪些機構（長照機構、護理之家）？及要克服的問題有哪些？

_____

_____

_____

_____

_____

2.您會選擇設立財團法人或小型之屬性機構嗎？為什麼（考慮因素有哪些）？

_____

_____

_____

_____

_____

_____

10-3　長期照顧機構的管理

課本第230頁

1.老人機構與賴董原先設立之製鞋業皆屬勞力密集工作，只要做好人力資源管理就等於成功一半。何謂人力資源管理（HRM）？其內容及具體作法為何？

_____

_____

_____

_____

_____

2. 賴董係製作運動鞋,透過行銷創立品牌賺取大量財富。但老人機構受限法規限制,不得利用其事業為任何不當之宣傳。但為提升競爭力必須導入行銷概念。何謂行銷?其行銷三步驟(STP)及執行面之行銷組合(4PS)其內容及具體作法為何?

_____

_____

_____

_____

_____

3. 賴董雖為回饋鄉親不以營利為目的,但為永續經營仍然必須分析各項成本。何謂損益兩平點?其公式為何?如總固定成本60萬元,單位變動成本1萬元,每床收費25000元其損益兩平之床位數為何?依此算出之床位數其所得稅如何計算?

_____

_____

_____

_____

_____

_____

4. 賴董最重視品質管理方能行銷全世界,相對的政府為確保老人機構服務品質,規定每三年評鑑一次。每逢評鑑皆讓機構人員人仰馬翻,一級指標中哪三項最重要為什麼?指標皆有管理內涵(程序)為何?

_____

_____

_____

_____

_____

5. 賴董最重視緊急意外事故之處理，因不小心聲譽可能毀於一旦，造成無可挽回之傷害，甚至退出市場。因此賴董無不詳加叮嚀及強調各項預防措施。危機事件處理之類型有哪些？處理原則含管理模式、理論、保險為何？

_____

_____

_____

_____

_____

6. 賴董在產業界國、內外做生意一輩子，深知產品創新之重要性，不創新就如同等死。所以在其機構常見各項創新措施，與一般社工或護理為背景之經營機構有相當大的差異。何謂創新？什麼是產品創新？請舉例之？非連續性創新之定義並舉例之？

_____

_____

_____

_____

_____

課本第232頁

賴董認真投入長照機構經營，績效相當優異又具意義，也想擴大經營及投資。但也發現各項成本不斷增加及經營問題，如法規問題。尤其長照服務法實施後之變數，到底是機會還是威脅？他在思考各項經營策略。

1. 機構未來經營策略有哪些類型及方式？

_____

_____

_____

_____

_____

2.何謂策略聯盟？

3.如何兼顧成長與獲利之差異化服務，作法為何？

1. 要投資設立長照機構，如您是投資者要思考的問題有哪些？為什麼？（35分）

2. 長照機構負責人除應具備法令規定之資格外，您認為還需加強哪些管理能力？（35分）

（請沿虛線撕下）

3. 臺灣面臨人口老化及少子化，您認為長照機構之經營是機會還是威脅？為什麼？請
分析之。（30分）

第十一章　老人長照機構服務創新

🏠 **動動腦**

11-2　老人長照機構服務創新與管理

班級：＿＿＿＿＿　學號：＿＿＿＿＿

姓名：＿＿＿＿＿＿＿＿＿

課本第250頁

1. 上述內容介紹了各種創新理論，您覺得上述創新活動對老人長照機構提供那些啓示？

＿＿＿＿＿＿＿＿＿＿＿＿＿＿＿＿＿＿＿＿＿＿＿＿＿＿＿＿＿＿＿＿＿

＿＿＿＿＿＿＿＿＿＿＿＿＿＿＿＿＿＿＿＿＿＿＿＿＿＿＿＿＿＿＿＿＿

＿＿＿＿＿＿＿＿＿＿＿＿＿＿＿＿＿＿＿＿＿＿＿＿＿＿＿＿＿＿＿＿＿

＿＿＿＿＿＿＿＿＿＿＿＿＿＿＿＿＿＿＿＿＿＿＿＿＿＿＿＿＿＿＿＿＿

＿＿＿＿＿＿＿＿＿＿＿＿＿＿＿＿＿＿＿＿＿＿＿＿＿＿＿＿＿＿＿＿＿

2. 老人長照機構要如何進行創新的服務呢？

＿＿＿＿＿＿＿＿＿＿＿＿＿＿＿＿＿＿＿＿＿＿＿＿＿＿＿＿＿＿＿＿＿

＿＿＿＿＿＿＿＿＿＿＿＿＿＿＿＿＿＿＿＿＿＿＿＿＿＿＿＿＿＿＿＿＿

＿＿＿＿＿＿＿＿＿＿＿＿＿＿＿＿＿＿＿＿＿＿＿＿＿＿＿＿＿＿＿＿＿

＿＿＿＿＿＿＿＿＿＿＿＿＿＿＿＿＿＿＿＿＿＿＿＿＿＿＿＿＿＿＿＿＿

＿＿＿＿＿＿＿＿＿＿＿＿＿＿＿＿＿＿＿＿＿＿＿＿＿＿＿＿＿＿＿＿＿

3. 如果您是長照機構之管理者，您會導入創新的服務作爲嗎？爲什麼？

＿＿＿＿＿＿＿＿＿＿＿＿＿＿＿＿＿＿＿＿＿＿＿＿＿＿＿＿＿＿＿＿＿

＿＿＿＿＿＿＿＿＿＿＿＿＿＿＿＿＿＿＿＿＿＿＿＿＿＿＿＿＿＿＿＿＿

＿＿＿＿＿＿＿＿＿＿＿＿＿＿＿＿＿＿＿＿＿＿＿＿＿＿＿＿＿＿＿＿＿

＿＿＿＿＿＿＿＿＿＿＿＿＿＿＿＿＿＿＿＿＿＿＿＿＿＿＿＿＿＿＿＿＿

11-3 海青長照中心案例

課本第255頁

1. 海青案例中，若以Den Hertog所提出四個服務創新介面（新的服務觀念、新的顧客介面、新的服務傳送系統、新的服務技術）來檢視，您認為還有哪些服務創新，還可以運用來增加機構中老人之照護價值？

_____

_____

_____

_____

_____

_____

_____

2. 上述海青服務創新網絡提供給長照機構中老人那些付加價值？

_____

_____

_____

_____

_____

_____

3. 海青獨特的網絡式老人長照服務創新模式，提供您那些啟示？

_____

_____

_____

_____

_____

_____

_____

11-4　服務創新與長照機構

課本第258頁

1. 假設您是長照機構領導者，您將如何檢視機構內創新服務的導入？承上所述，您如何發現新服務是適合長照機構的？哪些創新的服務與作為，是可以提升或強化長照服務成效的呢？

_____
_____
_____
_____
_____
_____
_____

2. 讀完上述的服務創新與長照機構關係後，請您思考：長照機構如何建構獨特創新服務作為？

_____
_____
_____
_____
_____
_____
_____

3. 倘若您被長照機構的管理者指派進行創新服務導入，您會如何進行？

_____
_____
_____
_____
_____
_____
_____

11-5　顧客導向老人長照服務機構

課本第261頁

1.請問長照機構所提供的照護服務，除了機構中老人（住民），服務的提供還應該要
　考慮那些顧客觀點？

2.顧客除了機構中老人（住民），還有哪些顧客？或是潛在顧客？

3.您如何得知長照機構所提供的照護服務是否滿足顧客需求？

課後評量——
老人學概論－基礎、應用與未來發展

第十一章　老人長照機構服務創新

1.試舉出您觀察或發現到長期照護組織或機構中的創新例子，您如何利用本章中所提
　到創新模式／方法來描述其特性？（20分）

2.承上題，這些創新的服務有何優缺點？符合老人的需求嗎？需要改進嗎？爲什麼？
　（20分）

3. 請舉出 3 家長照組織或機構，他們實施創新服務作為的異同，並比較他們的優劣性。
（20 分）

4. 承上題，您覺得是什麼原因導致這些機構或組織進行創新服務作為？（20 分）

5. 您覺得服務創新作為的想法與實施，可以從哪些地方來發掘或是開發？(20 分)

第十二章　老人居住空間與智慧住宅

得　分

動動腦
12-3　老人居住空間概念

班級：_____　學號：_____

姓名：_____

課本第273頁

1.試著搜尋看看，在您所在的縣市對於老人居住空間的重視推展情形為何？

_____

_____

_____

_____

_____

_____

_____

_____

_____

2.居住空間的改造，您會從哪邊著手？為什麼呢？

_____

_____

_____

_____

_____

_____

_____

_____

_____

_____

12-4 老人智慧住宅

課本第276頁

1.您覺得在設計智慧住宅時，您覺得老人比較需要重視的項目為何？

_____

_____

_____

_____

_____

_____

_____

_____

_____

2.若您可以設計老人居住空間與智慧住宅時，您設計的方式會是如何？

_____

_____

_____

_____

_____

_____

_____

_____

_____

_____

1. 有關老人居住空間，如果要進行改造，應該從哪些方向角度著手？（35分）

2. 老人福祉科技多元的老人需求，試舉例多元老人的生活需求有哪些？（35分）

3. 老人居住空間考量照顧者需求有哪些？（30分）

第十三章　銀髮產業的發展

動動腦

13-3　臺灣銀髮產業之發展現況

課本第292～293頁

透過上述東京巢鴨商圈之案例內容，你是否可以指出適宜高齡者購物之環境設計重點有哪些嗎？

_____

_____

_____

_____

_____

_____

_____

_____

_____

_____

13-4　銀髮產業之未來展望

課本第294頁

1.拜訪附近的樂齡大學，探討她的開設課程，受歡迎的程度，以及銀髮族為什麼來上課。

_____

_____

_____

_____

_____

_____

_____

_____

2.目前臺灣提供那些高齡者學習的管道？試比較之間的異同。

_____

_____

_____

_____

_____

_____

_____

_____

_____

_____

_____

_____

_____

3.與家中65歲以上之祖父母（鄰居）聊聊，看看他們的需求（生理、心理、社會參與）有哪些？再與40～60歲之父母（鄰居）聊聊，看看他們的需求。比較兩者之異同，並預估20年後，臺灣銀髮產業之可能發展。

_____

_____

_____

_____

_____

_____

_____

_____

_____

_____

_____

1. 臺灣目前高齡人口之健康與生活狀況如何？（35分）

2. 高齡者需求有哪些類型？（30分）

3. 臺灣的祖父母節發起意義為何？請問你（妳）與自己祖父母之間關係或互動方式如何？可以再做那些改善？（35分）

第十四章 老人的居住選擇

🏠 動動腦

14-2　自宅安養

班級：＿＿＿＿＿　學號：＿＿＿＿＿

姓名：＿＿＿＿＿＿＿

課本第302頁

1.聰明的你，這三兄弟的看法，哪個最符合你的想法？

2.這三個建議，各有何優缺點？

3.能否提出你認為最圓滿做法？

14-3　老人服務機構

課本第308頁

1.為什麼要分成那麼多種類？

2.每一種類有什麼特點？

_____

_____

_____

3.能否上網查一下，這幾個類別的老人服務機構各找一家。

_____

_____

_____

4.比較：這幾家的專業人力配置（醫療、護理、社工、行政、照服員）有何不同？

_____

_____

_____

14-4　長宿與休閒

課本第312頁

試分析下列問題的正確性：

是　否

☐　☐　1 老人退休下來就該享清福了。

☐　☐　2 要敬老尊賢，所以不該讓老人做家事。

☐　☐　3 老人不適合做激烈運動。

☐　☐　4 老人最適合的運動是散步。

☐　☐　5 老人最適合的休閒就是看電視。

☐　☐　6 老了，變不出新花樣了，所以不需要再學習。

課本第313頁

1.活動活動，要活就要動，老人要做那些休閒，可以兼顧身體健康與安全？

_____

_____

_____

2. 一般而言，老人休閒要循序漸進，也就是從最不耗體力、最安全的散步開始，再逐漸增長負重，但要考慮到個別差異性，能否幫老人設計一套由輕到重的休閒運動。

_____

_____

_____

_____

3. 老人常常從事休閒運動，對個人有哪些好處？（生理、心理、社會參與、終身學習），對社會又有那些好處？（減少醫療支出，減少照顧人力，參加志工服務，建立祥和社會…）

_____

_____

_____

_____

4. 承上題，如果老人經常從事長宿活動，這些益處是否都可以達成？

_____

_____

_____

_____

14-5 臺灣發展長宿休閒之芻議

課本第318頁

上課上得那麼久，好累哦！沒關係，這個單元我們安排了一場戶外活動。請上網找離家最近的一家民宿，跟老闆約好時間後去拜訪，請教他下列幾個問題：

1. 他原來是從事什麼行業的？是什麼機緣使他投入民宿業？

_____

_____

_____

_____

2.這間民宿開多久了？主要的客群是那些人？

_____

_____

_____

3.淡季（住客率不到五成）是什麼時候？如果這些空房以定價的一半出售他願不願
  意？

_____

_____

_____

_____

4.如果有老人一次住七天以上（如7～15天），中間不需要天天清潔，老闆願意以定
  價的幾折售出？

_____

_____

_____

_____

5.除了住宿，他還願意提供那些長宿的周邊服務？

_____

_____

_____

_____

6.關於長宿制度的推動，他有哪些建議？

_____

_____

_____

_____

_____

1.試請教家中（或鄰居）的長輩，就本章介紹的幾種居住選擇方式，他比較喜歡那一種？爲什麼？（25分）

2.承上題，如果他不喜歡住老人福利機構，是什麼原因？（25分）

（請沿虛線撕下）

3. 老人福利機構要怎麼改善，才能吸引他們入住？為什麼目前做不到？以後可以如何加強？（25分）

4. 請比較三家不同性質的民宿，思考要如何改善才能吸引銀髮族入住 Long Stay？民宿業者是否願意？有什麼困難？（25分）